全国高等院校机械类"十三五"规划系列教材

工业企业管理

主 编 林 茂 金志扬
副主编 廖宇兰 汝绍锋

华中科技大学出版社
中国·武汉

内 容 简 介

本书根据新世纪本科院校工科类专业需要的企业管理知识编写,立足于改善工科非管理类专业学生的知识结构和思维方式。本书在编写过程中对国内外传统教材的内容和体系进行了有针对性的改革和创新,融入了编者多年企业管理的教学经验,突出了工科专业与"互联网+"信息运用技术相结合的特点。全书包括工业企业管理概论、企业管理原理、生产管理、人力资源管理、质量管理、营销管理、"互联网+"信息系统管理、企业成本管理八章内容,既讲述企业管理中常见的管理原理,又介绍了生产一线中实用的管理知识和技能,同时还融入了互联网技术发展对企业管理的作用等知识,增强了实用性,拓展了管理思维。

为了便于教学,本书有针对性地提供了案例和习题,让学生在巩固相关理论知识的同时,也能培养分析问题的能力,将理论与实践紧密联系在一起。

本书既可作为高等院校工科非管理类专业本科生学习企业管理课程的教材,也可供管理类专业的本科生、各类管理人员学习参考。

图书在版编目(CIP)数据

工业企业管理/林茂,金志扬主编.—武汉:华中科技大学出版社,2016.11(2024.7重印)
全国高等院校机械类"十三五"规划系列教材
ISBN 978-7-5680-2258-3

Ⅰ.①工… Ⅱ.①林… ②金… Ⅲ.①工业企业管理-高等学校-教材 Ⅳ.①F406

中国版本图书馆 CIP 数据核字(2016)第 243477 号

工业企业管理 林 茂 金志扬 主编
GongYe QiYe GuanLi

策划编辑:王 剑
责任编辑:戢凤平
封面设计:原色设计
责任校对:马燕红
责任监印:周治超
出版发行:华中科技大学出版社(中国·武汉)   电话:(027)81321913
　　　　　武汉市东湖新技术开发区华工科技园　　邮编:430223
录　　排:武汉楚海文化传播有限公司
印　　刷:武汉市籍缘印刷厂
开　　本:787mm×1092mm　1/16
印　　张:17.25
字　　数:347千字
版　　次:2024年7月第1版第10次印刷
定　　价:49.80元

本书若有印装质量问题,请向出版社营销中心调换
全国免费服务热线:400-6679-118　竭诚为您服务
版权所有　侵权必究

前　言

本书是为本科院校工科类专业而编写的教材,针对工科类专业学生毕业后的工作需要,致力于改善工科非管理类专业学生的知识结构和加强其管理思维能力,培养既懂工程技术又懂管理技术的新时代人才。

随着我国市场经济改革的不断深入,"互联网＋"等新兴技术的发展,国家"十三五"规划的实施,国内的工业企业正面临前所未有的机遇和挑战。原有的工业企业管理教材已跟不上新时代新形势的要求。本书结合近几年国内外工业企业管理的理论和实践,吸收了最新的管理研究成果,对原有的工业企业管理教材进行了更新、补充和完善,以适应当前企业管理大趋势的发展。全书主要内容有:工业企业管理概论、企业管理原理、生产管理、人力资源管理、质量管理、营销管理、"互联网＋"信息系统管理、企业成本管理。本书内容丰富、条理清晰,注重将理论与实际案例相结合,以帮助学生培养和树立正确的管理观念。

本书的特点有:第一,理论与实际结合紧密。通过对管理学上一些普遍原理进行讲述,把企业生产经营中存在的管理知识与实际问题对应起来,提高学生用管理思维正确地分析问题和解决问题的能力,培养学生的沟通协调能力与抽象思维能力。高等教育本科机械类专业要培养的是掌握专业技术和管理技术的全方位人才,所以本书在学习内容上有别于管理专业的学习内容。第二,与时俱进,吸收较新的管理研究成果。对国内近几年来出现的准时生产方式、成组技术、全面质量管理、零库存、"7S"管理、"互联网＋"信息技术、ERP 系统等以理论介绍加实际案例分析的方式进行阐述,突出了对学生的管理理念、能力与技巧的培养和训练,以使工科本科学生具备较为全面的知识和素养,同时也兼顾了知识"运用为主、够用为度"的原则。

本书由海南大学教师林茂、海南大学机电工程学院副院长金志扬担任主编,廖宇兰教授、汝绍锋博士担任副主编。具体编写分工为:林茂编写第一、二、七章,金志扬编写第三、四章,廖宇兰编写第五章,汝绍锋编写第六、八章。参与收集和整理资料的有:夏纪永、展业青、张绍荣、郭靖遥、张国强、邹骞、黄耀明等人。全书由主编林茂负责统稿。该书的编写得到了海南省自然科学基金项目(编号 20153051)、海南大学中西部高校提升综合实力工作资金项目(编号 HNJY2014-1-2)和海南大学博士科研启动基金(编号 kyqd1614)的资助。

  高等教育课程改革是一项艰巨的任务,本教材是适应新时代新形势下的改革的一种尝试。由于编者水平有限,错误、疏漏之处在所难免,敬请广大读者批评指正。

编　者

2016 年 8 月

目 录

第一章　工业企业管理概论 (1)
- 第一节　企业概述 (1)
- 第二节　工业企业 (6)
- 第三节　工业企业管理概述 (12)
- 本章小结 (21)
- 习题 (21)

第二章　企业管理原理 (22)
- 第一节　系统管理原理 (22)
- 第二节　决策原理 (31)
- 第三节　计划原理 (37)
- 第四节　组织原理 (42)
- 第五节　控制原理 (46)
- 第六节　激励原理 (51)
- 第七节　管理的基本方法 (54)
- 本章小结 (57)
- 习题 (59)

第三章　生产管理 (60)
- 第一节　概述 (60)
- 第二节　生产过程组织 (61)
- 第三节　生产作业计划 (68)
- 第四节　生产现场管理 (76)
- 本章小结 (84)
- 习题 (87)

第四章　人力资源管理 (89)
- 第一节　概述 (89)
- 第二节　人力资源规划与人员的招聘录用 (95)
- 第三节　人力资源的培训与开发 (99)
- 第四节　绩效管理与薪酬管理 (104)
- 第五节　劳动关系管理 (114)
- 本章小结 (121)

习题……………………………………………………………………………(125)
第五章　质量管理……………………………………………………………(127)
　　第一节　概述………………………………………………………………(127)
　　第二节　质量管理体系及其原则…………………………………………(131)
　　第三节　制造质量控制……………………………………………………(137)
　　第四节　质量成本管理……………………………………………………(150)
　　第五节　全面质量管理……………………………………………………(157)
　　本章小结……………………………………………………………………(161)
　　习题…………………………………………………………………………(164)
第六章　营销管理……………………………………………………………(167)
　　第一节　经营战略…………………………………………………………(167)
　　第二节　市场调查与预测…………………………………………………(177)
　　第三节　销售策略…………………………………………………………(187)
　　第四节　市场营销观念与方式……………………………………………(203)
　　本章小结……………………………………………………………………(209)
　　习题…………………………………………………………………………(210)
第七章　"互联网+"信息系统管理………………………………………(212)
　　第一节　概述………………………………………………………………(212)
　　第二节　"互联网+"信息管理技术………………………………………(219)
　　第三节　企业 ERP 运用……………………………………………………(224)
　　本章小结……………………………………………………………………(231)
　　习题…………………………………………………………………………(236)
第八章　企业成本管理………………………………………………………(237)
　　第一节　概述………………………………………………………………(237)
　　第二节　企业成本费用的组成……………………………………………(244)
　　第三节　成本管理方法……………………………………………………(251)
　　本章小结……………………………………………………………………(266)
　　习题…………………………………………………………………………(268)
参考文献………………………………………………………………………(269)

第一章 工业企业管理概论

学习目标
1. 了解企业的概念与性质,企业的组织形式和设立程序。
2. 掌握工业企业的范围和划分。
3. 掌握工业企业管理的职能、内容和组织形式。

第一节 企 业 概 述

一、企业的概念

企业是指从事商品生产、流通和服务性活动,为满足社会需要和获取盈利,进行自主经营,实行独立核算、自负盈亏,具有法人资格的经济组织。企业是生产力和商品经济发展到一定水平的产物。

企业的概念包括四层含义。

(一) 企业的存在有社会性和经济性两个目的

满足社会需要是企业存在的社会性目的。主要指满足顾客需要,还包括满足政府、公民、地方、银行、供应商、联合者的需要。如政府的指令性计划需要,公民就业机会的需要,地方保护环境的需要,银行货币回笼的需要,供应商实现销售的需要,联合者实现互通有无的需要等。获取盈利是企业存在的经济性目的。主要指为职工提供日益增长的物质福利和精神福利,为企业的生存和发展提供利润,为国家提供财政收入(税收),为社会提供资助等。企业应谋求最大的或尽可能多的盈利,获取最佳的经济效益。

(二) 企业应自主经营、自负盈亏、自我发展、自我约束

自主经营是实现企业目的和自负盈亏的条件。最重要的自主权是经营决策权

和投资决策权。自负盈亏是动力。权利和义务是对等的。自主经营与自负盈亏相联系的基本纽带是独立核算。企业应承担权利带来的全部后果,不能负盈不负亏。自我发展靠盈利,有盈利企业才有留利,留利中的盈余公积金是企业发展资金的主要来源。自我约束是保证。经营者对亏损负有经济责任,企业对各种错误经营行为应具有自我约束力。

(三) 企业是法人

具有一定的组织机构和独立财产,能以自己的名义享有民事权利和承担民事义务,依照法定程序成立的组织,称为法人。法人应具备以下条件:
① 必须正式在国家政府有关部门注册备案完成登记手续;
② 应有专门的名称、固定工作地点和组织章程;
③ 具有一定的组织机构和独立财产,实行独立核算;
④ 能独立承担民事责任。

(四) 企业是经济实体

企业不是政府部门,不是公益部门,不是事业单位。企业必然追求经济效益。社会物质财富主要从企业创造的附加价值中来。在市场价格体系理顺的情况下,企业的贡献和企业的盈利两者应当是一致的。盈利既是企业目标,又是企业对社会承担的重大责任。

企业作为经济实体,必须具备其基本要素,即生产要素(土地、资金、劳力等)、经营要素(风险、利润、决策等)、管理要素(计划、组织、控制等)。

二、企业的创立

在变动的社会经济环境中,投资者总在寻求可营利的机会,并把这种机会转化为营利行为。创办企业就是这种转化的主要途径之一。企业的创立,是通过法定的程序,组成一个具有独立主体地位的经济实体,并在该实体内部根据特定的需要,设置一整套组织管理系统,使其按既定的目标运行。在发生变动的情况下,必要时需要对企业进行合并、分立、整顿和解散,做适时的调整。

我国法律、法规规定不同企业设立的条件是不同的,具体内容如下。

1. 个体工商户设立的条件

(1) 投资人为一个自然人。

(2) 有投资人申报的出资额。

(3) 有固定的生产经营场所和必要的生产经营条件。

第一章　工业企业管理概论

2. 个人独资企业设立的条件

(1) 投资人为一个自然人。

(2) 有合法的企业名称,名称中不得使用"有限""有限责任"或"公司"字样。

(3) 有投资人申报的出资额。

(4) 有固定的生产经营场所和必要的生产经营条件。

3. 合伙企业设立的条件

(1) 合伙人应为两个自然人。

(2) 有书面协议。

(3) 有各合伙人实际缴付的出资额。

(4) 有合伙企业名称,名称中不得使用"有限""有限责任"或"公司"字样。

(5) 有固定的生产经营场所和必要的生产经营条件。

4. 申请设立一人有限公司应当具备的条件

(1) 股东为一个自然人或者一个法人。一个自然人只能投资设立一个一人有限公司。该一人有限责任公司不能投资设立新的一人有限公司。一人有限公司应当在公司登记中注明自然人独资或者法人独资,并在公司营业执照中载明。

(2) 一人有限责任公司的注册资本最低限额为人民币十万元。股东应当一次足额缴纳公司章程规定的出资额。

(3) 一人有限责任公司章程由股东制定。

(4) 一人有限责任公司不设股东会。

(5) 其他内容同有限责任公司。

5. 申请设立有限责任公司应当具备的条件

(1) 股东符合法定人数,有限责任公司由五十个以下股东出资设立。

(2) 股东出资达到法定资本最低限额:

① 有限责任公司注册资本的最低限额为人民币三万元。法律、行政法规对有限责任公司注册资本的最低限额有较高规定的,从其规定。

② 公司全体股东的首次出资额不得低于注册资本的百分之二十,也不得低于法定的注册资本最低限额,其余部分由股东自公司成立之日起两年内缴足;其中,投资公司可以在五年内缴足。

(3) 股东共同制定公司章程。

(4) 有公司名称,建立符合有限责任公司要求的组织机构。其中,设立董事会、监事会的,董事会成员为3～13人,监事会成员不得少于3人;股东人数较少或者规模较小的有限责任公司可以不设董事会、监事会,设1名执行董事,1～2名监事。

(5) 有公司住所。

三、企业的性质

美国经济学家罗纳德·科斯在1937年发表了一篇论文《企业的性质》,对企业的定义、企业的性质做出了全面的阐述,他认为企业是为了节约市场交易费用或交易成本而产生的,企业的本质或者显著特征是作为市场机制或价格机制的替代物;同时也提出了交易费用理论和产权理论。企业的产生和存在的理由并不仅仅只是表现在交易费用的节约,企业也能大大降低除交易成本之外的生产成本,企业内部管理以及企业规模都可以做到降低生产成本。图1-1所示为企业资源分配形式,企业内部行政协调与企业外部的生产经营,通过市场交易都可降低交易成本。

商品生产具有两重性,作为商品生产者的企业,同样具有两重性。企业首先是生产力组织形式,同时又体现一定的生产关系。企业生产经营的目的在于创造物质产品和价值产品(净产值),满足人民不断增长的物质文化生活的需要。在生产领域,企业是社会生产的基本单位和生产的现场。劳动力同生产资料直接结合,并生产出产品,是在企业里实现的。企业通过合理组织生产力,使人力、物力、财力得到有效的利用。在交换领域,企业是实现交换的基本环节。每个企业都

图1-1　企业资源分配形式

要同原材料、能源、生产设备、设施的供应者、产品用户、运输单位、设计科研机构等形成各式各样的交换关系。这些关系通过购销活动和经济合同联系起来,形成整个社会的生产和再生产条件。在分配领域,企业是进行产品初始分配的单位。职工要从企业得到工资、奖金、津贴等,每个职工的最终收入,很大程度上取决于企业的经营活动成果。国家要从企业得到税金,国家的政治、经济、文化生活等,很大程度上也受到企业经营活动的影响。

总之,现代人类社会的经济生活需求,无不通过企业来满足。现代社会经济就是许多企业组成的统一体。企业是现代社会经济的基本单位。社会经济发展,不仅取决于企业的规模和数量,更取决于每个企业的活力和素质。

四、企业的分类

企业按照其经营业务的性质不同,可分为以下三类。

(一) 生产型企业

生产型企业是指生产物资产品的企业,它们从大自然中取得物质产品或将原材料加工成为物质产品。生产型企业是社会物质财富的创造者,是国民经济的基

础部门,主要指从事生产的工业企业、农业企业和建筑安装企业等。

(二) 流通型企业

流通型企业是指国民经济中商品流通领域中的企业,以商品流通为核心,主要包括商业贸易企业、货物运输企业、邮政和电信企业。随着互联网的应用,这类企业的经营一般围绕物流、信息流、资金流、商流展开,主要表现为网上商店(B2C)、大型企业网上采购平台、网上分销管理系统、基于 WEB 模式的销售管理系统等。

(三) 服务型企业

服务型企业是指为企业、政府、事业单位和居民提供各种服务的企业。它们不生产物质产品,但为生产型企业和流通型企业提供资金、保险、技术服务,为行政事业单位和居民提供生活、餐饮、娱乐、旅游等服务,主要包括银行、证券、保险、租赁等金融企业,房地产开发企业,旅客运输企业,旅游企业,居民服务企业如餐饮店、理发店等,娱乐企业,咨询、信息技术服务企业等。

五、企业的经营目的

一般认为企业的经营目的有两个,一是追求资本的最大利润,二是承担一定的社会责任。其实追求利润最大化只是企业经营的基本目的,不是终极目的。一般来说,企业经营要在国家宏观指导下,根据市场需要,为社会提供尽可能多的适销对路的工业产品和工业性劳务;同时,也要以提高生产率和经济效益为中心,不断发展生产,为国家提供更多的财政收入,为企业自我改造、自我发展创造更多的利润,为职工提供更多的收入,同时把生产周边的环境保护好。企业经营目的涵盖的内容较多,此处以华西希望集团的经营理念为例加以阐述。

华西希望集团的企业精神是"诚实、精明、勤奋、美好"。所谓"诚实"就是"诚实做人",讲的是员工如何做人;所谓"精明"就是要"精明做事",讲的是员工如何做事;所谓"勤奋"就是要"勤奋工作",讲的是员工如何工作;所谓"美好"就是"追求美好",讲的是员工人生的最终目标。"用户得利,商家赚钱,企业发展,员工增值"这是希望集团的经营理念。希望集团的经营理念非常明确地界定了"用户""商家""企业"和"员工"四者的利益关系。而且首先想到的是"用户",其次是"商家",然后是"企业"和"员工",孰轻孰重一目了然。"用户得利"是用户使用企业产品的前提,用户不得利就会转移目标,去选择其他厂家产品。商家也必须赚钱,商家不赚钱就不会一心一意地经营企业的产品,"商家赚钱"是厂商合作的前提。当然,"用户得利"了,"商家赚钱"了,企业也必须发展,要实现双赢。"企业发展"了,商家才能赚钱,用户才能得利。"企业发展"了员工也就发展了,因为员工是和企业共同成长的。由"企业发展"来实现"员工增值"。所谓"员工增值"不仅是指员工收入的增加,同时也是指员工能力的提高和发展机会的增加。"企业发展"给"员工增值"提供了无限可能。把企业经营的目的概括为让股东、员工和商家能过上美好生活,看似增加了两个内容,但意义大不相同。如果只是为了股东受益,这个不用说,谁投资谁受益。但随着商品经济的发展,利益的分享不再是单一的,一个企业经营的好与坏不单单是与股东相关。股东投入了货币资本,员工投入的是人力资本,没有人力资本,货币资本即使再多,也不可能实现盈利。所以,员工也必须分享企业的利润。也就是说,企业的经营必须要考虑到员工的利益。因为员工收入的提高是增强企业凝聚力、增强员工对企业的认同感和荣誉感的最直接和最有效的手段。没有收入的保障,员工就没有任何安全感可言,更谈不上归属感。实际上,人工成本支出大了,薪酬政策有吸引力,才能吸引来优秀人才;有了优秀人才,才能把产品做好,把产品卖个好价格。同时,较高的人工成本,也会反过来促使企业提高经营水平,督促企业提高产品的盈利能力,增强企业的紧迫感和使命感,从而提升企业和产品的市场竞争力。

美国福特汽车的经营口号是:让员工收入成为同行中最高的。因为工资不是成本支出而是人力资本的投入,有好的投入才会有好的回报,经营企业必须转变观念。

综上所述,企业的生产经营目的主要体现在以下两个方面。

(一)经济目标——利润

利润是销售收入扣除成本费用后的余额。利润有其重要的经济意义:① 利润是反映企业经营绩效的核心指标;② 利润是企业利益相关者进行利益分配的基础;③ 利润是企业可持续发展的基本源泉。

(二)履行社会责任目标

企业应当履行的社会责任包括安全生产、产品质量(服务质量)、环境保护、资源节约、促进就业、员工权益保护等方面。

第二节 工 业 企 业

工业是指采集原料,并对它们进行加工的生产事业。工业是社会分工发展的产物,经过了手工业、机器大工业、现代工业几个发展阶段。工业是第二产业的重要组成部分,分为轻工业和重工业两大类。2014年,中国工业生产总值达4万亿美元,超过美国成为世界头号工业生产国。

工业是唯一生产现代化劳动手段的行业,它决定着国民经济现代化的速度、规模和水平,在当代世界各国国民经济中起着主导作用。工业还为自身和国民经济其他各个部门提供原材料、燃料和动力,为人民物质文化生活提供工业消费品;它还是国家财政收入的主要源泉,是国家经济自主、政治独立、国防现代化的根本保证。

工业是国民经济中最重要的物质生产部门之一。工业企业是指从事自然资源开采、对采掘品和农产品进行加工和再加工的一类企业。工业生产主要是对自然资源以及原材料进行加工或装配的过程。这是一个工资相对较高,但工作也比较艰苦的行业。从事此行业的人要求有一定的体能和技能。

一、工业企业的类型

在过去的产业经济学领域中,往往根据产品单位体积的相对重量将工业划分为轻工业和重工业。产品单位体积重量大的工业部门就是重工业,重量轻的就属于轻工业。属于重工业的工业部门有钢铁工业、有色冶金工业、金属材料工业和机械工业等。由于在近代工业的发展中,化学工业居于十分突出的地位,因此,在工业结构的产业分类中,往往把化学工业独立出来,同轻、重工业并列。这样,工业结构就由轻工业、重工业和化学工业三大部分构成。常常有人把重工业和化学工业放在一起,合称重化工业,与轻工业相对。另外一种划分轻、重工业的标准是把提供生产资料的部门称为重工业,而把生产消费资料的部门称为轻工业。以上这两种划分原则是有区别的。

国家统计局对轻、重工业的划分接近于后一种标准,《中国统计年鉴》中对重工业的定义是:为国民经济各部门提供物质技术基础的主要生产资料的工业。轻工业为:主要提供生活消费品和制作手工工具的工业。

重工业按其生产性质和产品用途,可以分为下列三类:

(1) 采掘(伐)工业,指对自然资源进行开采的工业,包括石油开采、煤炭开采、金属矿开采、非金属矿开采和木材采伐等工业。

(2) 原材料工业,指向国民经济各部门提供基本材料、动力和燃料的工业。包括金属冶炼及加工、炼焦及焦炭、化学、化工原料、水泥、人造板以及电力、石油和煤炭加工等工业。

(3) 加工工业,指对工业原材料进行再加工制造的工业。包括国民经济各部门的机械设备制造、金属结构、水泥制品等工业,以及为农业提供生产资料如化肥、农药等的工业。

轻工业按其所使用的原料不同,可分为两大类:

(1) 以农产品为原料的轻工业,指直接或间接以农产品为基本原料的轻工业。主要包括食品制造、饮料制造、烟草加工、纺织、缝纫、皮革和毛皮制作、造纸以及印刷等工业。

(2) 以非农产品为原料的轻工业,指以工业品为原料的轻工业。主要包括文教体育用品制造、化学药品制造、合成纤维制造、日用化学制品制造、日用玻璃制品制造、陶瓷制品制造、家用电器制造、自行车和摩托车制造、日用金属制品制造、手工工具制造、家具制造、计算机制造、医疗器械制造、文化和办公用机械制造等工业。修理业已经被归为第三产业中的服务行业,其特点是产品为非物质类型的虚拟产品,比如技术服务。

二、工业企业的划分

(一)按部门划分

根据国家统计局印发的《三次产业划分规定》的文件,工业属于第二产业,包括采矿业,制造业,建筑业,电力、燃气及水的生产和供应业等。详细分类如下:

(1) 钢铁工业:包括铁矿石的开采、钢铁冶炼、加工生产。

(2) 有色金属工业:包括金、银贵金属,铝、铜、镍、锑、锡等金属的开采、冶炼、加工。

(3) 煤炭工业:包括煤炭的开采、加工。

(4) 石油工业:包括天然石油和油页岩的勘探、开采、炼制、储运等。

(5) 石化工业:包括原油加工、炼油、化纤单体、聚合物、合成橡胶、有机化学原料等的生产。

(6) 化学工业:指利用化学反应改变物质结构、成分、形态等生产化学产品的工业,包括化肥、酸、碱、电石、焦炭、油漆、轮胎等的生产。

(7) 电力工业:指将煤炭、石油、天然气、核燃料、水能、海洋能、风能、太阳能、生物质能等一次能源经发电设施转换成电能,再通过输电、变电与配电系统提供给用户作为能源的工业,即生产、输送和分配电能的工业。

(8) 军工工业:包括航天工业、航空工业、核工业、兵器工业四部分。其中航天工业包括火箭等航天设备的制造;航空工业包括飞机及空降设备等的制造;核工业包括核燃料武器、仪器设备的制造及铀的开采和冶炼;兵器工业包括各种军事武器、装备、炮弹、炸药、枪弹的制造。

(9) 机械工业:指机器制造工业,包括各种机械产品、零部件、配件、汽车、船舶、农业机械、矿山设备、冶金设备、动力设备、化工设备以及工作母机等的加工制造。

（10）电子工业：指通信设备、广播电视设备、电子元件、手机、计算机等的制造。

（11）森林工业：指木材的采伐运输和加工利用。

（12）建筑工业：包括各种建筑材料（水泥、砖、耐火材料、石灰、地板、墙面等）、平板玻璃、玻璃纤维、石棉、石膏等的生产。

（13）轻工业：指主要提供生活消费品和制作手工工具的工业。按所使用的原料不同，可分为两大类：一大类是以农产品为原料的轻工业，即直接或间接以农产品为基本原料的轻工业，主要包括食品制造、饮料制造、缝纫、皮革和毛皮制作、造纸以及印刷等工业；另一大类是以非农产品为原料的轻工业，即以工业品为原料的轻工业，主要包括文教体育用品制造、化学药品制造、合成纤维制造、日用化学制品、日用玻璃制品、日用金属制品、手工工具制造、医疗器械制造、文化和办公用机械制造等工业。

（14）纺织工业：指将自然纤维和人造纤维原料加工成各种纱、丝、线、绳、织物及其染制品的工业，包括化学纤维纺织、棉纺织、毛纺织、麻纺织、绢纺、丝织、印染、缫丝等的加工生产。

（15）医药工业：包括各种中、西医药的加工生产。

（16）烟草工业：包括各种卷烟生产和烟叶复烤。

（17）市政公用工业：包括城市自来水供应、煤气供应、供热等。

（二）按经营规模划分

工业企业按规模大小划分一般分为四种：大型企业、中型企业、小型企业和微型企业。

（1）大型企业

参考标准：从业人员在1000人以上且年营业收入在40000万元以上。

（2）中型企业

参考标准：职工人数在300人及以上、1000人以下，且年营业收入为2000万元到40000万元。

（3）小型企业

参考标准：从业人员在20人以上、300人以下或年营业收入为300万元到2000万元。

（4）微型企业

参考标准：从业人员在20人以下或年营业收入在300万元以下。

（三）按生产力各要素所占比重划分

工业企业根据生产力各要素所占的比重可划分为劳动密集型企业、资金密集型企业、知识密集型企业。

(1) 劳动密集型企业

劳动密集型企业是指用人较多、技术装备程度较低、产品成本中劳动消耗所占比重较大的企业,亦即单位劳动力占用的固定资产少,资本有机构成低的企业。

(2) 资金密集型企业

资金密集型企业又称技术密集型企业,即用人较少、技术装备程度较高、所需投资较多的企业。与劳动密集型企业相比,其一般生产效率较高,物资消耗较少,单位产品成本较低,竞争力较强,但占用资金较多,需要大量技术人才和配套服务设施,否则难以发挥优势。

(3) 知识密集型企业

知识密集型企业是指综合运用先进科技成就的企业。它需要花费较多的科研时间和研究开发费用,集中较多中、高级技术人员,生产高、精、尖产品,如航空航天等军工工业企业、大规模集成电路企业、特种材料企业等。

(四) 按生产资料所有制形式划分

工业企业根据生产资料所有制形式可划分为全民所有制企业(国有企业)、集体所有制企业、合资经营企业、私营企业。

(1) 全民所有制企业

全民所有制企业的特点是生产资料归国家(或者全民)所有,企业作为独立的或相对独立的经济单位具有国有资产的经营权,企业在维护国有资产的前提下,根据市场需求进行自主经营、自负盈亏。其主要领导人员由上级部门委派任免。

(2) 集体所有制企业

集体所有制企业是一定范围内的劳动群众集体占有生产资料的企业。它是独立的经济单位,独立经营、自负盈亏,可以自主地支配自己的资产和产品。其主要领导人员由企业职工代表大会选举或招聘产生。

(3) 合资经营企业

合资经营企业是由两个或两个以上不同所有制的单位或个人共同投资和共同经营的企业。其主要特点是共担风险、共分利润。其主要合营形式有中外合营、公私合营、全民与集体合营三种。

(4) 私营企业

私营企业是由私人单独占有生产资料和产品的企业。其特点是个人完全自主经营、自负盈亏,如我国目前存在的个人自办企业、外国私人直接投资的私营企业。

除此之外还有一种公司制企业。公司是由多个出资者出资组成的,以盈利为目的,有法人资格的经济实体。根据股东对债务所负的责任不同,可将公司分为以下三种类型：无限责任公司、有限责任公司、股份有限公司。公司制度是一种区别于个人业主制度和合伙制度的先进的企业组织形式，具有不可比拟的特点和优势，分述如下。

第一，公司是社会资本尽可能大、尽可能好的组织形式，它使企业突破了单个资本、小额合伙资本的限制，而尽可能地把分散的、单个的小资本组合起来，能有效地实现资本集中，进行规模化的大生产。这使它在生产力发展史上发挥了十分重要的积极作用。

第二，公司是法人企业而不是自然人企业。"法人"的产生，一方面使企业摆脱了自然人的束缚，成为一个独立的生命主体，另一方面也使企业实现了两权分离，即资产的所有权与经营权分离。这种分离对于企业具有十分重要的意义，它使企业形成了相互制衡的领导机制，从而保证了企业行为的规范化和长期化，同时也使企业享有充分的经营自主权，真正成为经济主体。

第三，有限公司实行有限责任制度，即公司以其经营资产为限对债务承担有限责任，股东以其出资额为限对公司承担有限责任。这种有限责任制度解除了投资者的后顾之忧，进一步鼓励和刺激了投资者投资的欲望和积极性。

第四，公司已形成了严密科学的组织管理制度。资本由广泛分散到高度集中经营，必然使企业的组织管理制度化、专门化、科学化，从而进一步释放了生产力。

三、工业企业的特征与属性

工业企业具有的主要特征和基本属性有如下几点。

（1）工业企业是一种经济组织

工业企业的这一特征表现了它的经济性和组织性。经济性是指它是经济领域内的一种组织，是国民经济体系中的基层组织和经济细胞；它从事的是生产经营性的经济活动，追求的是经济效益。组织性是指它是依法定程序组成的统一体，是经济上的统一体、技术上的统一体、对外关系上的统一体。必须明确：它是一种经济组织，不是政治组织、军事组织、文化组织，也不是行政组织。这是进行工业企业立法，确立工业企业地位和任务的基本点。在过去，事实上是把工业企业当作行政组织对待的，工业企业只是行政部门的附属物，没有自己独立的地位和利益。

（2）工业企业是从事工业商品生产经营活动的经济组织

工业企业的这一特征表现了它的产品的商品性和工业性。商品性是指现代工业企业都是从事商品生产经营活动的。它们所生产的产品（或所提供的劳务）都是以商品形式出现的，都需要投入市场，将个别劳动转化为社会必要劳动，取得社会承认，实现自己的使用价值和价值。因此，现代工业企业都是一定商品的生产者、经营者。工业性是指它所生产经营的产品或劳务都具有工业性质，是工业品或工业劳务。工业企业的这些特征、属性也为工业企业设立宗旨和确定基本任务奠定了基调。

（3）工业企业是实行独立核算、自负盈亏的经济组织

工业企业的这一特征表明了它在经济上的自主性和盈利性。自主性是指工业企业在经济上是独立的，有自己可支配的财产，有自己独立的利益，实行独立核算、自负盈亏。这些也正是经济体制改革的关键问题和基本目标。这一特性使它与事业单位和内部组织等区别开来。盈利性是指工业企业在自己的生产经营经济活动中，应不断地创造价值、获取利润、增加积累。工业企业从其成立的宗旨和本质看，不仅要在使用价值上满足社会需要，而且要实现价值的增值，要创造利润。社会主义工业企业也是要讲究经济效益的。

（4）工业企业是能够享受经济权利、承担经济义务的法人

工业企业的这一特征表明了它在法律上的独立性和法人性。法律上的独立性是指它是法律上的主体，能够独立地享受经济权利、承担经济义务。法人性是指它依法取得企业法人资格，受到国家的承认和保护。

第三节　工业企业管理概述

一、工业企业管理的主要内容

工业企业管理是一个系统工程，我国现阶段的企业管理一般可分为生产经营系统、政治工作系统、后勤服务系统三部分内容。由于生产经营是企业管理的核心，所以生产经营系统是主导，政治工作和后勤服务系统都是为生产经营系统服务的。这里主要论述生产经营系统的内容，对其他两种不做介绍。

工业企业的生产经营内容，主要包括原材料供应、生产制造、设备管理、产品销售、技术管理、人员管理、财务管理等方面。不同的企业，由于生产规模、经营管理水平、生产技术能力、生产任务、设备状况等不同，企业管理在具体的项目和内容上也应不同，但在管理方面有共同之处。工业企业管理的内容包括以下七个方面。

（一）企业管理原理

企业管理原理是管理学的重要组成部分，是实现管理现象的一种抽象，是大量管理实践经验的升华。研究和掌握管理原理有助于认识与运用管理的客观规律，有助于管理链的正确运作，提高管理工作的科学性与有效性，对做好管理工作有着普遍的指导意义。其中包含的原理有系统管理原理、决策原理、计划原理、组织原理、控制原理、激励原理。

第一章　工业企业管理概论

（二）生产管理

生产管理是对企业生产制造系统的设置和运行中各项管理工作的总称，又称生产控制。生产管理分为：① 生产组织，即选择厂址，布置工厂，组织生产线，实行劳动定额和劳动组织，设置生产管理系统等；② 生产计划，即编制生产计划、生产技术准备计划和生产作业计划等；③ 生产控制工作，包含生产现场管理，即控制生产进度、生产库存、生产质量和生产成本等内容；④ 保证纳期交付正常，即根据生产计划安排，保证客户产品交付正常。

（三）人力资源管理

人力资源管理，是指在经济学与人本思想指导下，通过招聘、甄选、培训、报酬等管理形式对组织内外相关人力资源进行有效运用，满足组织当前及未来发展的需要，保证组织目标实现与成员发展的最大化的一系列活动的总称。包括预测组织人力资源需求并做出人力需求计划，招聘选择人员并进行有效组织，考核绩效支付报酬并进行有效激励，结合组织与个人需要进行有效开发以实现最优组织绩效。学术界一般把人力资源管理分为人力资源规划、招聘与配置、培训与开发、绩效管理、薪酬福利管理、劳动关系管理等模块，帮助企业管理者掌握员工管理及人力资源管理的本质。

（四）质量管理

质量管理是指企业确定质量方针、目标和职责，并通过质量体系中的质量策划、控制、保证和改进来使其实现的一系列活动。质量管理有八大原则，是最高领导者进行业绩改进的指导原则，也是构成ISO9000族系列标准的基础，包括：① 以顾客为关注焦点；② 充分发挥领导作用；③ 全员参与；④ 重视过程方法；⑤ 重视管理的系统方法；⑥ 持续改进；⑦ 基于事实的决策方法；⑧ 与供方互利的关系。通常也包括制定质量方针和质量目标、质量策划、质量控制、质量保证和质量改进。

（五）营销管理

营销管理是指为了实现企业或组织目标，建立和保持与目标市场之间互利的交换关系，而对设计项目进行的分析、规划、实施和控制。营销管理的实质是需求管理，即对需求的水平、时机和性质进行有效的调解。在营销管理实践中，企业通常需要预先设定一个预期的市场需求水平，然而，实际的市场需求水平可能与预期的市场需求水平并不一致。营销管理的设立是为了达到更好的营销效果。营销管理就是在市场行为中，以盈利为目标，把组织、架构、人员、培训、绩效、考评、薪资等众多要素综合制定、优化实施的行为。

在营销中,企业制定营销政策,要充分考虑营销政策推行的各个方面,其中主要是企业、消费者、经销商、终端、销售队伍,这五个方面。营销管理要满足企业的需求、满足消费者的需求、满足经销商的需求、满足终端的需求、满足销售队伍的需求,在不断满足需求的过程中企业也将得到发展。

营销管理是企业管理中的核心,也是企业管理之首。营销管理,管的是市场战略、政策、规划的执行和变化调整,产品销售进程,以及未来的市场发展。营销管理,管的是销售人员的心态,以及对市场的掌控能力。营销管理,管的是未来的市场和品牌发展。涉及的知识有营销战略理论分析(如需求分析、市场细分、目标市场、市场定位)和营销策略理论(如产品策略、定价策略、分销策略、促销策略等)。

(六)"互联网+"信息系统管理

信息工作,是指对企业生产经营活动中所需资料、数据的收集、加工、传递、保存、检索、输出等工作。企业中的信息是很广泛的,按其来源不同可分为内部信息和外部信息。内部信息是指产生于企业自身的生产经营活动的信息,如有关生产、技术、财务、物资、设备利用等方面的报表资料。外部信息是指涉及企业的外部技术、经济活动及外部环境变化的信息,如市场需求、国家经济政策、法规、重点建设项目、科技进步、同行业企业状况等。企业的经营决策应依据各种准确有用的信息资料来进行,因此企业应通过各种渠道与方式收集有关的信息资料,并对收集到的资料、数据等进行处理加工,去伪存真,保留对企业有用的信息,由专门的机构和人员对其进行管理,及时提供给企业的有关管理者使用。

(七)企业成本管理

企业成本管理是以企业的全局为对象,根据企业总体发展战略而制定的。企业成本管理的首要任务是解决不同战略选择下如何组织成本管理的问题。即将成本信息贯穿于战略管理的整个循环过程之中,通过对公司成本结构、成本行为的全面了解、控制与改善,寻求长久的竞争优势。成本控制是一门花钱的艺术,而不是节约的艺术。如何将每一分钱花得恰到好处,将企业的每一种资源用到最需要它的地方,这是中国企业在新的商业竞争时代共同面临的难题。成本管理必须把企业内部结构和外部环境综合起来。成本管理由成本规划、成本计算、成本控制和业绩评价四项内容组成。总的来说,企业成本管理主要有三项功能:为定期的财务报告计算销售成本和估计存货价值;估计和预测作业、产品、服务、客户等成本对象的成本;为企业提高业务效率、进行战略决策提供经济信息和反馈。

第一章　工业企业管理概论

二、工业企业管理的职能

工业企业管理既有同生产力、社会化大生产相联系的自然属性,又有同生产关系、社会制度相联系的社会属性。工业企业管理的双重性,是指导我国企业管理的理论基础。工业企业管理的职能主要体现在以下三个方面。

(一) 决策与计划

决策是企业对经济发展和经营目标以及其他手段的抉择。决策是管理的核心,管理是由一系列决策组成的,管理实质上就是决策,同时也是企业管理者的一项基本活动,是企业管理的首要职能。决策关系到企业的生存和发展,关系到企业人、财、物的使用方向及企业的经济效益。因而在企业管理决策时应遵循一些基本要求,增强科学性,减少失误。一个完整正确的决策过程是由五个基本步骤组成的,即提出问题、预测分析、制订方案、选择方案和执行评价决策。它来源于周密的调查研究,充足的市场信息。

计划就是根据决策目标做出的具体安排,是把企业的各项经营管理活动按照实现企业目标的要求,纳入完整方案的全部管理活动。计划职能是企业管理的重心。计划工作有广义和狭义之分。广义的计划职能包括制订计划、执行计划和检查计划。狭义的计划职能是指制订计划,即根据组织内外部的实际情况,权衡客观的需要和主观的可能,通过科学的调查预测,提出在未来一定时期内组织所需达到的具体目标以及实现目标的方法。计划职能具有目的性、主导性、普遍性、效率性等基本特征。只有充分发挥计划的职能作用,才能使各个部门以至每个职工都有明确的奋斗方向,才能把各项工作有效组织起来,建立起正常的生产秩序和工作秩序。企业的经营规模越大,生产经营过程越复杂,计划的职能作用就越重要。

(二) 组织与指挥

组织是指通过建立企业组织结构,规定职务或职位,明确权责关系等,以有效实现组织目标的过程。具体地说,组织是将企业生产经营活动的各要素、各部门、各环节在空间和时间的联系上,在劳动分工与协作上,在上下左右的相互关系上以及对外往来上,合理地组织起来形成一个有机的整体,使企业的人、财、物得到最合理的运用。组织管理的内容有三个方面:组织设计、组织运作、组织调整。

指挥是指为了达到既定目标,发挥领导艺术,对下级和下属进行布置和指导,使企业的生产经营活动有条不紊地正常进行。没有正确的指挥,计划和组织的职能也不可能顺利实现。

(三) 协调与控制

为有效实现企业制定的目标，使企业内部各部门之间以及对外的工作能保持良好的合作关系，就需要进行协调活动。部门之间的沟通协调融洽与否，直接影响到企业的运转效率。协调是领导者运用自己的权利、威信，以及各种方法和技巧，来领导活动中的各种资源、各种关系、各种层次、各个环节、各个因素，把它们组合起来，使其行动一致，形成组织活动、社会合力，达到组织目标，取得组织绩效的一种管理过程。在协调中，关键是领导要把握住运用自己的权力的方式。这种权力是组织赋予的法定权力，如指挥权、用人权、资源支配权等；还有一种软权力，如领导者的魅力、影响力、号召力、凝聚力等。领导者善于协调会使组织权力产生良好的权力效应。协调是一项综合性的能力，协调工作的核心在于使得全体职工明确企业的生产经营目标和决策计划内容，树立全局观念，克服本位主义思想，加强相互协作，消除扯皮现象。

控制又称监督，是同计划职能紧密联系在一起的。控制是根据企业的计划和事先规定的标准，监督检查各项活动及其结果，并根据偏差调整行动或调整计划，使计划和实际相吻合，保证目标实现的行为活动。没有计划，控制将失去依据。有了计划，没有控制，计划的实现也可能会落空。因此，控制和计划在企业管理职能中相互配合、不可或缺。在实际管理过程中，按照不同的标准，可把控制分成多种类型。例如，按照业务范围可把控制分为生产控制、质量控制、成本控制和资金控制等；按照控制对象的全面性，控制又可分为局部控制和全面控制；按照控制作用环节的不同，控制分为现场控制、反馈控制和前馈控制等。各种不同类型的控制都有其不同的特点、功能与适应性。实现控制的职能，要求企业建立和健全一系列的规章制度，特别是要有明确的责任制度、完整的定额管理制度和严格的经济核算制度等。

三、工业企业管理的组织机构

现代管理科学认为，企业管理中组织系统的结构、层次和职权范围的确定与划分，必须围绕着管理的目标，以适应管理目标为出发点。如果一个企业没有必要的机构层次，责任范围划分不清，事无巨细都由最高领导者去抓，必然会影响下级和员工的积极性；相反，如果机构划分过细，又会使调度指挥失灵。因此，企业应根据自己的条件和特点，根据设置组织机构的原则，建立一套科学的管理组织系统。组织机构是企业在职、责、权方面的动态结构体系，其本质是为实现企业战略目标而采取的一种分工协作体系，组织机构必须随着企业的重大战略调整而调整。常见的企业管理组织机构的形式主要有五种，包括直线制、职能制、直线职能制、事业部制、矩阵制等。

(一) 直线制

直线制管理组织机构,是工业发展初期企业的一种最早、最简单的管理组织形式。其基本形式是:下级从上级那里直接接受命令,上级对下级进行综合管理,不设专门的职能管理机构,权限是直线的,关系是明确的,并且按照有效的管理幅度,根据企业总的人数逐级形成管理组织层次。直线制管理组织的结构如图1-2所示。

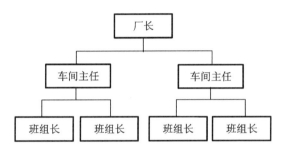

图1-2　直线制管理组织的结构

直线制管理组织机构的优点:机构简单、权责分明、权力集中、命令统一、决策迅速、指挥及时、工作高效。从成本的角度看,由于机构简单,非生产人员少,因而可以节约管理费用。该结构的缺点:没有专业的职能机构和人员当领导者的助手,要求企业领导通晓各种业务,成为"全能"式的人物。因此,一旦生产规模扩大,产品结构复杂,企业领导者势必顾此失彼,难以应付,造成管理工作效率低、失误多,很难保证管理的合理化。这种类型的组织机构形式一般适用于产品单一、生产技术简单、没有必要按照职能实行专业化管理的小型企业或现场指挥。

(二) 职能制

职能制管理组织机构,是根据管理职能进行的专业化分工的组织形式。企业各级行政部门除主管外,设置按专业分工的职能机构,分别负责计划、生产、技术、财务、供应、销售等业务的管理。各职能机构在其各自的业务范围内,有权向下级下达命令和指示。因此,下级除了要接受上级主管的领导外,还必须服从上级各职能机构的领导和指示。职能制管理组织的结构如图1-3所示。职能制组织机构的优点:根据管理业务划分为不同的专业管理部门,各部门在其职责范围内对下级行使管理职责,大大提高了企业管理的专业化程度,适应企业规模日益大型化、产品复杂化对企业管理工作的需要,不但责任明确,而且提高了效率。该结构的缺点:① 会造成多头领导的局面。在职能不多的情况下,这种管理组织形式还能适应生产发展的要求,但在业务分工很细、职能部门较多的情况下,就会在基层产生多头领导,导致基层无所适从。这既不符合一般的组织原则,更不符合社会化大生产对集中统一指挥的客观要求。② 互相协调困难,存在着下级同时接收到不同上级互相矛盾的命令的可能,使管理程序混乱。③ 上层领导与基层脱节,信息传递难以畅通,影响上层管理的有效性。各职能机构往往都从本部门的业务工作出发去工作,不能很好地相互配合,横向联系差;不利于培养高层管理人员。因此,这种管理组织机构未被企业广泛采用。

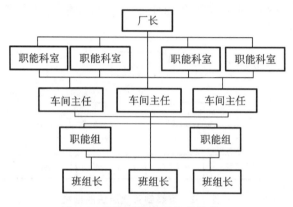

图1-3 职能制管理组织的结构

(三)直线职能制

直线职能制,或称生产区域管理制。其管理组织的结构如图1-4所示。它是以直线制为基础,在各级领导者之下设置相应的职能部门分别从事专业管理,作为该级领导者的助手和参谋。它是在总结直线制和职能制经验的基础上,取两者之长,舍两者之短而形成的。职能部门在各自范围内所做的计划、方案,以及有关指示,必须经各级领导者批准下达,职能部门对下级领导和下属职能部门无权直接下达命令或进行直接指挥,只起业务指导作用。

总的来说这种管理组织具有指挥统一化的好处,又具有职能分工、管理专业化的优点。所以,各国企业较为普遍地采用这种组织形式,而且采用的时间也较长。在我国直至今天,大多数企业采用的还是这种管理组织。但是,它也有其不足之处,主要表现为:下级缺乏自主权;各个职能部门之间的横向联系较差,容易产生脱节与矛盾;企业上下信息传递路线长,反馈慢,适应环境变化的能力差。因此,这种管理组织一般适用于企业规模不大,或产品品种不太复杂、工艺较稳定、市场销售情况容易掌握的企业。

(四)事业部制

事业部制组织形式,是指在集中领导下,进行分权管理的组织形式,首创于美国通用汽车公司。它是在一个大公司总部下增设一层半独立经营机构事业部,负

第一章 工业企业管理概论

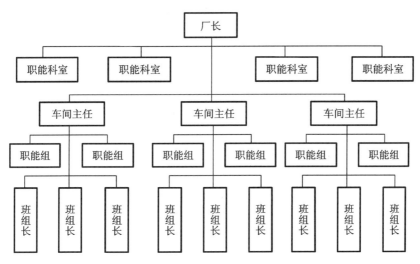

图 1-4 直线职能制管理组织

责全面工作。事业部的设置是将企业的各种活动按产品、地区或顾客分类,事业部下属有若干工厂和研究单位,负责生产和研制工作。它是一种分权型的组织形式,是在总公司领导下设立多个事业部而形成的,其突出的特点是总公司集中决策,事业部独立经营。各事业部经理统一领导其主管的部门,除受总公司长期计划预算的严格监督,对公司负有完成计划的责任之外,对该事业部内部的经营管理也拥有很大的独立自主权。事业部制管理组织的结构如图 1-5 所示,它由公司经理统领职能部门和各个事业部。

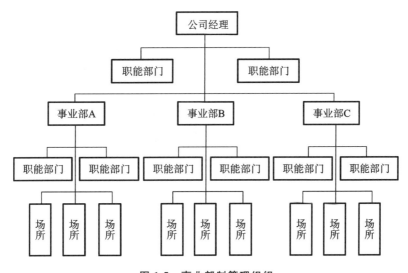

图 1-5 事业部制管理组织

事业部制的主要优点是：可独立经营单一产品系列（市场、地区），对产品的生产和销售实行统一管理，独立经营，独立核算，可以发挥其主动性和积极性；有利于最高管理层摆脱日常事务，以集中精力考虑有关全公司的大政方针和长期规划；有利于提高部门管理人员的专业知识和领导能力，培养企业高级管理人才。其缺点是：职权下放过大，易造成指挥不灵，产生本位主义；各事业部经理往往忽视企业的整体利益，仅仅从本部门的利益出发考虑问题；职能机构重复设置，造成管理人员的浪费。

设置事业部必须具备以下三个条件：

① 事业部必须是分权化的单位，具有相对独立的经营自主权（如采购、生产、销售等）。

② 事业部必须是利益责任单位，具有利益生产、利益核算、利益管理三种职能。

③ 事业部必须是产品（或市场）责任单位，有着自己的产品和独立的市场。

事业部制的这三大要素是缺一不可的，可以说，事业部是上述三位一体的组织。

（五）矩阵制

矩阵制组织形式是由纵横两套管理系统组成的长方形组织机构，一套是纵向的职能系统，另一套是为完成某一个任务而组成的横向项目系统，如图1-6所示。

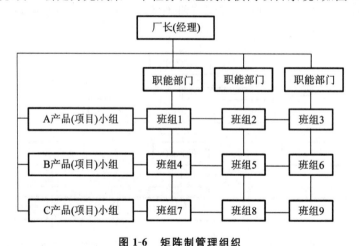

图1-6　矩阵制管理组织

厂长（经理）统领不同产品项目小组和职能部门，而不同的班组共同由对应的产品（项目）小组和职能部门管理。

横向系统的组织，一般由产品、工程项目或服务项目的专门项目小组或委员会组成，并设立项目小组的总负责人，负责项目方案的综合工作。纵向系统的组织，是在职能部门负责人领导下的各职能科室或技术科室。

矩阵制组织的优点：矩阵制组织打破了一个人只属于一个组织的传统；加强了各职能部门间的横向联系，具有较大的机动性和适应性；各职能部门仍然保留着各自领域里的专家，能够灵活机动地调配人力资源，有利于发挥技术人员的潜力，攻克复杂的技术难题，有利于人才的培养和技术的相互交流；对多变的、竞争激烈的市场环境有较强的适应性。矩阵制组织适用于生产经营环境复杂多变的企业。

矩阵制组织的缺点：由于实行纵向、横向的双重领导，如处理不当，会因意见分歧而出现矛盾，造成工作中出现扯皮、无所适从的现象；小组成员容易产生临时观念，稳定性差。

各种管理组织形式各有优点和缺点。在管理组织的选择上，企业应根据企业环境、企业战略和企业生产技术，建立符合国情和自身情况的组织机构。

本 章 小 结

企业是以营利为目的的经济组织，分为生产企业、流通企业和服务企业三类。企业的创立是通过一定的法定程序，满足一定的条件而运行的。企业的性质具有双重性，企业首先是生产力组织形式，同时又体现一定的生产关系。企业是为了节约市场交易费用或交易成本而产生的，企业的本质或者显著特征是作为市场机制或价格机制的替代物。工业企业是指从事自然资源开采、对采掘品和农产品进行加工和再加工的一类企业，按部门划分为17个行业企业，按经营规模划分为大型、中型、小型、微型共4种。工业企业管理的主要内容有管理原理、生产管理、人力资源管理、质量管理、营销管理、"互联网＋"信息系统管理等。管理的职能包括决策与计划、组织与指挥、协调与控制。工业企业的组织机构分为5种，分别是直线制、职能制、直线职能制、事业部制、矩阵制。这5种组织机构各有优缺点，企业应根据实际情况综合考虑建立合适的组织机构。

习　　题

1. 什么是企业？企业有哪些类型？
2. 企业的性质是什么？
3. 什么是工业企业？试举例说明。
4. 企业有哪几种组织形式，它们的主要区别有哪些？

第二章　企业管理原理

学习目标

1. 了解企业管理原理的形成及体系。
2. 掌握系统管理原理、决策原理、计划原理、组织原理、控制原理及激励原理的主要内容。
3. 掌握企业管理中的一些常用方法。

管理思想形成的直接原因是社会生产力发展需要。从早期管理思想的代表人物亚当·斯密(Adam Smith,1723—1790)、罗伯特·欧文(Robert Owen,1771—1858)到近代的泰勒(Frederick W. Taylor,1856—1915,科学管理之父)、亨利·法约尔(Henri Fayol,1841—1925,现代经营管理理论之父)和马克思·韦伯(Max Weber,1864—1920)对国家或企业管理思想原理,均提出了明确而有说服力的观点,并从各自的角度揭示出了企业管理的基本规律。同时各学派也显现出不同程度的局限性和片面性,以致需要别的学派予以补充和完善。如决策学派指出了管理的核心是决策,但决策毕竟不是管理的全部内容,组织、激励和控制的重要性在一定程度上也并不亚于决策。技术学派、管理科学学派为实施管理提供了有用的定量分析方法,但实践中许多管理问题是难以定量的。因此,企业管理原理绝不是一种原理,而应是一种体系。就其体系而言,目前学术界也有诸多提法,本书结合管理学的各个学派从宏观方面提出了以下组成企业管理原理体系的六个基本原理:系统管理原理、决策原理、计划原理、组织原理、控制原理、激励原理。最后介绍一些管理方法的运用。

第一节　系统管理原理

所谓系统管理原理,就是把同某一事物有关的全部组成要素的总体,看作一个系统,并从整体出发而不是从局部出发实施最佳化管理。系统管理原理是从系统论角度认识和处理管理问题的理论和方法,其作为企业管理原理之一,内容包括企业管理的系统特性、系统观念、系统分析方法及系统模式。

第二章　企业管理原理

一、企业管理的系统特性

现代企业管理不再是过去的小生产管理,它总是处在各个层次的系统之中。每个企业,每种管理方法,每个人都不可能再是孤立的,而是既在自己的系统之内,又与其他各系统发生各种形式的"输入"或"输出",同时还处在一个更大系统的统一范畴之内。因此,为了达到最佳化管理,就必须进行充分的系统分析,这就是企业管理的系统原理。

一个工业企业的管理,按层次可以分为总厂(公司)管理、工厂管理、车间管理、班组管理等。按专业管理来说,又有计划、决策、生产、技术、质量、设备、财务等管理,它们之间纵横交错,互相影响。要在分工的基础上根据它们的内在联系,把许许多多不同的职能工作综合组织起来,达到管理最佳化,就必须应用管理的系统原理,紧紧抓住系统的目标性、相关性和层次性,不仅为认识管理的本质和方法提供新的视角,而且将它所提供的观点和方法广泛渗透到人本管理、职能管理、科学管理及权变管理等原理之中。从某种程度上说,系统管理原理在企业管理原理体系中起着统率的作用。

(1) 目标性

不同的系统有不同的目标,混淆了目标的管理必然是混乱的管理。对企业这个系统来说,它应有其整体的目标(当然这种目标往往不是单一的),而企业内部各子系统又有各自的小目标,它们是企业整体目标的展开形式。具体来说,每个企业在一定时期内必须有一个符合企业发展的总目标,把国家大政方针具体化和明确化。这样企业有了一个统一意志、统一步调的大目标,才能更好地组织和发动企业所有部门及全体职工,为实现这个大目标而同心协力,努力奋斗。但是,企业大目标确定之后,还要进行目标展开,把大目标化成各部门、各车间、各班组奋斗的小目标。要使企业的各个部门和每个职工明确为实现企业的大目标各自应该干什么,什么时候干,怎样去干,以及应该达到什么效果,等等。这样就自上而下层层展开,将大目标化小目标;反之,自下而上地层层集合,把小目标汇集为大目标。

(2) 相关性

工业企业是组成整个社会经济体系(大系统)的一个基本单位(小系统)。企业系统,又是由许多子系统组成的,如经营计划系统、生产技术系统、质量管理系统、销售系统,等等。系统的各组成要素都是互相关联,互相作用的。比如,产品质量管理不仅取决于产品的制造过程,而且取决于设计过程,取决于为生产提供各种必要条件的准备过程和服务过程,也取决于销售过程中为用户服务和对用户需求的调查研究,等等。因此,在实践中,我们必须认识系统各要素的相关性,从而寻求最佳管理。

(3) 层次性

系统之间有效运转取决于层次性。企业系统内部的管理,既有整体性,又有层次性,它们之间的关系是相辅相成的。任何管理层次的功能混乱,都会干扰整个系统的有效运转。也就是说,一个企业的厂部、车间、工段、班组等管理层次应该是一个统一体。但各管理层次又都有其不同的功能。只有充分让各自的管理功能得到充分的发挥,各司其职,才能提高管理的有效性。如果管理层次混乱,我做你的,你做我的,打混仗,势必事倍功半。例如,厂长不是致力于经营决策,而是在车间忙于具体组织工作,指挥谁干什么,如何干,干了以后还要随时发出具体指令,等等,这样就会干扰下一层次系统的功能。这种做法有时或许会奏效,但长此以往,会使下级无责可负,失去主动性,一切问题上交。最后厂长天天忙于具体事物,不可开交,越忙越乱,越乱越忙,形成恶性循环。这时厂长失去了自己的决策功能,车间主任应有的现场指挥功能也得不到充分的发挥。所以说,企业系统内部的有效运转也取决于层次性。

系统是普遍存在的,它既可以应用于自然和社会事件,又可应用于大小企业的单位组织。组织管理者要实现管理的有效性,就必须对管理进行充分的系统分析,把握住管理的每一个要素及要素间的联系,实现系统化的管理。系统管理原理对现代企业管理的重要性是十分明显的。系统理论告诉我们,现代企业是为了一定的经营目的,由许多相互联系的要素、环节、部门有机结合而成的整体。作为管理的对象,它不同于过去的手工作坊,从企业的要素构成、组织结构、内外联系及环境特征看,它是一个复杂的社会技术经济系统。利用系统的理论和模型进行研究,能够更准确地解决企业在管理决策中的诸多问题。

二、企业管理的系统观念

(一)企业的系统观

(1) 组织系统的一般模型

美国系统管理权威人物卡斯特和罗森茨韦克提出了组织系统的一般模型,如图2-1所示。他们认为,任何一个组织都是由对应的环境超系统及内部五个分系统构成的。这五个分系统包括:

① 目标与价值分系统,包括指导组织活动的理想、伦理和目标等;

② 技术分系统,包括将投入转换成产出的技术、装备、方法和设施;

③ 社会心理分系统,包括人的行为与动机、地位与作用关系、群体动力以及影响网络;

④ 结构分系统,主要涉及职权模式、交往沟通和工作流程;

⑤ 管理分系统,是协调组织与环境的中枢。

组织系统的一般模型为认识企业系统奠定了理论基础。模型中的五个分系统皆与人、信息、能源、材料相关,五个分系统相互作用、相互影响,又向外反馈作用于人、信息、能源和材料。其中目标与价值分系统、社会心理分系统、结构分系统和技术分系统通过管理分系统结合在一起,管理分系统指挥各个分系统如何顺利进行各种交流与沟通。

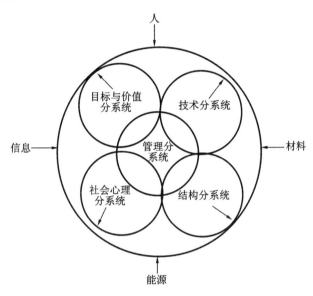

图 2-1 组织系统的一般模型

(2)企业系统

企业是一个如图 2-2 所示的因素复杂的社会技术经济系统,是集人财物与产供销、生产力与生产关系、产品生产与人的培养、生产者与经营者、责任与权利、经济组织与社会组织等多种要素于一身的胶着体。

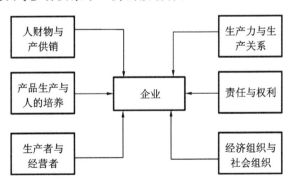

图 2-2 企业的相关因素

（二）企业内部的系统结构与功能

（1）企业内部的系统结构

从过程的角度看，企业内部是由供应子系统、生产子系统、营销子系统、研究和发展子系统等四大子系统构成的。它们运作有效，才可以保证企业的日常生产与经营，保证企业战略的顺利实施和生产经营目标的最终实现。

（2）企业内部各子系统的功能

① 供应子系统的功能：主要是提供生产、经营、研究开发等所必需的人力、资金、物资等生产要素。

② 生产子系统的功能：根据企业生产经营的目标对投入的生产要素进行最佳配置，完成产品的生产过程，并按时、按质、按量向营销子系统提供产品。

③ 营销子系统的功能：协调企业上市产品与市场开发的关系。营销子系统既要把研发及生产子系统的产品推销出去，又要及时反馈市场信息给研发及生产子系统。

④ 研究和发展子系统的功能：根据企业和市场战略发展的需要，制定企业未来发展的基本对策，开发新产品、新工艺、新技术。

四大子系统之间的结构与功能的关系如图2-3所示，从生产制造的一般流程看，研究与发展子系统、供应子系统、生产子系统、营销子系统这四大子系统是相互联系、相互影响的。

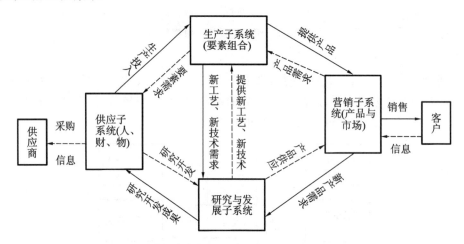

图2-3 企业内部各子系统之间的结构与功能关系

（三）企业管理的系统观

（1）企业目的系统

企业目的系统包括：① 生产是企业首要的社会责任；② 企业的生存发展依赖生产质量和规模；③ 谋求盈利是企业的价值目标。

(2) 企业行为系统

企业行为系统包括：① 由企业目标和生产经营约束两因素决定的行为机制；② 企业行为模式，如经济增长型、稳定发展型、长期发展及当前消费型、短期利润及当前消费型等；③ 企业行为合理化。

(3) 企业功能系统

企业功能系统包括：① 优化生产要素结构，改善内部联系；② 统筹兼顾，处理好激励和协调关系；③ 实行企业间的联合及对外开放；④ 改善企业环境。

三、企业管理的系统分析

(一) 企业效益的系统分析

从 1995 年起，国家财政部采用新企业经济效益评价指标体系来评价企业经济效益状况。该新的体系包括：① 销售利润率；② 总资产报酬率；③ 资本收益率；④ 资本保值增值率；⑤ 资产负债率；⑥ 流动比率（或速动比率）；⑦ 应收账款周转率；⑧ 存货周转率；⑨ 社会贡献率；⑩ 社会积累率。

(二) 企业活力的系统分析

企业活力是指企业在复杂多变的环境中实现经营目标、谋求生存发展的活动力。其评价指标体系如表 2-1 所示。该表从领域表现、应变力、创新力和竞争力四个方面来对企业活力进行较为全面的分析与评价。

表 2-1 企业活力评价指标体系

领域表现	应 变 力	创 新 力	竞 争 力
产品开发	标准化系数、产品谱（目录）	新品种数目、档次、新技术采用率	新品种价值系数商标知名度
生产	开工率	产品产值与总产值比	市场覆盖率
销售	市场适销率＝1－（滞销品产值/总产值）	促销新手段	开通的销售渠道市场占有率
资金筹措及运用	资源调整效率＝1－（呆滞资源价值/资产总值）	研究开发投资率＝1－（研究开发费/销售额）	投资新领域及额度
公共关系	反应能力、灵敏性	应对方法	资信等级、合作规模
管理	备用策略	新方法、手段情况	进取性、系统性

（三）企业素质的关系分析

企业素质是指企业达到目的、实现目标、完成任务的内在能力。其系统分析内容如表 2-2 所示。从技术素质、人员素质和管理素质三个方面的考察内容和常见缺陷进行了较为全面的分析。

表 2-2　企业素质内容分析

素质分类	考察内容	常见缺陷
技术素质	厂房｛厂址有利性／厂容整洁性／厂房可用性	・厂址处于偏僻或其他不利位置，使资源供应困难，交通不便，发展受限 ・厂容脏、乱、差，影响生产及人们的心理 ・厂房陈旧，存在不安全因素 ・厂房设计不合理，通风、采光等条件不符合生产和保健要求 ・空间有限，无法正常生产及发展 ・布局不合理，造成物流、人流迂回
	设备｛新旧度／先进性／配套性／适用性／完好性／布局合理性	・役龄过长、技术老化、效能下降 ・性能差、不先进，质量及效率低 ・不配套，影响生产能力 ・适用性差，操作及维修困难 ・布局不合理，导致人流、物流迂回 ・保养差，使原有效能下降
	工艺｛先进性／经济性／适用性／正规性	・工艺落后、消耗高、质量低、效率低 ・对材料、能源等要求苛刻，难以保证 ・掌握困难 ・不定型，缺乏规程
	产权：价值	・对专利、商标、许可证等缺乏保护措施
人员素质	总体｛总量／结构合理性／配置合理性	・劳动力不足或冗员严重 ・行政服务人员过多，专业技术人员比例过低 ・研究开发力量配置过少
	领导班子｛威信／合作／能力／作风	・缺乏事业心或私心重、作风差、威信低，缺乏合作精神、不团结 ・因文化、经验或年龄原因，领导能力不足 ・眼光短浅，狭隘保守
	职工队伍｛觉悟／作风／能力	・利益期望过高，难以满足，士气不振 ・作风疲沓，队伍松散，效率低下 ・缺乏培训，能力较差或知识老化 ・年龄结构不合理，缺乏互补性及过渡性

续表

素质分类	考察内容		常见缺陷
管理素质	管理基础与工作状况	标准 计量 记录 统计 制度	• 标准化程度低,标准不明、不全 • 采用的标准不够先进 • 检测、计量不严格 • 记录不全、失真,统计失实、不及时 • 无章可循
	计划状况与控制状况	依据 方法 内容 质量	• 没有必要的外部信息渠道,缺乏明确宗旨、方针和战略 • 计划方法陈旧,决策无法保证质量,控制标准不明确 • 计划不配套、不协调、不严肃 • 控制缺乏有效手段,以致失控
	组织状况	机构 人员配备 责任 权力 沟通	• 机构不健全,有明确薄弱环节或机构过多 • 人员配备不当,或多或少,尤其不够精干 • 分工不合理,责任不明确 • 权力分配不当,丧失权威性或压抑积极性 • 信息沟通不良,导致协调困难 • 机构缺乏必要的制约
	激励状况	组织气氛 激励政策 考核 思想教育 设施	• 缺乏尊重、爱护人才的气氛 • 劳动、人事、分配政策方面缺乏激励性 • 考核不严格,奖惩不分明 • 思想文化教育薄弱 • 缺乏必要的教育、文化、福利设施

四、企业管理的系统模式

(一)系统管理模式的形成

20世纪40年代后期,系统论、信息论、控制论先后问世,20世纪50年代运筹学、系统分析技术日趋完善,20世纪60年代组织行为学广泛传播,这为实行系统管理提供了必要的理论基础及方法工具。

1954年美国管理学家彼得·杜拉克倡导实行目标管理,这在当时主要是一种用目标考核和评价各部门及各下属的方法,之后经过许多人的补充完善,形成了一种系统管理模式。

1961年美国通用电器工程师费根堡姆(A V. Feigenbaum)发表了《全面质量管理》,后来全面质量管理很快传到西欧和日本,其理论和方法得到不断补充和发展,并成为一种有影响的系统管理模式。

20世纪70年代,英国为了解决现代化工业发展带来的公害、事故、资源等一系列问题,首创了"设备综合工程学",之后日本在吸收设备综合工程学理论及美国的预防性维修经验的基础上,结合日本企业管理的传统,推出一种"全员设备维修制",成为又一种系统管理模式。

20世纪80年代以后,我国在学习国外先进管理理论和经验的基础上,结合我国传统经验,创立了"企业内部经济责任制",它把企业各部门、各岗位的责权利结合成一个有机整体,集策划、组织、激励、控制等管理职能于一体,堪称系统管理的最典型模式。近年来,随着系统管理思想的普及和深入,我国企业结合自身特点,首创了不少系统管理新模式,如首钢等企业的"全员承包制",大连显像管厂的"全控管理法"等。

(二) 系统管理模式的一般特点

(1) 管理优化的整体性

系统管理模式追求的是系统整体效益最优,而不是某个局部或某个单项指标最优。

(2) 管理目标的系统性

为保证组织效益整体最优,系统管理模式对涉及组织效益的各个方面都规定目标,并形成互锁互保目标网络体系。

(3) 管理过程的完整性

系统管理模式把企业效益看成是从决策开始的一系列生产经营活动的最终结果,而不是某一个或某几个环节的产物,因而主张实行全过程管理。

(4) 管理主体的全员性

系统管理模式认为组织目标的达到是组织全体成员共同努力的结果,因此主张实行全员管理,改变了过去那种认为管理工作只是少数主管人员及专业人员的事,改变了"干部管、工人干"的看法和做法,动员全体人员参与目标的制定、实施。

(5) 管理职能的综合性

由于围绕实现目标的各种职能是互相渗透、互相制约、难以割裂的,因而系统管理模式十分注意将管理的各种基本职能有机地结合在一起,发挥互为保证的作用。

(6) 管理方法的先进性

系统管理模式大多广泛采用现代管理方法和管理技术。

(7) 管理程序的循环性

系统管理模式以计划(P)、执行(D)、检查(C)、修正(A)四个环节为一个管理周期,一个周期完成了,又开始另一个周期,把前一个周期的执行结果、经验教训反馈到后一个周期的计划之中。

第二章　企业管理原理

第二节　决 策 原 理

一、决 策 概 述

（一）决策的概念

现代决策理论认为，管理的重心在经营，经营的重心在决策。决策正确，企业的生产经营活动才能顺利发展；决策失误，企业的生产经营活动就会遇到挫折，甚至失败。

决策，是指为实现一定目标，在掌握充分的信息和对有关情况进行深入分析的基础上，用科学的方法拟订并评估各种方案，从可行方案中选择一个合理方案的分析判断过程。经营决策，是指在企业生产经营活动过程中，为实现预定的经营目标或解决新遇到的重大问题，在充分考虑企业内部条件和外部环境的基础上，拟定出若干可行方案，然后从中做出具有判断性的选择，确定一个较佳方案的过程。因此，决策的前提条件就是要有几种备选方案可供选择，如果方案只有一个，那么就不用决策了。换句话说，备选方案越多，方案之间的差别越大，决策的难度就越大。

决策的概念包括以下五个要点。

（1）决策应有明确合理的目标

这是决策的出发点和归宿。决策是理性行动的基础，行动是决策的延续。无目标或目标不合理的行动是盲目的、错误的行动，只会导致企业的损失和浪费。

（2）决策必须有两个以上的备选方案

为实现企业某一特定经营目标，必须从多个可行方案中通过分析、比较和判断进行选优。如果只有一个方案，则别无选择；或虽有多个备选方案，但无限制，可随意选取，也就无须分析、判断，这都不符合决策的概念。

（3）必须知道每种方案可能出现的结果

选择方案的标准主要是看方案实施后的经济效果如何。所以，决策者必须对方案可能的结果有充分的预见，否则就无从比较。

（4）最后所选取的方案只能是令人满意的

传统的决策理论是以决策标准最优化为准则的，如力图寻找最大的利润、最大的市场份额、最优的价格、最低的成本、最短的时间等。而现代决策理论认为，最优化决策是不可能实现的，它只是一种理想。

（5）决策的实质是为了谋求企业的动态平衡

从提出问题、收集资料、确定目标、拟订行动方案、评价选择，到采取行动、实施反馈等一系列活动,都是为谋求企业外部环境、内部条件和经营目标之间的动态平衡而努力的。

(二) 决策的特点

(1) 目标性

任何决策都包含着目标的确定。目标体现的是组织想要获得的结果。目标明确以后,方案的拟订、比较、选择、实施及实施效果的检查就有了标准与依据。

(2) 可行性

方案的实施需要利用一定的资源。若缺乏必要的人力、物力、财力,理论上十分完善的方案也只能是空中楼阁。因此,在决策方案的拟订和选择过程中,要注意实施条件的限制。

(3) 选择性

决策的关键是选择,决策目标与决策方案都是经过选择而确定的。没有选择就没有决策。而要能有所选择,就必须提供可以相互替代的多种方案。事实上,为了实现同样的目标,组织总是可以从事多种不同的活动。这些活动在资源要求、可能结果及风险程度等方面存在着或多或少的差异。因此,不仅有选择的可能,而且有选择的必要。

(4) 过程性

决策是一个过程而非瞬间行动,这是因为:

① 组织中的决策并不是单项决策,而是一系列决策的综合,牵涉方方面面。当令人满意的行动方案被选出后,决策者还要就其他一些问题(如资金筹集、结构调整和人员安排等)做出决策,以保证该方案的顺利实施。只有当配套决策都确定后,才能认为组织的决策已经完成。

② 在这一系列决策中,每个决策本身就是一个过程。为了理论分析的方便,我们把决策的过程划分为几个阶段。但在实际工作中,这些阶段往往是相互联系、交错重叠的,难以截然分开。

(5) 动态性

决策的动态性与过程性有关。决策不仅是一个过程,而且是一个不断循环的过程。作为过程,决策是动态的,没有真正的起点,也没有真正的终点。我们知道,组织的外部环境处在不断变化中,这要求决策者密切监视并研究外部环境及其变化,从中发现问题或找到机会,及时调整组织的活动,以实现组织与环境的动态平衡。

(三) 决策的作用

(1) 正确的决策是企业生存和发展的重要保证

在市场经济条件下,企业外部环境因素特别是市场环境因素对企业的影响是非常大的,作为企业生存的空间,它要求企业的行为具有很强的方向性和适应性。一方面,企业的长期战略目标应符合社会和市场的长期利益,要有远见;另一方面,企业的生产经营活动应能满足社会和市场不断变化的需要,要有灵活的适应性。所以,企业必须要能做出正确的决策,以使自己的行为有利于社会和市场,得到承认,并取得经济效益,不断发展壮大。

(2) 科学的决策是企业实现管理现代化的关键

随着市场经济的发展,企业与外界的联系、市场竞争、市场需求日益复杂多样化,这就从客观上要求企业的管理水平现代化,从而有效地发挥企业管理的各项职能。而企业管理职能的基础就是决策。没有决策的现代化,各项职能的效用就无从提高,就不可能实现管理的全面现代化。

(3) 合理的决策是促进企业整个系统协调统一的重要手段

① 决策为企业规定的经营目标,是企业一切经济活动和全体职工共同奋斗的总目标。通过目标体系的建立,能调动人们的积极性和创造性,为实现总目标做出贡献。

② 决策为企业规定的经营方针,是企业各项管理工作应遵循的行动准则,它能统一全体员工的思想和行动,使大家相互协调、相互配合。

③ 决策为企业规定的经营策略,是企业落实经营方针和实现经营目标的具体对策和途径,可以使企业的各项管理工作按部就班地进行。

(四) 决策的地位

决策职能是管理职能体系中的首要职能,即使把它归纳在计划职能之内,由于决策是计划职能的核心,执行计划职能的第一步就是决策,它仍然是首要的。这是因为:第一,决策是决定企业生产经营活动成败的关键,企业一切工作成效的大小,取决于决策的正确与否。决策正确,可以引导企业的工作逐步改善,提高效率,甚至转危为安;决策失误,则可能使一切工作徒劳无功,效率越高,损失越大,转胜为败。企业要提高经济效益,第一步就是要做出正确的经营决策。第二,决策贯彻于管理的全过程,任何管理环节、管理部门和管理人员,在生产经营活动中,或多或少地都要进行决策。而且各环节、各部门、各个人的决策要相互联系,协调一致,以企业整体决策为依归,从上到下,从左到右,形成一个决策体系。第三,任何时候企业都在进行决策。在企业管理活动中每一时刻的活动,大至长期的经营战略,小至日常生产调度,都伴随着决策问题,而且长期决策与短期决策要相互衔接。因此,决策不仅在空间上,而且在时间上贯彻于管理的全过程。第四,一切管理工作,归根结底,都是围绕着制定决策、执行决策、实现决策目标这个过程进行的,决策是管理的核心。决策职能在管理中的地位如图2-4所示。从图中可以看出,管理就是先做出决策,然后执行决策,最后实现决策的过程。

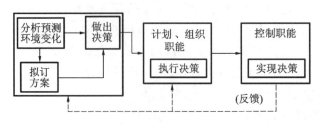

图 2-4 决策职能在管理中的地位

（五）决策的原则

一般来说，决策遵循的是满意原则，而不是最优原则。为什么呢？对决策者而言，要想让决策达到最优，就必须同时满足以下条件：一是容易获得与决策有关的全部信息；二是真实了解全部信息的价值所在，并根据这些信息拟订出所有可能的方案；三是准确预测每个方案在未来的执行结果。实际上，要想同时满足以上三个条件，在现实中是很难的。难以实现的具体原因是：第一，组织内外的很多因素都会对组织的运行产生不同程度的影响，而决策者很难收集到反映这些因素的一切信息；第二，对于决策者收集到的有限信息，决策者的利用能力也是有限的，从而导致决策者只能拟订出数量有限的方案；第三，任何方案都要在未来实施，而未来是不确定的。人们对于未来的认识十分有限，可能导致决策时所预测的未来情况与现实的未来情况不一致。以上原因决定了现实中决策者很难做出最优决策，只能做出满意决策。

决策是在适量信息的基础上进行的，为了使决策科学化，决策者应该注意以下10个事项。

① 决策要在全面考虑问题的基础上，抓住要害，保证总体优化，必须协调好组织内部各部门、各单位、各环节之间的关系，进行综合平衡。

② 决策是一个复杂的过程，必须遵循科学的决策程序，确定有效的决策标准，采用科学的决策方法，建立有效的决策体系和做好决策的组织工作。

③ 决策要有明确的目标，并且要有衡量达到目标的具体标准。

④ 决策必须是经济上合理，技术上可行，社会、政治、道德、法律等各方面因素允许的。

⑤ 决策必须从实际出发，实事求是，量力而行，并且要有充分的资源作保证。

⑥ 决策不仅要切实可行，而且要便于管理，并有相应的行动规划保证决策能付诸实现。

⑦ 决策必须有应变能力，事先要考虑一些应变措施，使决策具有一定弹性。

⑧ 决策要留有发生风险后生存的余地。要清醒地估计到各种方案的风险程

度,以及可允许的风险度。本着稳健行事的原则,使风险损失不致引起不可挽回的后果。

⑨ 决策技术和方法必须具有先进性,应采用现代管理技术和方法。

⑩ 决策应规范化、制度化和法律化。

二、决策的过程

决策是一个有序的、条理化的过程,而不是在瞬间选定某个方案的单纯的决断。决策的过程是指从问题提出到方案确定所经历的过程。决策是一项复杂的活动,有其自身的工作规律性,需要遵循一定的科学程序。在现实工作中,导致决策失败的原因之一就是没有严格按照科学的程序进行决策,因此,明确和掌握科学的决策过程,是管理者提高决策正确率的一个重要方面。一般来说,决策过程大致包括以下六个方面。

(一) 分析决策问题

决策是为了解决现实中提出的需要解决的问题或者为了达到需要实现的目标。所谓问题就是应有现象(或目标)和实际现象(或现实)之间所存在的差距。通过调查、收集和整理有关信息,发现差距,明确奋斗目标,是决策的起点。没有问题,不需要决策;问题不明,则难以做出正确的决策。

决策的正确与否首先取决于对问题判断的准确程度,因此,认识和分析问题是决策过程中最为重要也是最为困难的环节。就管理者的工作而言,若能始终正确判断问题自然最好,但在实际工作中常常事与愿违,要么不能正确地判断问题,要么就是触及不到问题的实质。

(二) 确定决策目标

管理的目的是有效地实现组织的发展目标,目标体现的是组织想要获得的结果。因此,任何决策都是针对目标而言的,决策就是要回答决策的目的是什么,要达到什么目标。所谓决策目标,是指在一定的环境和条件下,根据预测某一问题所希望得到的结果。在确定决策目标的过程中,必须弄清以下问题:组织目前存在的主要问题是什么?为什么没有实现既定的目标,还存在哪些差距?影响目标实现的主要有利和不利因素有哪些?组织发展的合理目标是什么?目标体系中各子目标之间的关系是什么?目标的优先次序如何确定,其依据是什么?等等。

根据时间的长短,可把目标分为长期目标、中期目标和短期目标。长期目标通常用来指导组织的战略决策,中期目标通常用来指导组织的战术决策,短期目标通常用来指导组织的业务决策。无论时间长短,目标总指导着随后的决策过程。

(三) 拟订备选方案

决策目标明确以后,就要确定能够达到目标的各种备选方案。所谓备选方案,就是指可供进一步选择的可能方案。备选方案不可能只有一个,但是备选方案也不可能太多,否则不仅要投入大量不必要投入的精力,而且还会影响决策的速度和质量。管理者常常借助其个人经验、经历和对有关情况的把握来提出方案。为了提出更多更好的方案,需要从多种角度审视问题,这意味着管理者要善于征询他人的意见。拟订备选方案时应从多方面多视角分析和考虑方案的技术性、经济性和可行性,必须考虑所有主要的可能因素。在拟订备选方案的过程中,一个很重要的问题就是要尽量找出限制性因素。例如,日本轿车出口美国,美国人高大而日本轿车较小,所以车内的舒适性就是一个限制性因素,那么日本汽车就要按照美国人的高大身材进行设计。

(四) 评价备选方案

首先要确定评价标准。总的来说,评价一个方案主要是看哪一个方案最有利于达到决策目标。由于决策目标不是单一的,有个目标序列,这就要求确定方案的综合评价标准。如应用综合评价法对方案进行评价时,以加权得分的高低作为方案取舍的标准。为便于取舍,在方案评价时,可以预先设立两个尺度:一个是必须达成的目标;另一个是希望达成的目标。依据这两个标准衡量各个方案,有助于决策者对各种方案进行判断,加快决策的速度。对于较大规模的项目,不仅要正确处理好规模、结构、质量和效益的关系,而且要综合考虑方案的经济效益、社会效益和生态效益,做出理性的选择。另外,在评价定量决策方案时,还要考虑到各种影响因子的变化对决策目标的影响,对一些关键变量进行灵敏度分析,分析结果可作为方案取舍的参考标准。所谓灵敏度分析,就是分析相关影响因子对决策目标的影响程度,如定量分析市场价格变化对目标利润的影响。

(五) 选择决策方案

选择决策方案就是对各种备选方案进行总体上的权衡后,由组织决策者挑选一个满意方案,这个满意方案就是决策者认为最好的方案。决策方案的选择受决策者的理性、经验、胆略、能力、环境等诸多因素影响,一些决策者愿意选择风险大、收益高的方案,另一些决策者愿意选择风险小、收益小的方案。不管怎样,决策者在决定方案时,都认为他的这种决策是可行的和最好的。在方案选定以后,管理者就要制订实施方案的具体措施和步骤。实施过程中通常要注意做好以下工作。

① 制定相应的具体措施,保证方案的正确实施。
② 确保与方案有关的各种指令能被所有有关人员充分接受和彻底了解。

③ 应用目标管理方法把决策目标层层分解,落实到每一个执行单位和个人。
④ 建立重要的工作报告制度,以便及时了解方案进展情况,及时进行调整。

(六) 检查处理

决策执行后应及时检查,以明确方案是否按照原有计划进行,如果发现与计划有偏差应及时采用控制手段予以控制。

一个方案可能涉及较长的时间,在这段时间内,形势可能发生变化,而初步分析建立在对问题或机会的初步估计上,因此,管理者要不断对方案进行修改和完善,以适应变化了的形势。同时,连续性活动因涉及多阶段控制而需要定期的分析。

由于组织内部条件和外部环境的不断变化,管理者要不断修正方案来减少或消除不确定性,定义新的情况,建立新的分析程序。具体来说,职能部门应对各层次、各岗位履行职责的情况进行检查和监督,及时掌握执行进度,检查有无偏离目标,及时将信息反馈给决策者。决策者则根据职能部门反馈的信息,及时追踪方案实施情况,对与既定目标发生部分偏离的,应采取有效措施,以确保既定目标的顺利实现;对客观情况发生重大变化,既定目标确实无法实现的,则要重新寻找问题或机会,确定新的目标,重新拟订可行的方案,并进行评估、选择和实施。

需要说明的是,管理者在以上决策的各个步骤中都会受到其个性、价值和文化等诸多因素的影响。

第三节 计 划 原 理

一、计划的概念及内容

计划具有两重含义:其一是计划工作,是指根据对组织外部环境与内部条件的分析,提出在未来一定时期内要达到的组织目标以及实现目标的方案途径;其二是计划形式,是指用文字和指标等形式展示的组织以及组织内不同部门和不同成员,在未来一定时期内关于行动方向、内容和方式安排的管理事件。计划的分类标准有计划的重要性、时间界限、明确性和抽象性等,所得到的计划类型并不是相互独立的,而是密切联系的。比如,短期计划和长期计划,战略计划和作业计划等。哈罗德·孔茨和海因·韦里克从抽象到具体,把计划划分为:目的或使命、目标、战略、政策、程序、规则、方案,以及预算。计划是未来行动的蓝图,是为实现组织目标而对未来行动所做的综合的统筹安排。计划是未来组织活动的指导性文件,提供从目前通向未来目标的道路和桥梁。

计划的内容包括"5W1H"（What、Why、Who、Where、When、How），也就是从内容和格式的完整性、从计划的可操作性两个角度来说，一个计划必须清楚地确定和描述以下内容：

What——做什么，即目标、内容。

Why——为什么做，即意义、原因。

Who——谁来做，谁负责。

Where——计划的地域范围。

When——计划完成的时间，阶段计划完成的时间。

How——如何完成，即方法、方式、手段。

管理者们之所以要做计划是因为计划是一种协调过程，它能给管理者和非管理者指明方向，通过预见变化，促使管理者展望未来，以减少不确定性。计划有助于合理配置资源，提高管理效率，保证组织目标的实现。管理者通过计划来设立目标和标准，以便进行控制。

二、计划的作用

在管理实践中，计划是其他管理职能的前提和基础，并且还会渗透到其他管理职能之中。列宁指出过："任何计划都是尺度、准则、灯塔、路标。"它是管理过程的中心环节，因此，计划在管理活动中具有特殊重要的地位和作用。具体表现在以下四个方面。

（1）计划是组织生存与发展的纲领

我们正处在一个经济、政治、技术、社会变革与发展的时代。在这个时代里，变革与发展既给人们带来了机遇，也给人们带来了风险，特别是在争夺市场、资源、势力范围的竞争中更是如此。如果管理者在看准机遇和利用机遇的同时，又能最大限度地减少风险，即在朝着目标前进的道路上架设一座便捷而稳固的桥梁，那么，组织就能立于不败之地，在机遇与风险的纵横选择中，得到生存与发展。如果计划不周，或根本没计划，那就会遭遇灾难性的后果。良好的计划可以明确组织目标和开发组织各个层次的计划体系，明确组织成员的目标，将组织内各成员的力量凝聚成一股朝着同一目标方向的合力，从而减少内耗，降低成本，提高效率。

（2）计划是组织协调的前提

计划是面向未来的，而在未来，无论是组织生存的环境还是组织自身都具有一定的不确定性和变化性。计划工作可以让组织通过周密细致的预测，尽可能地变"意料之外的变化"为"意料之内的变化"，用对变化深思熟虑的决策来代替草率的判断，从而变被动为主动，变不利为有利，减少变化所带来的冲击。现代社会各行各业的组织以及它们内部的各个组成部分之间，分工越来越精细，流程越来越复杂，协调关系更趋严密。要把这些繁杂的有机体科学地组织起来，让各个环节和部门的活动都能在时间、空间和数量上相互衔接,既围绕整体目标,又各行其是,互相协调,就必须要有一个严密的计划。管理中的组织、协调、控制等如果没有计划,就好比汽车总装厂事先没有流程设计一样不可想象。

(3) 计划是指挥实施的准则

计划的实质是确定目标以及规定达到目标的途径和方法,即明确组织如何朝着既定的目标步步逼近,最终实现组织目标,因此计划无疑是管理活动中一切行为的准则。它用以指导不同空间、不同时间、不同岗位上的人们,围绕一个总目标,秩序井然地去实现各自的分目标。如果没有计划指导,被管理者的行为必然表现为无目的的盲动,管理者的行为则表现为决策朝令夕改,随心所欲,自相矛盾。结果必然是组织秩序混乱,事倍功半,劳民伤财。在现代社会里,可以这样说,几乎每项事业、每个组织,乃至每个人的活动都不能没有计划蓝图。

(4) 计划是控制活动的依据

计划不仅是组织、指挥、协调的前提和准则,而且与管理控制活动紧密相连。计划为各种复杂的管理活动确定了数据、尺度和标准,它不仅为控制指明了方向,而且还为控制活动提供了依据。经验告诉我们,未经计划的活动是无法控制的,也无所谓控制。因为控制本身是通过纠正偏离计划的偏差,使管理活动保持与目标的要求一致。组织在实现目标的过程中离不开控制,而计划则是控制的前提。如果没有既定的目标和规划作为衡量的尺度,管理人员就无法检查组织目标的实现情况,也就无法实施控制。控制中几乎所有的标准都来自于计划。

三、计划的过程

任何计划工作,其工作程序都是相似的,计划工作程序如图 2-5 所示,由图可以看到计划工作经历八个步骤来实现。

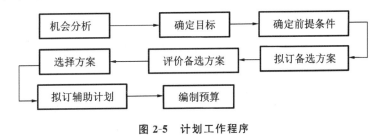

图 2-5 计划工作程序

(1) 机会分析

对机会的估量是在实际计划工作开始之前就着手进行的,虽然它不是计划工作的一个组成部分,但是计划工作的真正起点。其内容包括:对未来可能出现的变化和机会进行初步的分析,形成判断;根据自己的优势和劣势,弄清自己所处的地位;了解自己利用机会的能力,列举不确定性因素,分析其发生的可能性和影响程度。

(2) 确定目标

在制订重大计划时,第二个步骤是要确定整个企业的目标,然后确定每个下属工作单位的目标,以及确定长期的和短期的目标。

组织目标指明主要计划的方向,而这些主要计划又根据反映组织目标的方式,规定各个主要部门的目标。而主要部门的目标,又依次控制下属各部门的目标,依此类推。然而,如果下级部门的管理人员了解组织的全面目标及其派生目标,那么部门的目标将会制定得更好一些。管理人员也应当有机会为自己部门目标的制定和组织目标的制定提出意见。

(3) 确定前提条件

计划工作的前提条件就是计划工作的假设条件,即计划实施时的预期环境。确定一些关键性的前提条件,并使计划制订人员对此取得共识。

(4) 拟订备选方案

寻求和检查可供选择的行动方针,特别是那些不是马上看得清的行动方针。编制计划时没有可供选择的合理方案的情况是不多见的,常常一个不引人注目的方案,效果却是最佳的。更加常见的问题不是找可供选择的方案,而是减少可供选择方案的数量,以便分析最有希望的方案。计划工作者通常必须进行初步检查,以便发现最有成功希望的方案。

(5) 评价备选方案

按照计划的前提条件和目标来权衡各种因素,比较各个方案的利弊,对各个方案进行评价。显然,确定目标和计划工作的质量,直接影响到方案的评价。

(6) 选择方案

如果发现有多个可取的方案时,必须决定首先采取哪个方案,而将另一个方案也进行细化和完善,作为候选方案。

(7) 拟订辅助计划

辅助计划是总计划的分计划。总计划要靠辅助计划来保证,辅助计划是总计划的基础。

(8) 通过预算使计划数字化

计划工作的最后一步是将计划转化为预算,使之数字化。预算实质上是资源分配计划。预算工作做好了,可以成为综合平衡各类计划的一种工具,也可以成为衡量计划完成进度的重要标准。

四、计划方法

计划方法有很多种,在这里主要介绍比例法、定额法和PERT法。

（一）比例法

比例法又称为间接法，它是利用过去两个相关经济指标之间长期形成的稳定比率来推算确定计划期的有关指标。例如，在一定的生产技术组织条件下，某些辅助材料的消耗量与主要原材料的消耗量或企业产值之间有一个相对稳定的比率，这样就可以根据这个比率和某种主要原材料的计划需用量或企业的计划产值，推算确定某种辅助材料的计划需用量。

$$某种辅助材料计划需用量 = \frac{该种辅助材料去年实际消耗量}{去年实际产值} \times 计划年度产值 \times (1 - 可能降低消耗的百分比)$$

运用比例法来确定计划指标，关键是要通过长期的分析研究，正确掌握相关量之间的比例关系。这种比例关系的正确性，对计划指标的正确性起着决定性作用。同时，还要充分考虑到计划期内生产技术组织条件可能发生的变化，并根据条件变化的影响，对计算结果做必要的调整，使之更加符合实际情况。

（二）定额法

所谓定额，是指在一定的生产技术组织条件下，所规定的企业生产经营活动在人力、物力、财力、时间的消耗、利用和占用方面，应当遵守和达到的数量标准。所谓定额法，就是直接根据有关的技术经济定额来计算确定计划指标的方法。这种方法广泛应用于企业的生产、劳动、物资、成本、财务等计划的编制。例如，在编制物资供应计划时，直接利用单位产品原材料消耗定额，就可以计算确定某种产品对某种主要原材料的计划需用量。

$$\begin{matrix}某种产品对某 \\ 种主要原材料 \\ 的计划需用量\end{matrix} = \begin{matrix}该产品对该种 \\ 主要原材料的 \\ 消耗定额\end{matrix} \times \left(\begin{matrix}该产品的 \\ 计划产量\end{matrix} + \begin{matrix}技术上不可避免 \\ 的废品数量\end{matrix}\right) - \begin{matrix}计划回用 \\ 废料数量\end{matrix}$$

应当指出，企业的各种技术经济定额，按其用途和使用时间不同，有现行定额和计划定额之分。现行定额是企业当前正在使用的定额，主要用来控制企业当前的生产经营活动。计划定额是企业在计划期内应当达到的定额，是专门用来编制计划的。因此，在应用此法编制计划之前，先要根据现行定额的执行情况和计划期内企业生产技术组织条件的变化，进行综合分析研究，确定一个先进合理的计划定额，不能简单地用现行定额作为编制计划的依据，否则计划指标将偏于保守或落后。

（三）PERT 法

PERT 法即计划评审技术方法，指利用活动的逻辑关系和活动持续时间的三个权重估计值（乐观估计时间值、最可能估计时间值、悲观估计时间值）来计算项目的各种时间参数。其基本原理是把一项工作或项目分成各种作业,然后根据作业顺序进行排列,通过网络图对整个工作或项目进行统筹规划和控制,以便用最少的人力、物力、财力资源,用最快的速度完成工作。

PERT 法的基本步骤如图 2-6 所示。

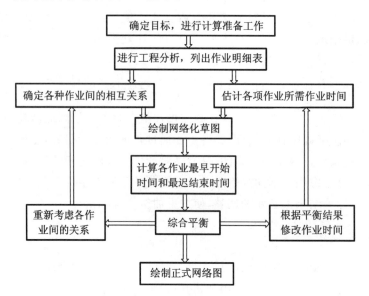

图 2-6　PERT 法的基本步骤

第四节　组　织　原　理

一、组织概述

(一) 组织的含义

组织有两种:一种是作为实体或机构而存在的实体组织,如工商企业、事业单位、政府部门等;另一种是表现为一系列活动过程的管理职能组织。职能组织与实体组织之间是一种手段与目的的关系。本节内容中的组织是指后一种。组织活动或组织职能是为了完成组织目标而存在的,是实现组织目标的一种手段。

(1) 实体组织

从实体角度看,组织是为了实现某一目标,经分工与合作,由不同层次的权利和责任制度构成的人群集合系统。这个概念有三层含义。

① 组织必须具有目标。任何组织都是为了实现某些特定目标而存在的,不论

这些目标是明确的还是隐含的。目标是组织存在的前提和基础。最基本的目标是有效地配置组织内部的有限资源。一个组织良好的机构，能使内部关系得以理顺，并使所投入的资源得到最有效的利用，从而有利于实现组织目标。而一个组织不良的机构，则会阻碍组织目标的实现。"1"+"1"可以大于"2"，也可能小于"2"，这说明相同的投入要素可以产生很不一样的总体效果。

② 组织必须有分工与协作。这是由组织目标限定的。组织为了有效地达到目标，需要设置很多部门，每个部门都专门从事一种或几种特定的工作，同时各部门之间必须相互配合，这就是分工和协作。只有把分工与协作结合起来，才能提高效率。

③ 组织要有不同层次的权利和责任制度。组织内部必须有明确的分工，而分工之后，就要赋予各部门及每个人相应的权利，以便实现各自的目标。但在赋予权利之前必须明确各部门及各人的责任，以避免滥用权利。所以，权利和责任是达成组织目标的必要保证。

(2) 职能组织

职能组织是一种活动过程，指在特定环境中为了有效地实现共同目标和完成任务，合理设计组织结构，确定组织成员、任务及各项活动之间的关系，对资源进行合理配置的过程。正是借助于组织活动、过程和文化等所具有的协同或协调作用，各类组织机构内部才有可能形成一个"力量协作系统"，使个体的力量得以汇聚、融合和放大，从而体现组织的作用。职能组织的主要内容如下。

① 组织机构的设计。当组织目标确定以后，管理者首先要对实现组织目标的各种活动内容进行区分和归类，把性质相近或联系紧密的工作进行归并，成立相应的职能部门进行专业化管理，并根据适度的管理幅度来确定组织的管理层次，包括组织内部横向管理部门的设置和纵向管理层次的划分。无论是纵向还是横向的职权关系，都是能够促进各部门的活动并给组织带来协调一致的因素。

② 适度和正确分权、授权。在确定了组织机构的形式后，要进行适度的分权和正确的授权。分权是组织内管理的权力由高层管理者委派给各层次和各部门的过程。分权适度，授权正确，有利于组织内各层次各部门为实现组织目标而协同工作，同时也使得各级管理人员能够产生满足感。

③ 人力资源管理。人是组织的主体，人群中存在着复杂的人际关系。组织活动包括人员的选择和配备、训练和考核、奖励和惩罚制度，以及对人的行为的激励措施等。

④ 组织文化建设。组织活动包括为创造良好的组织气氛而进行团体精神的培育和组织文化的建设。无数组织的成功事例证明，组织文化良好，对于一个组织发挥有效作用至关重要。

⑤ 组织变革。组织存在于特定的社会环境中，组织的形态、功能、结构、管理

活动都要受到环境的影响。组织必须根据环境的变化进行组织变革,以适应环境。

(二) 组织的原则

一个组织在进行设计工作过程中,应该遵循以下原则。

(1) 目标至上原则

组织结构是实现组织目标的手段,是落实组织机能或职能的器官或工具,所以,一个组织在进行组织设计工作时,无论是决定选取何种形式的组织结构,都必须服从并服务于组织目标实现的需要。组织在一定时期内所要实现和开展的战略目标、核心职能,往往对组织结构的形式与构成起着决定性作用。对组织特定目标和职能的关注应该贯穿于组织设计和变革工作的全过程。

(2) 管理幅度原则

任何主管人员能够直接有效地指挥和监督下属的数量总是有限的。管理者所能有效领导的直接下属的数量限度就被称为管理幅度。管理幅度原则要求一个领导者要有适当的管理幅度。在同样规模的组织中,管理幅度扩大可使管理层减少,加快信息传递,减少信息失真,从而使高层领导尽快发现问题,及时采取措施;管理层次减少,管理人员亦随之减少,可以降低管理费用的支出。因此,组织总是希望在能够有效管理的前提下尽量扩大管理幅度。但是这并不是说管理幅度越大越好,因为管理幅度大,上级主管需要协调的工作量就会增大,具体地说,当直接指挥的下级数目增长时,主管领导需要协调的关系将呈几何级数增加。因此,上级主管的管理幅度过大,就不能对每位下属进行充分、有效的指挥和监督,从而导致组织由于失控而失败。

(3) 统一指挥原则

统一指挥是组织设计中的一条重要原则。组织内部的分工越细,统一指挥原则对于保证组织目标实现的作用就越重要。统一指挥原则的实质,就是在管理工作中实行统一领导,建立起严格的责任制,消除多头领导、政出多门的现象,保证对全部活动的有效领导和正常工作。统一指挥原则对管理组织的建立提出了以下要求。

① 确定管理层次时,使上下级之间从高层到低层形成一条连续不间断的等级链,明确上下级的职责、权力和联系方法。

② 任何一级组织只能由一个人负责,实行首长负责制,减少甚至不设副职,以防止副职"篡权""越权",干扰正职工作。

③ 下级组织只能接受一个上级组织的命令和指挥,防止出现多头领导现象。

④ 下级只能向直接上级请示工作,不能越级请示工作。下级对上级的命令必须服从,如有不同意见,可以越级上诉。

⑤ 上级不能越级指挥下级,以维护下级组织的领导权威,但可以越级检查工作。

⑥ 职能部门一般只能作为同级直线领导的参谋,无权对下级直接领导者发号施令。

(4) 责权利对等原则

有了明细合理的分工,也就明确了每个岗位的职责,即承担某一岗位职务的管理者,必须对该岗位所规定的工作完全负责。但要做到对工作完全负责就必须授予管理者相应的权力。因为组织中任何一项工作都需要利用一定的人、财、物等资源,还必须规定相应取得和利用人力、物力和财力的权力。没有明确的权力,或权力应用范围小于工作的要求,则可能使责任无法履行,任务无法完成。当然,对等的权责也意味着赋予某职位的权力不能超过其应负的职责,否则会导致不负责任地滥用职权的行为,甚至会危及整个组织系统的运行。完全负责也就意味着责任者要承担全部风险,而要求责任者承担风险,就必须给予其与风险相对应的收益作为补偿,否则,责任者就不会愿意承担这种风险。职责、权限和利益之间存在着一种如图 2-7 所示的等边三角形关系。

图 2-7 责权利三角定理

职责和权限、利益、能力之间的关系遵守等边三角形定理。职责、权限、利益是三角形的三个边,它们是相等的,能力是等边三角形的高,根据具体情况,它可以略小于职责。这样,就使得工作富有挑战性。管理者的能力与其所承担的职责相比,略感能力不够的这种压力能促使管理者自觉地学习新知识,注意发挥智囊的作用,使用权限也会慎重些,获得利益时还会产生更大的动力,努力把自己的工作做得更好。但是能力也不能过小,以免形成"挑不起"职责的后果。

(5) 柔性经济原则

所谓组织的柔性,指组织结构、组织人员应可以根据组织内外环境的变化而进行灵活的调整和变动。组织保持一定柔性,可以减小组织变革和环境变化所造成的冲击和震荡。经济原则是指在满足由组织目标所决定的业务活动需要的前提下,力求管理层次最少、部门最少、人员最少、流程最短,以提高组织运行的效率,即精简高效。这样可避免形式主义和官僚作风的滋长和蔓延。

(6) 因事设职和因人设职相结合原则

由组织目标所产生的各项具体工作和任务都必须由一定人员来完成。组织工作必须确保实现组织目标活动的各项内容都能落实到具体部门,做到"事事有人做",而不是"人人有事做"。这就要求组织工作应因事设职,因职用人。但这并不意味着组织工作可以忽视人的因素,忽视员工个人的特点和能力、专长,在因事设职的同时也应结合员工的个人能力、专长,为其分配适合的工作。这一点,管理先驱泰勒在"第一流工人"原理中早有论述。他认为,要提高劳动效率,应该为每项工作挑选第一流的工人,而挑选的标准,一是工人有从事该工作的能力,二是工人有从事该工作的意愿。

(7) 分工协作原则

为了有效地实现组织目标,必须明确组织的各层次、各部门、各人员的分工及相互之间的协调。专业化分工可使某个部门或人员专门从事一部分活动,从而提高效率,这已被理论和实践所证明。同时,组织作为一个由不同部门、人员、职权等构成的系统,其总目标的实现还需要各部门、各人员的相互协作,这就需要明确各部门之间、部门内部和各项职权之间的协调关系和配合方法。分工与协作是相辅相成的,必须同时考虑。

二、管理组织的形式及权责关系

正确选择企业的管理组织形式,对于充分发挥组织职能的作用和进行有效的管理具有重要的意义。企业管理组织的形式有很多种,具体内容在上一章已有讲解。

组织形式与职权形态之间存在着一种直接的相互关系,因为组织形式与职位以及职位间关系的确立密切相关,组织形式为职权关系确定了格局。组织中的职权指的是组织中成员间的关系,而不是某一个人的属性。职权的概念是与合法地行使某一职位的权利紧密相关的,并且是以下级服从上级的命令为基础的。

组织形式与组织中各部门、各成员的职责的分派直接相关。在组织中,只要有职位就有职权,并且只要有职权就会有职责。组织形式为职责的分配和确定奠定了基础,组织管理则以机构和人员职责的分派和确定为基础,利用组织形式可以评价组织中各成员的功绩与过错,从而使组织中的各项活动有效地开展起来。

第五节 控 制 原 理

一、控制的含义

关于控制的定义,管理学家们有很多不同的说法:法约尔认为,控制就是监视各人是否依照计划、命令及原则执行工作;霍德盖茨认为,控制就是管理者将计划的完成情况和目标相对照,然后采取措施纠正计划执行中的偏差,以确保计划目标的实现;孔茨则认为,控制就是按照计划标准衡量计划的完成情况和纠正计划执行中的偏差,以确保计划目标的实现;谢默霍恩认为,控制是衡量工作绩效、对比成果与目标,并且必要时采取纠正措施的过程。可见,控制是指管理人员对组织实际运行是否符合预定的目标进行测定并纠正各种显著偏差,采取措施确保组织目标实现的过程。控制的实质就是使工作按计划进行,或者只对计划做适当的调整,以确保组织的目标以及为此而拟订的计划能够得以实现。控制原理是指对行政管理运作过程及效果进行衡量和校正,以确保行政目标以及为此而拟订的行政计划得以实现所应遵循的规律和原则。

控制与计划的区别与联系:计划为控制工作提供标准,没有计划,控制也就没有依据。但如果只编制计划,不对其执行情况进行控制,计划目标就很难得到圆满实现。有些计划本身就已具有控制的作用。例如,预算和进度表等形式的计划,它们既是计划工作的一个重要组成部分,同时又可以直接作为一种有效的控制工具。广义的控制职能实际上也包含了对计划在其执行期间内的修订或修改。

因此,计划和控制是同一个事物的两面。有计划而没有控制,人们可能知道自己干了什么,但无法知道自己干得怎样。反之,有控制而没有计划,人们将不知道要控制什么、怎么控制。

控制的基础是信息。一切信息传递都是为了控制,而任何控制又都有赖于信息反馈来实现。信息反馈就是由控制系统把信息输送出去,又把其作用结果返送回来,并对信息的再输出发生影响,起到控制的作用,从而达到预定的目的。控制有三个基本要素,分述如下。

(1) 控制标准

我们总希望管理工作按照计划顺利地进行下去,计划就是控制的标准。此外,要保证管理工作的顺利进行,还必须具备很多其他条件,从而有其他标准,如各种政策、制度、规范、规则、程序、准则、流程、纪律等都是管理工作的控制标准。

企业可以使用的建立标准的方法有三种:① 统计性标准;② 评估性标准;③ 工作标准。

例如,麦当劳快餐店就制定有非常详尽、具体的工作标准:

其一,95%以上的顾客进餐厅后3分钟内,服务员必须迎上去接待顾客;

其二,事先准备好的汉堡包必须在5分钟内热好供应给顾客;

其三,服务员必须在就餐人员离开5分钟内把餐桌打扫干净。

(2) 测量实绩与界定偏差

获取有关实际工作绩效的信息需要明确衡量什么、如何衡量、间隔多长时间进行衡量和由谁来衡量等问题。偏差信息即实际工作情况或结果与控制标准之间的偏离情况。只有掌握、理解了偏差信息,才能决定是否采取纠正措施以及采取怎样的纠正措施。

(3) 纠正措施

偏差超过控制标准就要采取纠偏措施。并非一有偏差就需要采取纠正措施,纠正措施通常是在偏差超过标准时才需要采取。而且,只有当纠正措施的投入产出效果令人满意时,采取纠正措施才是必要的。

二、控制原理的内容

控制原理的内容,主要有五个方面。

(1) 反映计划要求原理

反映计划要求原理,指行政控制系统的设计越能反映行政计划的内容、步骤和特点,控制工作就越有效。行政计划是行政控制的目的,行政控制是实现行政计划的保证,二者的对象和时限是一致的。由于每项行政计划、任务各不相同,因此,所设计的行政控制系统和所进行的行政控制工作,都必须按不同计划的不同要求来设计。

(2) 适应组织要求原理

适应组织要求原理,一方面是指一个行政组织结构设计得越明确,所设计的控制系统越符合该组织结构中所有职位和职责的要求,就越有助于行政控制工作的开展;另一方面是指行政控制系统必须切合行政领导者本人自身的特点。

(3) 控制关键点原理

控制关键点原理,指为进行有效的行政控制,行政领导者需要特别注意那些根据各种行政计划来衡量工作成效时具有关键意义的因素。实际上,只要控制了关键点,也就控制了全局。

(4) 例外原理

例外原理,指行政领导者越把主要精力集中于一些重要的例外偏差,则控制工作的效能越高,二者成正比例关系。行政领导者在进行行政控制时,必须把例外原理同控制关键点原理结合起来,不仅要善于寻找关键点,而且在找出关键点之后,要善于把主要精力集中在对关键点例外情况的控制上。

(5) 控制趋势原理

控制趋势原理,指对控制全局的行政领导者来讲,不仅要善于控制现状,更要控制现状所预示的发展趋势。控制趋势的关键在于从现状中揭示倾向,当趋势刚露出苗头,就要敏锐地察觉并把握它。

控制工作根据专业分类,又可分为营销控制、生产与作业控制、财务控制、人力资源控制等。营销控制可从销售情形、获利能力、市场地位、顾客满意度四个方面着手;生产与作业控制可从存货管理、排程管理、质量管理三个方面着手;财务控制可从预算、财务报表两个方面着手;人力资源控制可从生产力、员工满意度、人员流动率三个方面着手。

三、控制的过程

控制是一个不断往复循环的管理过程,但就一次控制活动来看,它由如下三个阶段构成。

(一) 建立标准

控制必须有标准,否则就不可能判定组织活动中是否存在着偏差,员工的绩效如何,组织的效率应当如何改进,要求达到什么样的水准。计划是控制的基本标准,但仅有计划是不够的。计划往往只是一个大略的总括性的标准。管理者还必须在计划的指导下,建立起明确的具体的控制标准。简单地说,标准就是评定工作成绩的尺度,它是从整个计划工作的方案中挑选出来对工作成效进行评判的关键点。这样可使主管人员在执行计划的过程中无须亲历全过程就能了解整个工作的进展状况。

在一个组织中,控制标准按其特性可以分为两大类:其一是定量化的控制标准,它是以明确的数量化的指标来表现的,这种标准客观性强,容易把握;其二是定性标准,即用以反映事情基本性质的指标标准。在控制过程中,定性化的控制标准也是必不可少的。因为有许多活动和事物,还不可能对其水准做出确切的数量划分,不可能用数量指标来表示。定性标准如果定得好,与定量标准互相补充,就会形成较完整的控制标准体系。

(二) 检查考核

检查考核就是对计划执行的实际情况进行实地检查,并做出判断。检查考核是控制的中间环节,也是工作量最大的一个环节。在这个阶段,施控者可发现计划执行中存在的缺陷,即有什么样的以及程度多大的偏差,它们是什么原因引起的,应采取什么纠正措施。可见,该环节的工作影响着整个控制效果。

做好检查考核工作主要应注意以下三个方面:

① 必须深入基层,踏踏实实地了解实际情况,切忌只凭下属的汇报做判断,也要防止检查中走过场、搞形式,工作不踏实,走马观花,点到为止。

② 检查考核工作必须制度化。通过制度建设,管理者可及时全面地了解计划执行的情况,以便从中发现问题,迅速纠正,尽可能地将重大偏差消灭在萌芽状态。

③ 检查考核的方法应科学。应根据所确立的标准进行考核,对计划执行中存在的问题,不夸大、不缩小,实事求是地反映情况。

(三) 纠正偏差

如果发现计划执行过程中已经出现了偏差,必须马上召集有关方面分析偏差产生的原因。偏差产生的原因不外乎两大类。其一是计划脱离实际,使执行者无法执行。这种偏差产生的原因是计划制定得不合理,或是标准过高,或是标准过低。纠正偏差的措施只能是重新调整计划,修改标准。其二是员工努力不够。

这就需要坚持标准,同时分析员工努力不够的原因,排除消极情绪,督促其完成计划。

纠正偏差是控制的最后一个环节,也是控制的目的之所在,管理者应予以充分重视。在这个环节主要应注意如下几个方面的问题:

① 纠正偏差一定要及时,发现问题应马上解决,不能拖拖拉拉,等问题堆积才去解决。

② 纠正偏差的措施一定要贯彻落实,切忌将措施束之高阁。

从严格意义上说,纠正偏差根本就不是控制过程的一个步骤,它只是其他管理职能参与控制工作并发挥作用的一个联结点。当工作陷于困境时,控制就不能仅限于按标准评定工作成绩而不做其他任何弥补工作。控制工作的职能与其他职能交叉在一起,只是说明了主管人员的工作是一个统一的整体,说明管理过程是一个完整的系统。之所以要把控制职能与其他管理职能,特别是计划工作职能区分开来,仅仅是因为:① 它是系统组织管理的一种有效方法;② 从事实际工作的主管人员早就理解了他们按此方法进行工作的职能。

四、控制的基本原则

任何企业的管理权限都制度化或非制度化地分散在各个管理部门和层次。企业分权程度越高,控制就越有必要。控制系统可以提供被授予了权力的助手的工作绩效信息,以保证授予他们的权力得到正确的利用,促使这些权力组织的业务活动符合计划的要求。这些过程需要遵循以下五个基本原则。

(1) 控制应该同计划与组织相适应

控制的目的是为了保证计划得到顺利实现,因此控制需要依靠组织中的各单位、各部门及全体成员来实施。控制系统和控制方法应当与计划和组织的特点相适应。不同的计划具有不同的特点,因而控制所需的信息也各不相同。控制还应当反映组织结构的类型和特征。有效的控制必须能够反映一个组织的结构状况并通过健全的组织结构予以保证,否则只能是空谈。

(2) 控制应该突出重点、强调例外

管理者不能也没有必要事无巨细地对组织活动的方方面面都进行控制,而是要针对重要的、关键的少数因素实施重点控制。管理者需要从实际工作出发,因地制宜地找出和确定最能反映或体现其所管辖单位工作成果的关键性因素,对之加以严密控制,其他的方面则相对放松控制,有的放矢,这样可收到事半功倍的效果。控制也应当强调例外原则。管理者应将控制工作的重点放在计划实施中出现的特别好或特别坏的"例外"情况上,可以把有限的精力集中于真正需要引起注意和重视的问题上。在实际工作中,例外原则必须与控制关键问题的原则结合起来,注意关键问题上的例外情况。

第二章 企业管理原理

(3) 控制应该具有灵活性、及时性和经济性

为进行控制而支出的费用和由控制而增加的收益,两者都直接与控制的程度相关。这意味着,控制工作一定要坚持适度、适量的原则。从经济性角度考虑,控制力度并不是越大越好,控制系统也不是越复杂越好。控制系统越复杂、控制工作力度越大,只意味着控制的投入越大。在许多情况下,这种控制投入的增加并不一定会使计划能更顺利地实施。有时,自然消退也是一种行之有效的控制办法。

(4) 控制过程应避免出现目标扭曲问题

组织在将规则程序和预算这些低层次的计划作为控制标准时,最容易发生目标与手段相置换的问题。管理者在控制工作过程中要特别注意次一层级控制标准的从属性和服务性地位,这点对于成功、有效地实施控制至关重要。

(5) 控制工作应注重培养组织成员的自我控制能力

广大员工在生产和业务活动的第一线,是各种计划、决策的最终执行者,所以员工进行自我控制是提高控制有效性的根本途径。

自我控制的优点:首先,自我控制有助于发挥员工的主动性、积极性和创造性;其次,自我控制可以减轻管理人员的负担,减少企业控制费用的支出;再次,自我控制有助于提高控制的及时性和准确性。当然,鼓励和引导员工进行自我控制,并不意味着对员工可以放任自流。员工的工作目标必须服从于组织的整体目标,并有助于组织整体目标的实现。管理者要从整体目标的要求出发,经常检查各单位和员工的工作效果,并将其纳入企业的全面控制系统之中。

第六节 激励原理

一、激励的含义

何谓激励?美国管理学家贝雷尔森和斯坦尼尔认为"一切内心要争取的条件、希望、愿望、动力等都构成了对人的激励"。芮明杰在《管理学》一书中认为,"所谓激励,就是组织通过设计适当的奖酬形式和工作环境,以一定的行为规范和惩罚性措施,来激发、引导、保持和归化组织成员的行为,以有效地实现组织目标的系统活动"。叶国灿在《管理学》一书中认为,"激励是通过鼓励组织成员,激发起潜在的工作动机并尽可能使之得到充分发挥和维持,从而更好地实现组织目标的过程"。

不同的学者对激励的含义有着不同的表述,但在一般管理学教材中,通常将激励与动机、需要联系在一起。所以,激励就是发现员工的需要,通过各种刺激,激发员工的工作动机,从而使之产生实现组织目标的特定行为的过程。它对人的行为具有一定的激发、刺激、引导和强化的作用。激励的含义主要包含以下要点:

① 激励的对象是组织员工；
② 激励的基点是员工的需要，通过各种刺激，激发员工的工作动机；
③ 激励的目标是使组织员工产生实现组织目标的特定行为。

可以说，激励是管理的一项重要职能，也是人力资源开发与管理的一项基本职能。根据美国哈佛大学威廉·詹姆士的研究成果，一个按时计酬的计时工，仅能发挥个人潜力的20%～30%，但是通过恰当的激励，这些工人的个人潜力可以发挥出80%～90%。由此可见，同样的人在收到恰当的激励后所能发挥的潜能相当于激励前的三倍左右。显然，激励对于发挥人的潜能至关重要，它能够调动人的积极性和能动性，从而提高工作效率。

二、激励的过程

在管理过程中，从组织员工内在的心理状态到外在行为活动再到组织目标的实现，是一个复杂的过程。激励的过程可以表述为：未得到满足的需要是产生激励的起点，一旦有满足需要的对象（目标或诱因）出现，需要就转化为动机。动机产生以后，人们就会确定满足需要的目标，进而进行满足需要的活动。目标达成以后，会反馈于机体变量，个体行为的结果可能使需要得到满足。之后又有新的目标出现，这样又开始了一个新的循环。行为的结果也可能使需求得不到满足，个体由此产生消极的或积极的行为。从需要到动机，从动机到目标再到人的行为，这个过程是一个周而复始不断进行的循环，如图2-8所示。

图2-8 激励的过程

需要是指人对改变自己当前状况的一种主观感受和渴望。需要是客观要求的反应，是人因某种生理或心理刺激而产生的心理活动的不平衡状态。

动机是人类行为的内在驱动力，是个体通过高水平的努力而实现组织目标的愿望。动机同样也是一种内在的心理活动，但动机是需要的进一步延伸，它是为了满足需要而寻求具体目标、方法的心理活动过程。

行为是个体的活动，包括心理行为与外部行为。激励理论主要研究个体外部行为，当动机付诸实际行动时，个体的行为就产生了。

反馈是指系统输出结果以某种形式返回到系统输入，以此来影响系统行为的方式。行为目标实现称为成功，成功的体验会导致强化，强化可以决定下一轮行为的性质及模式，比如持续、加强等。行为目标不能实现称为失败，失败的体验会导致挫折，挫折也可以决定下一轮行为的性质及模式，比如中止、转向、调整等。

综上所述,激励的过程就是以组织成员未被满足的需要为起点,以实现组织目标为导向,通过提供条件,激发、引导、保持和规划组织成员行为的过程。

三、激励的原则

(一) 目标合理化原则

在整个激励过程中,目标的设置是一个重要环节。目标合理化原则,一方面是指目标的设置要与个体能力相适应、相符合,即个体通过自身的努力可以实现或达到组织所设定的目标,否则目标过高,会使组织成员产生挫败感,从而产生消极的态度及行为,从而违背激励的目标;另一方面目标的设置要将组织目标与个人目标相结合。首先目标设置必须体现组织目标宗旨,否则激励将会偏离组织目标的方向。其次目标设置还必须考虑员工个人目标,否则达不到满意的激励强度。只有将组织目标与个体目标相结合,才能获得更好的激励效果。

(二) 公平原则

激励往往是通过奖励和惩罚来实现的,公平原则就是在激励过程中要赏罚分明,这是最基本的一个原则。如果激励不能做到公正,不仅不能达到预期的效果,反而会造成许多消极的影响。所以只有公平的激励措施才具有说服力,被激励者才能在比较正面的情绪状态下强化动机,加大行为力度。

(三) 适度原则

适度原则主要是指激励的措施要适度。要根据所要实现目标本身的价值大小确定适当的激励。激励过大或过小都会影响激励的效果。

(四) 明确性原则

激励的明确性原则是指首先要明确组织成员的努力方向及方法,其次在激励的过程中,要明确各项激励措施所对应的行为结果,即对不同的行为结果应有不同的奖惩措施。

(五) 时效性原则

时效性是提高激励强度的重要原则。组织成员付诸行动并取得相应行动结果时,就会期望得到社会或组织对其自身价值及时的承认或评价。也就是说,激励越及时,越有利于提高激励强度,从而进一步强化和推动组织成员的行为。相反,如果组织成员的行为有悖于或不利于组织目标的实现,及时惩罚同样会对其他成员起到警示作用。

(六) 物质激励与精神激励相结合原则

组织成员有物质需要和精神需要。物质需要是成员赖以生存的物质基础,物质激励是任何组织都不可或缺的激励措施。除了物质需要,成员还有较高层次的需要,比如社交、自尊、自我实现、责任感等精神需要。物质激励和精神激励可以满足组织成员不同方面、不同层次的需要,从而调动成员的积极性。因此,物质激励和精神激励密不可分。只强调物质激励或只强调精神激励都是片面的,只有把物质激励和精神激励相结合,才能达到较好的激励效果。

深圳华为公司在其基本法中规定:"华为可分配的价值,主要为组织权力和经济利益;其分配形式是:机会、职权、工资、奖金、安全退休金、医疗保障、股权、红利,以及其他人事待遇。"在这里,公司强调,除了传统意义上所讲的经济利益外,特别把机会、职权等也作为一种分配形式予以关注。

(七) 正激励与负激励相结合原则

从激励的词语意义来看,激励包含两方面含义:一是激发、鼓励;二是斥责、批评。所以,激励具有两种形态。简单来说,正激励是主动性的激励,用来强化和推动符合组织目标期望的行为,以使这种行为重复出现,比如奖励。负激励是抑制和消退违背组织目标期望的不正确的行为,以使这种行为不再发生,从而引导组织成员的行为向组织目标期望的方向转移,比如惩罚。在激励过程中,正、负激励必不可少。由于负激励不可避免地具有一定的消极作用,容易使组织成员产生挫败感,所以管理者应该正确使用正激励与负激励,坚持以正激励为主,以负激励为辅。

(八) 按需激励原则

从激励的含义中,我们知道未被满足的需要是激励的起点。需要具有多样性和动态性,即不同的成员具有不同的需要,同一成员在不同时间、不同职位有不同的需要,所以寻求组织成员最迫切的需要并采取相应的激励措施,激励效果才能越好。因此,在具体激励过程中,管理者应该不断地了解成员的需要层次和需要结构,并有针对性地采取相应的措施,以确保激励的有效性。

第七节 管理的基本方法

管理方法是指各种旨在保证实现组织目标和维护管理活动顺利进行的手段和方式的总和。管理活动常用的方法主要有法律方法、行政方法、经济方法、教育方法和技术方法。

第二章　企业管理原理

一、管理的法律方法

法律,是由国家制定或认可的,体现统治阶级意志,以国家强制力保证实施的行为规则的总和。法律方法是指国家根据广大人民群众的根本利益,通过各种法律、法令、条例和司法、仲裁工作,调整社会经济的总体活动和各企业、单位在微观活动中所发生的各种关系,以保证和促进社会经济发展的管理方法。法律方法具有严肃性、规范性和强制性。

法律方法的内容,不仅包括建立和健全各种法规,而且包括相应的司法工作和仲裁工作。这两个环节是相辅相成、缺一不可的。只有法规而缺乏司法和仲裁,就会使法规流于形式,无法发挥效力;法规不健全,司法和仲裁工作则无所依从,会造成混乱。

法律方法的实质是体现人民的意志,并维护他们的根本利益,代表他们对社会经济、政治、文化活动实行强制性的、统一的管理。法律方法既要反映广大人民的利益,又要反映事物的客观规律,调动各个企业、单位和群众的积极性、创造性。

二、管理的行政方法

行政方法是指依靠行政组织的权威,运用命令、规定、指示、条例等行政手段,按照行政系统和层次,以权威和服从为前提,直接指挥下属工作的管理方法,行政方法具有权威性、强制性、垂直性、具体性、无偿性等特性。

行政方法的实质是通过行政组织中的职务和职位来进行管理。行政方法特别强调职责、职权、职位,而并非个人的能力或特权。任何部门、单位总要建立起若干行政机构来进行管理。它们都有着严格的职责和权限范围。由于在任何行政管理系统中,各个层次所掌握的信息绝对是也应当是不对称的,所以,才有了行政的权威。上级指挥下级,完全是由高一级的职位所决定的。下级服从上级是对上级所拥有的管理权限的服从。

三、管理的经济方法

经济方法是根据客观经济规律,运用各种经济手段,调节各种不同经济主体之间的关系,以获取较高的经济效益与社会效益的管理方法。这里所说的各种经济手段,主要包括价格、税收、信贷、工资、利润、奖金、罚款以及经济合同等,具有利益性、关联性、灵活性、平等性等特性。不同的经济手段在不同的领域中,可发挥各自不同的作用。

管理的经济方法的实质是围绕着物质利益,运用各种经济手段正确处理好国家、企业与员工三者之间的经济关系,最大限度地调动各方面的积极性、主动性、创造性和责任感。

四、管理的教育方法

教育方法是指通过传授、宣传、启发、诱导等方式,提高人们的思想政治素质和业务水平,以发挥人的主观能动作用,是执行管理职能的一种方法。通过教育来提高人的素质,是充分发挥人的作用所必不可少的途径之一。教育方法是其他方法的前提。不仅其他方法离不开宣传教育,而且宣传教育可以解决其他方法不能解决的问题,如思想认识、理想前途、业务水平的提高等。教育方法也是提高人的素质的重要手段。人的素质在管理中起着十分重要的作用。管理必须通过教育方法大力提高人的素质,使人在组织中发挥更大的作用。企业员工教育的主要内容和方法包括:① 企业文化、价值观及规则教育;② 基本研讨法及头脑风暴法;③ 管理原理贯彻法及培训技巧;④ 集体培训;⑤ 语言表达及诚实守信。

五、管理的技术方法

实践已经证明并将继续证明,有效的管理离不开技术,尽管不同的管理者,尤其是组织中不同层次的管理者,对技术的依赖程度可能不一样。可以这样说,在当今社会,不使用技术,就谈不上真正的管理。

基于这样的认识,我们提出管理的技术方法,以突出技术在管理中的重要性或突出技术与管理联系的紧密性。技术方法是指组织中各个层次的管理者(包括高层管理者、中层管理者和基层管理者)根据管理活动的需要,自觉运用自己或他人所掌握的各类技术,主要包括信息技术、决策技术、计划技术、组织技术和控制技术等,它具有客观性、规律性、精确性、动态性。

管理的技术方法的实质是把技术融进管理中,利用技术来辅助管理。善于使用技术方法的管理者通常能把技术与管理很好地结合起来。具体体现在两个方面:① 根据不同的管理问题,选用不同的技术;② 在了解每种技术的适用范围的前提下,尽可能把所掌握的技术用到实处,发挥技术的积极作用。技术与管理的有机结合是技术渗透到社会生活各个领域的必然结果。可以这样说,不注重技术方法的管理者必定是落伍者,终将被淘汰。

除了以上管理方法,还有其他方法,比如数学方法就是运用数学来分析经济现象之间的关系,建立数学模型来揭示资源分配、利用效果及数量界限的一种定量管理方法。数学方法的优点是使管理定量化,但使用数学方法的管理者必须具备一定的数学知识,如线性规划方法、生产函数法等。

第二章　企业管理原理

本 章 小 结

管理的原理是对管理活动及其运动规律的概括,是对管理活动和过程的内在本质的反映,对管理活动具有普遍的指导意义。这些原理包括系统原理、决策原理、计划原理、组织原理、控制原理和激励原理。管理方法是在管理活动中为实现管理目标,保证管理活动顺利进行所采取的工作方式、方法和手段的总称。管理方法是管理理论、原理的自然延伸和具体化、实际化,是管理原理指导管理活动的必要中介和桥梁。管理方法有法律、行政、经济、教育和技术方法,它们构成了一个完整的管理方法体系。

案例分析

王厂长的决策

王厂长是佳迪饮料厂的厂长,他8年的创业历程真可谓是艰苦创业、勇于探索的过程。全厂上下齐心合力,同心同德,共献计策,为饮料厂的发展立下了不可磨灭的汗马功劳。但最令全厂上下佩服的还要数4年前王厂长决定购买二手设备(国外淘汰生产设备)的举措。饮料厂因这一举措而跻身国内同行业强手之林,令同类企业刮目相看。今天王厂长又通知各部门主管及负责人晚上8点在厂部会议室开会。部门领导们都清楚地记得4年前在同一时间、同一地点召开会议时,王厂长做出了购买进口二手设备这一关键性的决定。在他们看来,又有一项新举措即将出台。

晚上8点会议准时召开,王厂长庄重地讲道:"我有一个新的想法,我将大家召集到这里是想听听大家的意见或看法。我们厂比起4年前已经发展了很多,可是,生产技术、生产设备与国外同类行业相比还差得很远。我们不能满足于现状,我们应该力争达到世界一流水平。当然,我们的技术、我们的人员等诸多条件还差得很远,但是,为了达到这一目标,我们必须从硬件条件入手,即引进世界一流的先进设备,这样一来,就会带动我们的人员、带动我们的技术等一起前进。我想这也并非不可能,4年前我们不就是这样做的吗?现在工厂的规模扩大了,厂内外事务也相应地增多了,大家都是各部门的领导及主要负责人,我想听听大家的意见,然后再做决定。"

会场一片肃静,大家都清楚记得,4年前王厂长宣布他引进二手设备的决定时,有近70%的成员反对,即使后来王厂长谈了他近三个月对市场、政策、全厂技术人员、工厂资金等厂内外环境的一系列调查研究结果,仍有半数以上的人持反对意见,10%的人持保留态度。因为当时很多厂家引进设备后,由于不配套和技术难以达到等因素,使高价引进的设备成了一堆闲置的废铁。但是王厂长在这种情况下仍采取了引进国外二手设备的做法。事实表明这一举措使佳迪饮料厂摆脱了当时由于设备落后、资金短缺所陷入的困境。国外二手设备那时的价格已经很低,但在我国尚未被淘汰。因此,佳迪饮料厂也由此走上了发展的道路。

王厂长见大家心有余悸的样子,便说道:"大家不必顾虑,今天这一项决定完全由大家决定,我想这也是民主决策的体现,如果大部分人同意,我们就宣布实施这一决定;如果大部分人反对的话,我们就取消这一决定。现在大家举手表决吧。"

于是会场上有近70%人投了赞成票。

问题:

1. 王厂长的两次决策过程合理吗?为什么?
2. 如果你是王厂长,在两次决策过程中应做哪些工作?
3. 影响决策的主要因素是什么?

分析:

1. 王厂长的两次决策过程合理吗?为什么?

王厂长的第一次决策是个人决策。这次决策合理,因为王厂长是在掌握充分的信息和对有关情况分析的基础上做出购买进口二手设备决策的,他充分发挥了个体决策的作用,顶住了众人的压力,效率高且责任明确。这一决策使佳迪饮料厂摆脱了当时由于设备落后、资金短缺所陷入的困境,并由此走上了发展之路。

第二次决策是群体决策。王厂长采取民主决策这一方法值得肯定。但是,这种方法的使用过程中仍有不合理的地方。因为群体决策的效果在这里没有得以充分体现。在案例中,王厂长的身份就代表着一个权威,这会使群体决策成员的从众现象较为明显;另外,王厂长第一次的决策带来的好结果影响了第二次决策;最后,此次决策没有充分掌握市场信息,没有充分的调查分析。

2. 如果你是王厂长,在两次决策过程中应做哪些工作?

第一次的决策是个人决策。个人决策容易受到个人行为的影响,所以如果我是王厂长,我会首先充分考虑企业自身的实际和外部环境因素;其次做好市场调查,结合当前情况做好决策方案,同时也要充分考虑到这个方案的可行性和存在的风险,想办法防止或者降低风险;最后,还应该努力提高自身修养和自我意识,例如对风险的认识、对未来挑战的信心,等等。

第二次的决策是群体决策。引进世界一流的先进设备时采取群体决策,不仅可提供更完整的信息,产生更多的方案,提高方案的可行性,而且可减少个人决策因知识、能力所限等造成的影响,提高决策的质量。所以,假如我是王厂长,在第二次决策时我应从以下几方面去做:第一,要对未来发展充满信心,提升自我素养,提出一个科学合理的方案;第二,让下属充分进行市场调查,掌握市场信息,结合当时的情况并以此为背景进行讨论;第三,作为会议的主持者,应该精心营造群体决策的氛围,引导群体决策成员的积极参与;第四,可以让一些不同工龄程度的员工积极参与,补充方案的不足;第五,不能否认权威性和过去决策的影响,应用理性的思想进行分析,吸取经验和教训。

3. 影响决策的主要因素有:

(1) 决策者。如决策者对风险的态度;决策者的个人素养等。

(2) 决策方法。

(3) 决策环境。

(4) 企业内部的组织文化。

(5) 时间。

(6) 过去决策的影响。

(7) 参与者的能力等。

习　题

1. 简述系统管理原理的内容。
2. 什么是决策?
3. 简述决策的过程。
4. 计划的方法有哪些?
5. 计划的过程有哪些?
6. 组织的原则有哪些?
7. 控制的基本要素有哪些?
8. 激励的原则有哪些?
9. 管理的基本方法有哪些?

第三章 生产管理

学习目标

1. 了解生产组织过程的具体形式和特点。
2. 掌握生产作业计划的制订过程。
3. 掌握生产现场管理的重要性、主要内容和方法。

第一节 概 述

企业经营管理中有三个核心工作管理内容:生产管理、财务管理与营销管理。其中,生产管理是基础,是解决投入-转换-产出过程中若干管理问题的基石。生产管理是对企业生产系统的设置和运行的各项管理工作的总称,又称生产控制。其内容包括:① 生产组织工作,即选择厂址,布置工厂,组织生产线,实行劳动定额和劳动组织,设置生产管理系统等;② 生产计划工作,即编制生产计划、生产技术准备计划和生产作业计划等;③ 生产控制工作,即控制生产进度、生产库存、生产质量和生产成本等;④ 保证产品按期交付正常,即根据生产计划安排,保证客户产品交付正常。

生产管理的任务有:① 对客户产品交付异常情况进行及时有效的处理;② 通过生产组织工作,按照企业目标的要求,设置技术上可行、经济上合算、物质技术条件和环境条件允许的生产系统;③ 通过生产计划工作,制订生产系统优化运行的方案;④ 通过生产控制工作,及时有效地调节企业生产过程内外的各种关系,使生产系统的运行符合既定生产计划的要求,实现预期生产的品种、质量、产量、出产期限和生产成本的目标。生产管理的目的是:做到投入少、产出多,取得最佳经济效益。采用生产管理软件可以提高企业生产管理的效率,有效管理生产过程中的信息,从而提高企业的整体竞争力。了解和掌握企业组织的生产过程,制定生产战略,分析企业组织竞争力、生产战略与生产率之间的必然联系等,都是生产管理的首要任务。

此外,回顾生产管理的发展历程,了解世界级公司如何管理现代生产系统,对任何一个企业组织都是有益的。本章结合机械类专业的特点主要从生产过程组织、生产计划和生产现场管理三个主要方面来阐述生产管理。

第二节 生产过程组织

一、生产过程组织的概念

生产过程是企业从投入到产出的主体部分，是企业维持生存和发展的基础。生产过程是否合理，对企业生产经营的效率、效益都有巨大的影响，因此必须对企业生产过程进行合理组织。生产过程组织与控制是企业生产管理的重要内容，它的作用是促使企业从空间上和时间上合理地组织产品生产，使生产过程能以尽量少的劳动消耗和劳动占用，生产出尽可能多的符合市场需要的产品，从而获得更好的经济效益。

产品的生产过程，是指从原材料投入生产开始到成品制造出来为止的全部过程。产品生产过程是人们的劳动过程和自然过程的有机结合。劳动过程是指劳动者利用劳动工具作用于劳动对象，使其按照预定的目的改变形状、结构性质或位置的过程。在某些情况下，生产过程的进行还需借助于自然力的作用，使劳动对象发生物理或化学的变化，如冷却、干燥、自然时效、发酵等，这种变化过程称为自然过程。

企业的生产过程，从产品产出所起的作用来看，主要是生产技术准备过程、基本生产过程、辅助生产过程、生产服务过程等。生产技术准备过程，是指产品投产前所做的全部生产准备工作，如产品设计、工艺准备、材料与工时定额的制定与修改、劳动组织调整和设备布置等。基本生产过程，是指企业直接从事加工、制造产品的生产过程，如汽车零件的加工、装配过程等。辅助生产过程，是指为保证基本生产正常进行所必要的各种辅助性生产活动，如动力生产、工艺装备制造、设备维修等。生产服务过程，是指为了保证基本生产和辅助生产所进行的各种生产服务活动，如原材料、半成品、工具的保管与发放、厂内运输等。此外，有的企业还有附属生产过程或副业生产过程。

在企业生产过程中，基本生产过程是最核心的部分。按产品结构和工艺特点不同，基本生产过程可以分为工艺流程式生产过程和加工装配式生产过程两类。工艺流程式生产过程，是指原材料从工厂的一端投入生产，按照固定的程序，经过连续加工而成为产品的过程。加工装配式生产过程，是指先将原材料加工成毛坯、零件，然后将各种零件进行部装、总装、试车，最后经检验合格而成为产品的过程。

企业的基本生产过程，按其工艺性质的不同又可分为若干工艺阶段，每个工艺阶段又可分为若干个工序。工序是生产过程中的基本环节，是指一个或几个工人在同一个工作地（或同一台机床上），对一个工件或同时对几个工件（多工位加工）

所进行的连续作业。工序按其作用不同,可分为工艺工序、检验工序和运输工序三类。工艺工序是指劳动对象发生物理、化学或几何形状变化的作业;检验工序是指对原材料、半成品、成品的质量进行检验的作业;运输工序是指在工艺工序之间、工艺工序与检验工序之间运送劳动对象的作业。正确划分工序对组织生产、制定劳动定额、配备工人、编制生产作业计划、进行质量管理等都有着直接的影响。

组织生产过程必须努力实现以下要求:

① 连续性。要求产品在生产过程各阶段、各工序之间的流动,在时间上是紧密衔接而连续的,即产品在生产过程中始终处于运动状态,不发生或很少发生不必要的中断或等待时间。

② 比例性。要求产品在各工序阶段、各工艺之间的生产能力保持适当的比例关系,即各个生产环节的工人数、设备数和生产面积等影响生产能力的诸因素的比例要符合客观需要。

③ 均衡性。要求企业及各个生产环节在相等的一段时间内生产相等或递增数量的产品,使各工序的负荷充分并相对稳定,不会出现前松后紧、时松时紧等不良现象。

④ 平行性。要求生产过程中的各个阶段、各道工序实行平行作业,对产品的各个零件、部件尽可能地组织平行加工制造。

⑤ 准时性。要求生产过程中的各阶段、各工序都按后续阶段和工序的需要生产,即在需要的时候,按需要的数量生产所需要的产品和零部件。

⑥适应性(也称柔性)。要求生产过程适应市场复杂多变的特点,能灵活地进行多品种、小批量生产。为了提高企业的适应能力,必须采用先进合理的生产组织方法,如网络计划技术、成组工艺和多品种混流生产等。

二、生产过程的空间组织

生产过程的空间组织,是指企业内部各生产单位、生产环节的设置和运输路线以及劳动者、劳动资料等生产要素在空间上相互结合的组织方式。其内容包括:应设置怎样的生产单位,应按照什么原则布置这些生产单位,确定生产单元及生产设施之间的相对位置关系,确定各生产单元的组成原则和相互连接关系。

生产过程的空间组织和车间内的设置存在着高度紧密的关系,有什么样的设备布置方法,就有怎样的生产过程的空间组织形式。因此,与车间布置类似,生产过程的空间组织形式可分为工艺专业化形式、产品专业化形式和综合形式。

(一) 工艺专业化形式

(1) 工艺专业化形式的概念

工艺专业化形式,是指按照生产工艺性质的不同来设置生产单位的一种产品生产过程空间组织形式。在工艺专业化的生产单位里,集中着同种类型的工艺设备,对企业生产的各种产品以相同工艺进行加工。例如,机械工业中产品的加工是按车床组、铣床组、铸造、锻造、冲、压等不同阶段组成的,如图3-1所示。服装制造过程中的裁剪、制作、熨烫等工序均属此类。其特点是工人使用相同设备,采取机群式布局,工人的工种相同,但加工对象不同,且只对其相同工艺部分进行加工。此生产组织方式一般适用于单件小批生产类型的企业或特殊工艺加工。

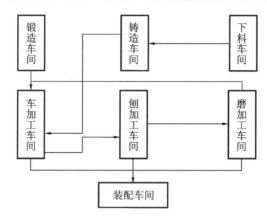

图3-1 机械工业中工艺专业化的生产流程

(2)工艺专业化形式的优缺点

由于工艺专业化形式把同类设备集中在一起,能够完成一定的工艺过程,因此工艺专业化形式有以下优点:

① 加工对象可变,适应性强。当所生产产品的品种发生变化时,不必重新布置工作地点、调整设备和工艺装备,因而转产容易,有较强的应变能力。

② 设备利用率高,系统维护成本低。由于集中了同类设备,便于充分利用设备和工作地点生产能力,提高设备负荷系数,个别设备出了故障对整个生产的影响较小。同时,同类操作人员之间可以展开竞争,有利于提高效率。

③ 便于技术管理和工人技术水平的提高。由于每种工作地点内部进行相同的操作,因而有利于进行工艺过程控制和产品质量提高,能够对工人进行专业化技术指导,通过培养和竞争,造就一批高技术工人。

工艺专业化形式能把加工某一产品(零部件)的各类设备布置在不同的工作地点,因此任一工作地点都不可能完成一个独立产品(零部件)的加工,所以工艺专业化形式有如下缺点:

① 加工对象的中间周转路线长,运输量大。产品轮流在各个工作地点之间进行加工,在车间之间辗转,流程交叉重复,加工路线长,原材料、在制品、成品的运输量大。

② 在制品占用量大,资金占用多且周转缓慢。产品在各个工序之间往往会出

现停顿,有较长的等待时期,从而会延长生产周期,使在制品占用量大,因而需占用大量资金。

③ 分工过细,工作单一,协调困难。由于各单位之间的协作、往来频繁,有些产品的加工要经过几十、上百种工序,因而各工序之间协调困难,不易进行在制品管理和计划管理。

④ 一般多采用通用设备,生产效率低,适应性较差。

(二) 产品专业化形式

(1) 产品专业化形式的概念

产品专业化形式,又称对象专业化形式,它是按照产品(零部件)的不同来设置生产单位,以加工对象的全部或大部分工艺为中心来建立工作中心的。在产品专业化的生产单位里,集中了为制造某种产品所需的各种设备,设备按工艺过程的顺序排列,加工对象是相同的,即对相同的对象进行不同工艺过程的加工。在机械工业中,产品的加工是按标准件、铸造件、齿轮、轴承等各组成部分而组织的,如图 3-2 所示。采用产品专业化生产的流水生产线、混合流水线以及自动线等,适用于大量、流水生产和结构简单的产品生产。

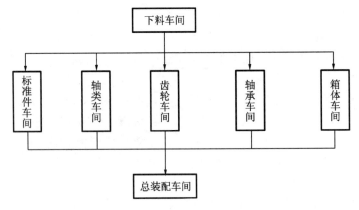

图 3-2 机械工业中产品专业化生产流程

(2) 产品专业化形式的优缺点

由于产品专业化形式把同一产品的加工布置在一个工作地点,对产品进行封闭式的加工,因此有如下优点:

① 流程合理,可以缩短加工对象的运输过程,缩短生产周期,且运输量小。产品从原材料开始,一直到经加工处理为成品,始终处在同一工作地点,可大大减少加工过程的运输量,减少运输工具和运输工人,节约运输费用。

② 节约加工时间和流动资金。在同一工作地点对某种产品进行加工,有助于减少在制品的停放和运送时间,缩短生产周期,从而能减少生产过程中在制品的占

用量,节约大量流动资金。

③ 便于协调。产品专业化形式可大大减少车间之间在生产过程中的联系。一方面有利于强化协调工作,加强计划管理与在制品控制;另一方面,可减少产品搬运过程中的磕碰,有助于提高产品质量。

④ 可采用专用设备,生产效率高。

由于产品专业化形式组织的工作地点只适合于加工某一产品,因此产品专业化有如下缺点:

① 分工过细,工作单一,适应能力差。当市场需求发生变化时,产品专业化组织的工作地点不易立刻转产,而要经过一段调整和准备时期,在千变万化的市场经济条件下,不能很好地满足随时变化的需求。

② 设备利用率低。当某种产品的生产能力大于其生产任务时,按产品专业化组织的工作地点不能生产其他产品,会出现工作地点、设备和操作人员闲置的情况,使资源的使用效率降低。

③ 系统受单独设备影响大。

(三) 综合形式

工艺专业化和产品专业化组织形式的优缺点都不是绝对的,要根据工厂的实际情况来决定采取哪种空间组织形式。在产品设计比较成熟,生产的专业方向已确定,生产类型接近大量大批生产,设备比较齐全,同类设备较多,设备负荷高的情况下,采用产品专业化组织是有利的;相反,当生产规模不大,生产的专业化水平较低,产品品种较多,生产类型接近单件小批生产时,采用工艺专业化组织更为有利。一般来说,一个较大的企业并非单纯按工艺专业化或产品专业化形式来组织生产,有些车间可能按工艺专业化形式组织,专门进行某些工艺过程的加工,而有些车间可能按产品专业化形式组织,专门进行某些产品或零部件的加工。究竟如何组织,要从实际出发,结合企业生产的具体特点来决定。这种将工艺专业化和产品专业化相结合进行空间组织的工厂就是综合形式的生产空间组织。

三、生产过程的时间组织

生产过程的时间组织,不仅要求在空间上合理地设置每一个生产单位,而且要求在时间上各生产单位之间、各工序之间能相互配合,紧密协作。生产过程的时间组织,简单来说,就是确定劳动对象在生产过程中各车间、各工序之间的移动方式,确定生产要素在时间上的衔接关系。它要求生产对象的移动在时间上紧密衔接,以实现有节奏、连续的生产。加强生产过程中的时间组织,可以提高设备、工人和工作地的利用率,减少在制品占用,缩短生产周期,减少资金占用,对于加强企业管理有着重要意义。

生产周期是指产品从原材料投入生产开始,到产成品验收入库所需的全部时间。产品的生产周期是评判生产管理好坏的重要指标,产品在各工序之间的移动方式对产品生产周期具有极大的影响。主要的移动方式有顺序移动方式、平行移动方式和平行顺序移动方式三种。

(一) 顺序移动方式

顺序移动方式,是指一批零部件或产品在上道工序的加工全部完成以后,才整批地从上道工序转入下道工序加工。顺序移动方式的最大特点是零部件或产品在其加工的各个工序之间是整批整批地移动的,每批零部件全部加工完毕,才开始转到下道工序。

在顺序移动方式下,由于零部件或产品是整批转送的,因而组织与计划工作比较简单。产品和零部件的集中加工、集中运送有利于提高功效,提高设备的利用率,但一批产品或零部件中大多数存在等待运输和等待加工的时间,因而在制品占用量大,生产周期长。比较适用于工艺专业化的企业或批量较小的情况。

设一批零件总共有 n 个,要经过 m 道工序的加工,每道工序的加工时间分别为 t_i,则在顺序移动方式下,产品加工周期的一般公式为

$$T_{顺} = n\sum_{i=1}^{m} t_i$$

式中:$T_{顺}$——顺序移动方式下的加工周期;

n——批量;

m——工序数;

t_i——第 i 道工序的单独加工时间。

(二) 平行移动方式

平行移动方式,是指每个零件在上一道工序的加工结束以后,立即转入下一道工序进行加工。有时候,零件在各道工序之间的运送不是单个进行,而是按一个运输批量进行的,但运输批量只占加工批量很小的比例。因此,也可以说,平行移动方式的最大特点是零件在各工序之间是逐个或逐批进行运送的。

在平行移动方式下,由于零部件是逐个或逐次小批移动的,零部件在各工序之间的加工平行展开,因而,这种时间组织方式能够把产品加工的在制品数量降低到最少,生产周期压缩到最短。但是,由于零部件在工序之间按件或按小批运送,将大大增加运输工作量,同时,由于零部件在各工序之间的加工时间不一致,会出现设备等待或零件等待的情况。当前道工序的加工时间比后道工序的加工时间长时,后道工序的设备会出现间歇性闲置,且由于闲置时间是零星的,因而难以利用;当前道工序比后道工序加工时间短时,后道工序又会出现零件等待加工的情况,存

在少量在制品占用。平行移动方式适用于大量、大批生产和产品专业化的企业。

设一批零件总共有 n 个,要经过 m 道工序的加工,每道工序的加工时间分别为 t_i,则在平行移动方式下,产品加工周期的一般公式为

$$T_{平} = \sum_{i=1}^{m} t_i + (n-1) t_{\max}$$

式中:$T_{平}$——平行移动方式下的加工周期;

n——批量;

m——工序数;

t_i——第 i 道工序的单独加工时间;

$t_{\max}$——各道工序中最长的加工时间。

(三) 平行顺序移动方式

平行顺序移动方式,是指一批零件在一道工序上尚未全部加工完毕,就已将加工好的一部分零件转入下道工序加工,且恰好能使下道工序连续地全部加工完该批零部件。平行顺序移动方式是平行移动方式和顺序移动方式的结合。它最大的特点是加工零件的每道工序,其设备在开机之后,可以连续地加工全部零件且生产周期最短。

在平行顺序移动方式下,零件在各工序之间的转送是以保证工序的连续加工,尽可能地缩短生产周期、减少零件运送量为目标的。采用这种移动方式,可克服平行移动方式下,某些工序开工后又停止等待的缺点,也可改善顺序移动方式下生产周期过长的问题,运送批量也会比平行移动方式下有所减少。因而,当零件在各工序之间的加工时间不协调时,平行顺序移动方式是一种较为理想的时间组织形式。当然,平行顺序移动方式也存在着管理工作复杂的缺点。

设一批零件总共有 n 个,要经过 m 道工序的加工,每道工序的加工时间分别为 t_i,则在平行顺序移动方式下,产品加工周期的一般公式为:

$$T_{平顺} = \sum_{i=1}^{m} t_i + (n-1) \left(\sum_{i=1}^{m} t_{i\max} - \sum_{i=1}^{m} t_{i\min} \right)$$

式中:$T_{平顺}$——平行顺序移动方式下的加工周期;

n——批量;

m——工序数;

t_i——第 i 道工序的单独加工时间;

$t_{i\max}$——加工时间比前、后两道工序的加工时间都长的工序加工时间;

$t_{i\min}$——加工时间比前、后两道工序的加工时间都短的工序加工时间。

通过对上述计算公式进行分析可以看出,三种不同的生产过程时间组织中,就生产周期的长短来说,顺序移动方式最长,平行顺序移动方式次之,平行移动方式

最短;就生产中产品的运输工作量大小来说,平行移动方式最大,平行顺序移动方式次之,顺序移动方式最小;就生产的连续性来说,顺序移动方式和平行顺序移动方式都能保证生产的连续进行,而在平行移动方式下则会出现生产工作的间断。

一般来说,平行顺序移动方式是一种较好的生产组织形式,但也不能一概而论,在选择生产过程的时间组织形式时,除了要考虑生产周期、零件或产品的搬运量和生产的连续性以外,还要考虑其他一些因素:

① 生产单位组织的专业化形式。生产单位组织的专业化形式和生产过程的时间组织存在着密切关系。一般来说,如果生产单位是按工艺专业化形式组织的,且车间之间距离较远,由于零件不便于单件运送,宜采取顺序移动方式;反之,如果生产单位是按产品专业化形式组织的,设备间距离较小,则采用平行移动方式或平行顺序移动方式较为方便。

② 生产类型。单件小批的生产多采用顺序移动方式,大量大批生产时,采用平行移动方式或平行顺序移动方式,能减少在制品占用,加速生产进程。

③ 零件的重量和工序劳动量的大小情况。如果零件较轻,工序劳动量较小,则采用顺序移动方式有利于节约运输费用;相反,如果零件较重,工序工作量较大,需按件运送,则宜采用平行移动方式或平行顺序移动方式。

④ 设备调整所需时间的长短。若改变加工对象的设备调整时间长,应采用顺序移动方式;反之,应采用平行移动方式或平行顺序移动方式。

⑤ 接受订货的紧急程度。如接受订货任务紧迫,交货期临近,则宜采用平行移动方式,以缩短工期,保证交货。

不同的企业,生产环境和模式以及生产资料都有所不同,通过生产过程组织与控制可以让企业从空间上和时间上合理地组织产品生产,使生产过程以尽量少的劳动消耗和劳动占用,生产出尽可能多的符合市场需要的产品,从而获得更好的经济效益。从各个方面和层次来对生产组织加以控制,是一个企业成功的关键所在。

第三节　生产作业计划

一、生产作业计划的概念与步骤

(一) 生产作业计划的概念

生产作业计划是指详细描述生产什么产品、生产多少、何时生产的计划。生产作业计划是生产计划的具体执行过程,是生产计划的延续和补充,是组织企业日常生产活动的重要依据。它具有指挥和控制两种功能,其特点是把生产计划所规定的季度、月度生产计划具体分配到各车间、工段、班组甚至工人,规定相关单位在每季、月、旬、日、小时内的生产任务,并按日历顺序安排生产进度。其功能主要表现在生产任务分解、分配和进度安排等方面,生产作业计划过程如图3-3所示。

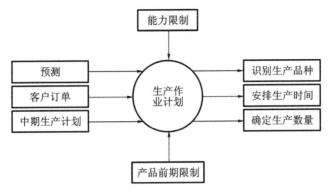

图3-3　生产作业计划过程

(二)制定生产作业计划的步骤

(1)挑选被包括在主生产计划中的产品;
(2)决定主生产计划的时间长度及单位;
(3)获得计划中的每个产品的需求信息;
(4)通过计算获得一个初步的主生产计划;
(5)按初步的主生产计划进行粗能力平衡,即对生产设备负荷、人员负荷与生产能力进行一次平衡工作,找出瓶颈资源,进行调整;
(6)修改主生产计划,使生产能力得到平衡。

二、生产作业计划的任务

(1)保证实现生产计划

生产作业计划是通过把生产总体计划具体化和对其进行适时调整来保证实现生产计划的。生产作业计划把产品、时间、单位和考虑的因素都具体化了。产品由整台产品安排到毛坯、零件、部件。时间由年、季、月落实到旬、周、日、轮班、小时。单位由厂落实到车间、班组、工作地点、机器设备。考虑的因素具体到日、时等短期的变化。调整指根据短期的重大变化来发现问题,及时解决,修正计划。做好具体落实和调整工作是实现生产总计划的重要保证。

(2)合理组织生产过程

企业生产计划是通过合理地组织产品的生产过程来实现的。任何产品的生产过程都是由物流、信息流、资金(价值)流所组成的。生产作业计划的任务之一,就是把生产过程的"三流"合理地组织协调起来,争取用最少的投入获得最大的产出,实现均衡生产。均衡生产是指企业各个生产环节,在每段相等的时间内,完成相等的或递增的数量任务,按计划均匀地进行生产,保证完成计划任务,满足订货单位和社会市场的需要。实现均衡生产,建立正常的生产秩序和管理秩序,有利于充分地利用企业的生产能力,提高产品质量,改善企业管理,全面提高企业的经济效益。要实现均衡生产,就必须依靠生产作业计划合理地安排、组织企业各生产环节的生产活动,协调好各环节之间的关系,保证各环节在短期内都能完成任务。

(3) 提高经济效益

生产作业计划的任务之一,就是要在产品的生产过程中,严格保证产品质量达到规定的标准,努力减少产品生产过程中的无效劳动,最大限度地降低产品生产成本,缩短生产周期,按期交货,争取获得最高的经济效益。

三、生产作业计划的要求

为了完成生产作业计划的任务,对生产作业计划有如下的要求:

① 及时性。生产作业计划是指导职工日常生产活动的计划,时间性很强。只有及时地编制和下达生产作业计划,才能使职工有足够的时间做好各项生产准备工作,避免出现计划落后于实际,计划跟着生产跑的忙乱被动现象。一般地说,月度生产作业计划,应在上月25日左右下达,周计划应在上周结束前一二天下达,昼夜轮班计划应在上一天最后一班下达。只有这样,才能使职工心中有数,分工合作,完成生产作业计划的任务。

② 严肃性。即编制、执行生产作业计划都要严肃。编制严肃,才能使计划本身正确、有效,执行起来才能发挥作用;执行严肃,才能按章办事,保证实现计划。

③ 科学性。编制生产作业计划要有科学的依据,依据的信息必须真实、可靠。在编制生产作业计划时,一定要进行精确的、全面的平衡计算,正确安排生产过程中的比例关系。通过平衡使计划符合客观规律,才能有力地指导生产。编制生产作业计划的方法要科学,应针对不同的生产类型采用不同的编制方法。要制定和贯彻先进合理的期量标准。

④ 预见性。"凡事预则立,不预则废。"企业要以预防为主,防患于未然,及早地发现问题,有预见性地提前安排好计划,做到未卜先知,未雨绸缪,利用优势,努力发挥有利因素的效用,克服不利因素带来的困难,更好地编制、执行生产作业计划。

⑤ 群众性。在编制、执行生产作业计划时,要依靠群众。编制计划时要深入生产第一线,深入生产过程,听取第一线职工的意见和建议;在执行生产作业计划时,要依靠职工去操作,让大家出主意想办法去完成计划。

四、生产作业计划的特点

生产作业计划具有三个方面的显著特点：

① 计划期短。生产计划的计划期常常为季、月，而生产作业计划详细规定月、旬、日、小时的工作任务。

② 计划内容具体。生产计划是全厂的计划，而生产作业计划则把生产任务落实到车间、工段、班组、工人。

③ 计划单位小。生产计划一般只规定完整产品的生产进度，而生产作业计划则详细规定各零部件甚至工序的进度安排。

五、期量标准的制定

期量标准，又称作业计划标准，是指为制造对象在生产期限和生产数量方面所规定的标准数据，它是编制生产作业计划的重要依据。制定合理的期量标准，对于准确确定产品的投入和产出时间，做好生产过程各环节的衔接，缩短产品生产周期，减少企业在制品占用，都有重要的意义。期量标准是有关生产期限和生产数量的标准，因而企业的生产类型和生产组织形式不同时，采用的期量标准也就不同。大量流水线生产的期量标准有节拍、节奏、流水线工作指示图表、在制品定额等。成批生产的期量标准有批量、生产间隔期、生产周期、生产提前期、在制品定额、交货期等。

（一）批量

批量是指一次投入或产出的相同产品或零部件的数量，在成批生产条件下，产品是按照批量分批生产的。生产间隔期，是前后两批产品（或零部件）投入或产出的时间间隔。

$$批量 = 生产间隔期 \times 平均日产量$$
$$生产间隔期 = 批量 / 平均日产量$$

可以看出，批量和生产间隔期之间存在着密切的联系，在平均日产量一定的条件下，批量大了，生产间隔期就会延长；相反，批量小了，生产间隔期就会缩短。在企业的生产管理实践中，增大批量有利于减少设备调整费用，提高设备综合利用率和工人的熟练程度，保证产品质量，简化生产过程组织。同时大的生产批量又会延长生产周期，推迟交货，扩大在制品的储备和占用，增加流动资金占用。所以，要统筹兼顾，合理确定批量的大小。

（1）经济批量法

经济批量法，是指根据总费用的多少来决定批量的一种方法。与批量有关的费用总共有两项：设备调整（生产准备）费用，用 D 表示；每件产品的年平均保管费用，用 C 来表示。总的设备生产准备费用随批量的增加而减小，总的保管费用随批量的增加而增加，采用经济批量法就是要通过数学方法求得总费用最小的 Q 点。经济批量模型图如图 3-4 所示，经济批量计算公式为

$$Q=\sqrt{\frac{2ND}{C}}$$

式中：N——年产量；

Q——经济批量；

D——生产准备费；

C——每件产品的年平均保管费。

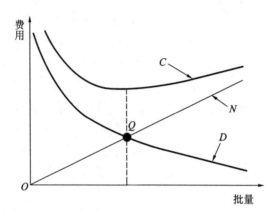

图 3-4 经济批量模型图

（2）最小批量法

最小批量法，是指以保证设备充分利用为主要目标的一种批量计算方法。这个方法重视设备充分利用和劳动生产率的提高。最小批量的计算公式为

$$最小批量=\frac{设备调整时间}{单件工艺工序时间定额 \times 设备调整系数}$$

设备调整系数的大小，一般应在 0.01～0.02 之间。如果被加工产品或零部件只有一道工序，则可由此公式直接得出最小批量，当产品需要经过多道工序加工时，选取"设备调整时间/单件工艺工序时间定额"最大的工序为关键工序，由其决定最小批量。

（3）以期定量法

以期定量法，是指先确定生产间隔期，然后再确定批量的一种方法。以期定量法注重简化管理的要求，采用该方法时由企业统一规定为数不多、互为倍数的生产间隔期。当产量变动时，只需调整批量，不必调整生产间隔期。企业经常使用的生产间隔期有一季、两个月、月、半个月、旬、5 天、3 天、1 天等。

(4) 经验批量法

经验批量法是一种粗略的计算方法。它是根据企业历年的统计资料,确定一个批量系数,然后再把全年的计划产量乘以这个系数得到批量,即

$$经验批量＝全年计划产量×批量系数$$

一般在批量生产时批量系数为 0.05,小批生产时为 0.02。

为了简化生产管理和适应其他生产条件,在最后确定产品的批量时,除应按上述四种方法计算之外,还要根据其他一些因素进行必要的调整。主要需要考虑以下几点:

① 各车间之间批量要相互协调,同种产品在前后两车间应相等或互成倍数。

② 批量与工作地轮班产量相等或成倍比关系,也就是批量大小,应尽量不少于各道主要工序的一个班的产量,最少也不应少于半个班的产量。

③ 批量尽量与工位一次装卡数目相适应。

④ 批量的大小应考虑到生产面积是否与之相适应等。

(二) 生产间隔期

生产间隔期,又称为生产重复或投入产出间隔期。产品投入相隔时间为投入间隔期;产品产出相隔时间为产出间隔期。

确定生产间隔期可以采用以量定期法,先确定初步批量,然后根据生产任务和批量确定生产间隔期。当生产任务变化时,可调整生产间隔期,而批量固定不变。

在实际工作中确定生产间隔期时,首先要确定各种产品在装配车间的生产间隔期,即根据每种产品的全年计划产量、单位产品价值、产品的生产周期、产品的体积和企业的生产面积、生产组织形式、生产稳定程度等因素,把各种产品的装配生产车间规定为按日、1/3 月、1/2 月、1 月、1 季等几种。其次,确定每种产品的零部件和毛坯的生产间隔期。根据单位零部件和毛坯的价值、体积、工艺技术的复杂程度、生产周期等,把零部件和毛坯分成若干类后,对每类零部件和毛坯分别确定生产间隔期,比如按日、1/3 月、1/2 月、1 月、1 季等。一般来说,在确定产品(或零部件、毛坯)的生产间隔期时,凡是价值大、体积大、生产周期长、工艺技术复杂的产品(或零部件、毛坯),生产间隔期可短一些,反之可长一些。各类零部件、毛坯在各车间的生产间隔期,应与该种产品的装配生产间隔期相等或成简单倍数关系。

(三) 生产提前期

生产提前期是指毛坯、零件或部件在各个工艺阶段产出的日期比产品产出的日期应提前的天数。生产提前期是确定产品生产过程中各工艺阶段的投入和产出日期的一个时间标准,它是保证各工艺阶段相互衔接和保证合同交货期的重要依据,所以它是成批生产作业计划的重要期量标准。生产提前期是以成品的出产日期

作为基准,以生产周期和生产间隔期为参数,按产品工艺过程的相反顺序计算的。

正确的生产提前期,对各生产环节的生产活动在时间上的紧密衔接,缩短生产周期,减少在制品占用量,提高企业生产活动的经济效益有重要作用。

实践表明,由于多种因素的影响,实际生产提前期一般会大大超过真正用于加工产品(零件)的时间,其中包含着大量的闲置时间。按照占生产提前期比重的重要次序,可以将生产提前期的构成要素分为:① 排队等候加工时间;② 加工时间;③ 更换作业的准备时间;④ 停放时间(等候运输的时间);⑤ 检验时间;⑥ 运输时间;⑦ 其他时间。

一般在多任务车间的环境下,排队等候加工的时间在正常情况下,要占生产提前期90%的比重,真正加工时间所占的比重,平均不到5%。造成排队等候加工时间如此之长的原因主要有两个:批量过大和优先次序安排不合理。减小批量可以大大缩短生产提前期;合理地安排零件加工的优先次序,可以降低零件的平均等候加工时间。

提前期的计算是按工艺过程相反的顺序进行的。以机械工业企业为例,由于装配车间产出的时间也就是产品产出的时间,所以装配车间的生产提前期为零;然后根据装配车间的生产周期计算装配车间的投入提前期;最后根据装配车间的投入提前期加入一定的安全期计算机械加工车间的产出提前期;以此类推,一直算到毛坯车间的投入提前期。机械工业企业中各车间的生产提前期及其相互关系如图3-5所示。当各生产工艺阶段批量相等时,计算公式为

　　　　某车间投入提前期＝本车间生产提前期＋车间生产周期
　　　　某车间生产提前期＝后车间投入提前期＋保险期

当各工艺阶段生产加工批量不等时,计算公式为

　　　　某车间投入提前期＝本车间生产提前期＋本车间生产周期
　　　　某车间生产提前期＝后车间投入提前期＋(本车间生产间隔期
　　　　　　　　　　　　－后车间生产间隔期)＋保险期

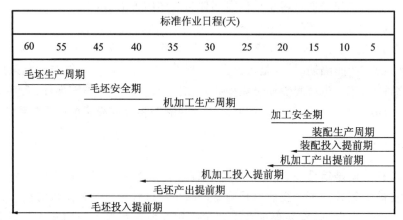

图3-5　机械工业企业中各车间的生产提前期及其相互关系

（四）在制品定额

对成批生产来说,在制品在各个工艺阶段的存在是成批的。在某个计划期末,某车间内的在制品要么为一批或几批,要么为零,这与生产周期及生产间隔期有关。车间内在制品占用量定额计算公式为

车间内在制品占用量＝一批零件生产周期×零件平均日产量

＝一批零件生产周期×零件批量/生产间隔期

车间之间库存在制品占用量包括车间之间库存流动在制品占用量和保险占用量。车间之间库存流动在制品占用量是由于前后生产车间生产批量和生产间隔期不同而形成的。其定额应由相邻车间生产批量和生产间隔期而定。保险占用量是为了防止由于意外原因使前后生产车间生产脱节而设置的在制品数量,其定额根据车间误期交库的日期和后车间平均每日的需要量来确定。

六、成批生产计划编制

成批生产过程的主要特征是品种多、每种产品产量不一、各种产品轮番生产。由于各品种轮番生产,各个生产环节积存的在制品数量经常不一样,因而不能采用在制品定额法编制产品生产的作业计划。在成批生产中,前后车间之间的联系主要表现在生产提前期上,作业计划的编制方法通常采用提前期法,又称累计编号法。

采用提前期法,生产的产品必须实际累计编号。一般地,累计号数从年初或开始生产这种产品起,依成品的先后顺序,为每一种产品编上一个累计号码。由于成品出产累计号数是按反工艺的顺序排列编码的,因此,在同一时间上,某种产品越接近完成阶段,其累计编号越小,反之其累计编号越大。

采用累计编号法时,先确定各车间工艺阶段在计划月份应达到的投入或产出的累计数,然后减去上月份该车间工艺阶段已经投入或产出的累计号数,从而得出该车间工艺阶段计划月应投入或产出任务的数量。累计编号法的具体方法和步骤是:

（1）计算产品在各车间计划期末应达到的累计产出和投入号数。公式为

$$M_{出} = M_{后出} + T_{出} \times N_{后}$$
$$M_{投} = M_{后出} + T_{投} \times N_{后}$$

式中:$M_{出}$——某车间工艺阶段的产出累计数,单位为台、件或个;

$M_{后出}$——最后车间工艺阶段的产出累计数,单位为台、件或个;

$T_{出}$——本车间工艺阶段产出提前期,单位为天或小时;

$N_{后}$——最后车间工艺阶段平均日产量,单位为台/天、件/天;

$M_{投}$——某车间工艺阶段的投入累计数,单位为台/天、件/个;

$T_投$——本车间工艺阶段投入提前期,单位为天或小时。

(2) 计算各车间工艺阶段计划期内应完成的产出量和投入量。公式为

某车间计划期产出任务量＝该车间计划期末产出累计号数－该车间计划期初已产出累计号数

某车间计划期投入任务量＝该车间计划期末投入累计号数－该车间计划期初已投入累计号数

(3) 如果严格按照批量进行生产,则应对计算出的车间产出量和投入量按照与批量相等或成整数倍的关系进行修正。

七、单件小批生产作业计划编制

单件小批生产的产品品种、数量和交货时间都不稳定,产量少,重复性生产少,属于一次性生产,既不能采用在制品定额法,也不能采用累计编号法。这类企业的作业计划的特点是:各种产品的数量任务完全取决于订货的数量,不需要再进行计算。需解决的问题是如何将产品在车间的产出和投入时间互相衔接起来,以保证成品的交货期。应用生产周期法编制生产作业计划的步骤是:

(1) 编制各项订货产品的投入产出综合进度计划表;

(2) 分车间、科室进行能力与任务的平衡;

(3) 进行任务与能力平衡后,利用生产周期图表,在综合进度计划中摘录出属于每个车间当月应该投入和产出的任务,按订货先后顺序确定各产品零部件在各工艺阶段的投入和产出日期,得出当月每个车间的生产任务。

第四节 生产现场管理

一、加强生产现场管理的必要性

(一) 加强现场管理是建立企业优势实力的基础

企业优势实力是指企业在争夺市场和争夺顾客方面具有高于竞争对手的实力。优势实力体现在资金、人力和技术、市场营销、产品质量、产品成本等方面。而质优价廉、适销对路、能按期交货的产品是在生产现场中制造出来的,要靠现场管理来保证。从这种意义来说,现场管理水平的高低,是决定企业优势实力的基础。在深化企业内部改革,实行承包经营责任制以来,许多企业从实际出发,在新形势下创造了许多优化现场管理的新经验。例如,我国东风汽车制造厂从日本引进现

场管理经验,建立了以市场为中心的综合管理体系,形成了"一个流"生产方式,从而实现了生产潜力深入挖掘,提高了经济效益。此外,上海金陵无线电厂的"模特法",黑龙江阿城继电器厂的"定置管理",大连显像管厂的"全控管理法",石家庄第一塑料厂的"满负荷工作法"等,也是现场管理优化的成果。

尽管我国已有一批现场管理做得好的企业和车间,也积累了不少具有先进水平的管理经验,但从全局来看,一些企业的现场管理水平还比较落后,同国外先进水平相比还有较大的差距。有些企业近几年只注意抓市场,忽略了现场,管理中心外移,而不是内沉,现场管理落后。现场管理落后表现在:现场纪律松弛,生产效率低,质量差,投入多产出少,效益低,生产不能适应市场变化的需要。落后的现场管理满足不了建立优势实力、提高竞争能力的需要,因此,我国企业必须加强生产现场管理。

(二) 加强现场管理是全面提高企业素质的保证

全面提高企业素质,包括提高职工队伍素质、生产技术素质、经营管理素质、基础工作素质、精神文明素质等。所有这些素质的提高,基本上都要从现场管理做起,没有现场管理做保证,全面提高企业素质只能是一句空话。现场管理的好坏实际上是衡量企业管理水平高低的重要指标。

(三) 加强现场管理是提高企业经济效益的重要途径

提高经济效益必须从现场抓起,这是因为企业效益来源于全体职工的劳动所创造的价值,而这些劳动价值大都实现于生产现场。原材料、燃料、劳动、工时、台时等消耗的减少要在现场实现;废品率的降低,生产设备的合理使用及维护保养,先进工艺和高效率加工方法的运用等,要在生产现场完成;生产过程中的跑、冒、滴、漏也都是在生产现场发生的。所以,生产现场管理是投入和产出的关键。只有加强现场管理,才能使各生产要素得到合理配置和有效利用,才能以最低的投入获得最大限度的产出。

二、生产现场管理优化的概念及特点

(一) 现场

在生产管理中,现场有三层含义。从认识现场的最直观角度出发,现场就是作业场所。生产产品的每个车间、班组、工作地点就是一个个作业场所;问题发生的地点,出现阻碍生产正常进行的地方,也称为现场;出现了问题,要去解决它,必须找出问题产生的原因,针对原因提出解决的方法和措施,这一过程也视为现场。人们对现场的认识和理解,是逐步深入的。

(二) 生产现场

生产现场是指从事产品制造或提供生产服务的作业场所。它是指企业围绕经营目标而行使管理职能，实现生产要素的合理组合和生产过程有机转换的作业场所。生产现场包括加工、检查、存储、运输、供应、发送等一系列作业现场和与生产密切相关的辅助场所等。每个企业都有自己的许多生产现场，现场形式千差万别。它们都是按照产品加工特点的要求、生产类型、专业化形式等设置的，有着各自的特点，但是，它们也存在共性。从宏观上看，它们都要进行生产要素的合理配置，都有投入产出的效益问题；在管理上都有区域性、可控性，都要符合生产规律。

(三) 生产现场管理

生产现场管理是指用科学的管理制度、标准和方法对生产现场各生产要素，包括人（工人和管理人员）、机（设备、工具、工位器具、工装夹具）、料（原材料、辅料）、法（加工、检测方法）、环（环境）、信（信息）等，进行合理有效的计划、组织、协调、控制和检测，使其处于良好的结合状态，达到优质、高效、低耗、均衡、安全、文明生产的目的。简而言之，现场管理是生产第一线的综合管理，是生产管理的重要内容，是生产系统合理布置的补充和深入，也是企业管理水平的直观反映。

(四) 优化生产现场管理

优化生产现场管理是指在原有的对生产现场进行管理的基础上，运用现代先进的管理思想，采用现代化管理方法和手段，用系统论的观点对生产现场的全部活动，进行合理组合与科学的调配，使其发挥综合、整体效能，从而实现优质、低耗、高产、增效的目的。

生产现场管理优化的标志包括以下10个方面：① 均衡生产，调度有序；② 产品质量，控制有力；③ 定员定额，先进合理；④ 物流有序，原辅材料供应及时；⑤ 纪律严明，考核严格；⑥ 设备完好，运转正常；⑦ 安全第一，消除隐患；⑧ 堆放整齐，文明生产；⑨ 信息畅通，原始记录齐、准、快、明；⑩ 士气高涨，协调一致。

(五) 生产现场管理优化的特点

(1) 目的性。优化生产现场管理的目的是切实建立企业的优质、低耗、高效的运行机制，实现企业整体效能和综合效益的理想化。

(2) 动态性。以车间为主体的生产现场管理，是生产力诸要素的结合，也是企业各项管理工作的落脚点、物化点。要优化生产现场管理，需要进行综合治理。它是个渐进的过程，处于现场之中的人、财、物、信息都在不断的运动中，需逐步优化直至目标实现。

(3) 协调性。生产现场管理优化,要求各科室为车间服务。各专业部门的工作计划与要求都要到现场去贯彻、去物化,在各条专业线工作时,不可避免地会产生交叉的矛盾点和空白点。因此,要抓好前期的组织协调工作,经过综合平衡后,再到现场实施,当然在实施中还要针对出现的问题进行协调。优化要配套,优势需协调,才能形成真正的优化。

(4) 整体性。必须克服部门和车间的本位主义。要围绕企业的共同目标,开展适应现场管理优化的创造性劳动,综合治理。

(5) 群众性。生产现场管理的核心是人。人与人、人与物的组合是现场生产要素最基本的组合,不能见物不见人。现场的一切生产活动、各项管理工作都要由现场的人去掌握、去操作、去完成。优化现场管理仅靠少数专业管理人员是不够的,必须发挥现场所有职工的积极性和创造性,发动广大工人群众参与管理。生产工人在岗位工作过程中,要按照统一标准和规定的要求,实现自我管理、自我控制,实现岗位工人之间的相互监督。应开展职工民主管理,增强责任心。

三、优化生产现场管理的主要内容

优化生产现场管理是多方面的综合性管理,既包括现场生产的组织管理工作,又包括落实到现场的各项专业管理和基础管理工作。从不同角度去分析,其内容是不同的。这里从优化生产现场的人、机、料、法、环等主要生产要素,从优化质量、设备等主要专业管理系统这一角度来概括和分析优化生产现场管理的内容,主要有:

(1) 对人的思想和行为的管理是优化生产现场管理的中心和根本环节,必须把不断提高人的素质、发挥人的积极性和创造力作为优化生产现场管理的主要思路。

(2) 对产品质量与工作质量的管理,是优化生产现场管理的关键。

(3) 对设备与物流的管理是优化生产现场管理的重点。

(4) 抓生产信息的管理是优化生产现场管理的重要措施。

(5) 对工艺和工艺流程进行不断改进,是优化生产现场管理的重要方法。

(6) 对生产现场环境进行管理,解决"脏、乱、差"问题,是优化生产现场管理的有效途径。

(7) 对各种现代化管理方法和手段进行推广和应用,是优化生产现场管理的重要手段。

优化生产现场管理的目的是促进生产力发展,提高经济效益。随着生产技术的发展和管理水平的提高,现场管理的内容将更加丰富、充实,并不断出现新的内容。

四、优化生产现场管理的方法

优化生产现场管理的方法很多,它们的适用范围和应用条件各不相同,在应用时要正确选择。近年来,在各企业中广泛应用的生产现场管理方法有:"5S"活动、定置管理、目视管理和看板管理等。通过这些方法的应用,各企业的生产现场管理水平得到了明显提高。

(一)"5S"活动

(1)"5S"活动的概念

"5S"活动是指对生产现场各生产要素(主要是物的要素)所处状态,不断地进行整理、整顿、清扫、清洁,以达到提高素养的目的。由于日语中整理、整顿、清扫、清洁、素养这五个词的罗马拼音的第一个字母都是"S",因此把这一系列活动简称为"5S"活动。

"5S"活动是西方发展和流行的企业现场管理的方法。日本的企业在较长的时间内推行了"5S"活动。我国将"5S"活动和企业的文明生产活动结合起来并且做了进一步完善。

(2)"5S"活动的内容和要求

整理,是指在规定的时间、地点,把作业现场不需要的物品清出去,并根据实际将保留下来的有用物品按一定顺序摆放好。

整理应达到的要求:不用的东西不放在作业现场,坚决清除干净;不常用的东西放远处(厂的库房);偶尔使用的东西集中放在车间的指定地点;经常用的东西放在作业区。

整顿,是指对整理后需要的物品进行科学、合理的布置和安全、不损伤的摆放,做到可以随时取用。整顿要规范化、条理化,提高效率,使整顿后的现场整齐、紧凑、协调。

整顿应达到的要求:物品要定位摆放,做到物各有位;物品要定量摆放,做到过目知数;物品要便于存取;工具应归类,并分规格摆放,一目了然。

清扫,是把工作场所打扫干净,对作业现场要经常进行清扫,做到没有杂物、污垢等。

清扫应达到的要求:对自己用的东西,自己清扫;对设备进行清扫的同时,要检查其是否有异常,清扫也是点检;对设备进行清扫的同时,要进行润滑,清扫也是保养;在清扫中会出现一些问题,如跑、冒、滴、漏等,要透过现象查出原因,加以解决,清扫也是改善。

清洁,是要保持没有垃圾和污垢的环境。

清洁应达到的要求:车间环境整齐、干净、美观,以利于职工保持身体的健康,增进职工劳动热情;不仅设备、工具、物品要清洁,工作环境也要清洁,烟尘、粉尘、噪声、有害气体要清除;不仅环境要美,工作人员的着装、仪表也要清洁、整齐;工作人员不仅外表美,而且精神上要"清洁",应团结向上,有朝气,相互尊重,营造一种催人奋进的气氛。清洁贵在保持和坚持。

素养,是指教养。努力提高人员的素养,使其养成良好的风气和习惯,具有高尚的道德品质,自觉执行规章制度、标准,促进人际关系的改善。加强集体意识是"5S"活动的核心。

素养应达到的要求:不要别人督促,不要领导检查,不用专门去思考,形成条件反射,自觉地去做好各项工作。

开展"5S"活动的目的是做到人、物、环境的最佳组合,使全体人员养成坚决遵守规定事项的习惯。

开展"5S"活动要坚持自我管理、勤俭办厂、持之以恒的原则。

在一些公司里,"5S"管理已经逐步发展到"7S"、"8S"甚至"10S"。"7S"的内容为整理、整顿、清扫、清洁、素养、安全、节约;"8S"增加了一个保密(secret);"10S"则又增加了服务(service)、卫生(sanitation)。

(二) 定置管理

定置管理是我国近年来从日本学习引进的一种先进的现场管理方法。它实际上是"5S"活动的一项基本内容,是"5S"活动的深入和发展。定置管理是对生产现场中的人、物、场所三者之间的关系进行科学的分析研究,使之达到最佳组合状态的一门科学管理方法。它以物在场所的科学定置为前提,以完善的信息系统为媒介,以实现人和物的有效结合为目的,通过对生产现场的整理、整顿,把生产中不需要的物品清除掉,把需要的物品放在规定的位置上,使操作者随手可得,促进生产现场管理文明化、科学化,从而实现高效生产、优质生产、安全生产。

(1) 定置管理的基本要求

定置管理要符合以下几点要求:① 进行人、物、场所的合理组合,从而提高作业效率和生产效率;② 做到工位器具标准化、规范化,为保证产品质量提供有利条件;③ 达到现场道路畅通,环境整洁,有利于保障操作人员的安全和身心健康;④ 严格按定置图定置,使现场图、物、场所、账目一致,减少多余物品的存放,做到节约、高效控制。

(2) 定置管理的程序

定置管理的基本程序如下:深入现场,调查研究,收集现场工艺及人、物、场所、信息的关系状况;对人与物的结合状态进行分析,区分出三种状态;对物与场所的关系进行分析,明确关系的状况;明确信息媒介同定置的关系;进行定置设计、定置实施、定置考核。

定置管理同"5S"活动一样是一个循环过程,通过不断开展定置管理,使生产现场管理水平不断提高。定置管理中重点管理的关系:

① 人与物的结合状态,可归纳为三种:A 状态,是指人与物能马上结合并发挥效能的状态,如操作者能立即拿到加工的工件、需要的工具,并投入生产。这是生产中的理想状态。B 状态,是指人需要花时间和气力寻找才能和物结合,不是顺利地拿到,因此,不能很快、很好地发挥作用。C 状态,是指人与物已失去联系的状态。在这种状态下人已与物品无关。通过定置管理要采取措施,消除 C 状态,分析和改进 B 状态,使之成为 A 状态,使现场的人与物都处在 A 状态的结合中。人与物的结合状态不同,结合成本不同,处于 A 状态的结合成本为"0",是该物的本来价值,其他两种状态都会增加结合成本,需要改进。

② 物与场所的关系。实现人与物的 A 状态结合,必须注意物与场所的关系,实现物与场所的合理结合。物与场所的结合问题,就是对生产现场、人、物进行作业分析和动作研究,使加工物品按生产工艺的要求科学地固定在某一位置上,达到物与场所的有效结合,缩短人取物的时间,消除重复劳动,促进人与物的最佳结合。场所本身有良好、需要改善和需要彻底改造三种状态。定置管理的任务,就是要把后两种状态转变为第一种状态。

③ 信息媒介同定置的关系。信息媒介是指在人与物、物与场所的结合过程中起着指导、控制、确认等作用的信息载体。信息媒介主要包括两类,即引导信息和确认信息。良好的定置管理,要求信息媒介达到以下要求:场所标志明显;场所设有定置图;位置台账齐全;存放物的序号、编号齐全;做到物品流动时间、数量、摆放标准化。

(3) 定置管理的设计

定置管理的设计,包括定置图、定置标准和定置前的物资准备。

定置图包括室外区域定置图,车间定置图,各作业区定置图,仓库、资料室、工具室、计量室、办公室定置图,特殊要求定置图等。

定置标准的工作内容宽、标准制定的工作量大,且是关键环节,必须做好。定置标准包括以下部分:按标准设计现场定置图;定置生产场地、通道、工具箱、物品存放区等的信息显示,如标牌、标志线等;对易燃易爆物品、消防设施、有污染的物品,要进行特别定置;定置车间、班组卫生区,并设置责任区信息牌;定置临时停滞物品区域,包括积压的半成品停滞、待安装的设备、建筑材料等,都要有明确的定置标准区域;定置垃圾、废品回收点,包括回收箱的分类标志,如各种切削箱为黄色,料头箱为红色,垃圾箱为白色,大杂物箱为蓝色,在这些箱上要设置明显的标牌;按定置图的要求清除与区域无关的物品。

在具体定置前要做好一系列的物资准备。此外,还要搞好定置设施与考核、定置管理责任制工作。

(三) 目视管理

(1) 目视管理的含义及特点

目视管理是利用形象直观、色彩适宜的各种视觉感知信息来组织现场生产活动,达到提高劳动生产率目的的一种管理方式。它是能看得见的管理。目视管理是以视觉信号显示为基本手段,以公开化为基本原则,尽可能地将管理者的要求和意图让大家都看得见,借以推动自主管理、自我控制。所以,目视管理是一种以公开化和视觉显示为特征的管理方式。

目视管理与其他管理工作相比,其特点如下:形象、直观,容易识别,简单方便,信息传递快,便于提高工作效率;信息公开化,谁都能见到,透明程度高,便于现场各方面的人员协调配合,互相监督,如有的企业每个工位上都有一个生产状况指示牌,液晶显示"正工作""正待料""正检修"等,哪个标志一亮,在车间都能看得见,出现问题,有关人员能及时加以解决;能科学地改善生产条件和环境,有利于产生良好的生理和心理效应,使生产现场工作井然有序;一切工作在一种平稳、协调的气氛下进行,职工心理稳定,工作阶段性明确。

(2) 目视管理的工作内容及要求

生产现场的目视管理以生产现场的人机系统及环境为对象,贯穿这一系统的输入、工作、输出等环节。它的主要工作内容及要求包括:① 把整个生产的情况公开化、图表化、标准化。把与生产现场密切相关的规章制度和工作标准,如现场的作业标准、操作规章、岗位责任、工艺卡片等公开地表示出来,让每个人都看得很清楚,便于执行。现场人员拿到有关标准、规章,无须询问,就知如何去做、如何处理问题。② 为配合企业开展"5S"活动、定置管理等提供有效的手段,如标志线、标志牌等,让人一目了然。③ 目视管理要形象、直观地表明生产作业过程的控制手段,进行期量、质量、成本控制。④ 使生产现场各种物品的摆放地点明确,摆放整齐。⑤ 统一规定现场人员的着装,实行每人胸前挂牌,不仅明确了每个人的工作、管理性质、责任岗位,也使得人员整齐、精神,无形中给人以动力,催人进取。⑥ 现场中使用颜色要标准化,要有利于职工的身心健康。

色彩是一种重要的视觉信息,要科学、巧妙地采用视觉信号。在进行色彩管理时,要充分考虑技术因素限制、心理因素限制及社会因素限制。如工人在强光照射的设备上工作时,设备应涂成蓝灰色,使其反射系数适度,有利于工作;危险信号用红色,给人以醒目的提示,加强警示作用。高温墙壁的颜色可以浅一些、淡一些,让人清爽适心,低温车间的墙壁可涂深一些,增加温暖的气氛。有人统计得出:色彩可以提高 7%～10% 的工作效率,减少 50% 的事故。

(四) 看板管理

看板管理是管理可视化的一种表现形式,即对数据、情报等的状况进行一目了然的表现,它主要是对管理项目,特别是情报进行的透明化管理活动。看板管理是发现问题、解决问题非常有效且直观的手段,尤其是优秀的现场管理必不可少的工具之一。

看板管理的作用有以下几个:① 展示改善的过程,让大家都能学到好的方法及技巧;② 展示改善成绩,让参与者有成就感、自豪感;③ 营造竞争的氛围;④ 营造现场活力的强有力手段;⑤ 明确管理状况,营造有形及无形的压力,以利于工作的推进;⑥ 树立良好的企业形象。

(1) MES 看板管理

随着经济发展、技术进步,汽车模具产品向着个性化、多样化方向发展,导致车间作业管理复杂多变。目前在我国汽车模具制造企业中,车间管理层面存在诸多问题,急需一种先进的管理理念和高效的系统对其进行优化管理。制造执行系统(MES)是面向车间层的实时信息系统,是连接企业计划管理层与生产控制层之间的桥梁,强调整个生产过程的优化。电子看板管理作为 MES 的核心模块,能够提高对车间生产过程的控制能力,对 MES 的构建以及整个车间作业流程的优化均具有很大的作用。

(2) MDC 看板管理

MDC 设备运行状态报告,可以显示出当前每台设备的运行状态,包括是否空闲、空闲时间、是否加工中、加工时间、状态设置、是否运行中或是否出现故障。设备综合利用率 OEE 报表,能够准确清楚地分析出设备的效率,在生产的哪个环节有多少损失,以及可以进行哪些改善工作。

MDC 系统能够提供直观、阵列式、色块化的设备实时状态跟踪看板,将生产现场的设备状况第一时间传达给相应的使用者。企业通过对工厂设备实时状态的了解,可以实现即时、高效、准确的精细化和可视化管理。

(3) 看板使用原则

在看板操作过程中应该注意以下六个使用原则:① 没有看板不能生产也不能搬运;② 看板只能来自后工序;③ 前工序只能生产取走的部分;④ 前工序按照收到看板的顺序进行生产;⑤ 看板必须和实物在一起;⑥ 不把不良品交给后工序。

本 章 小 结

企业要注意做好行业生产基础技术的积累和创新工作,在细节方面认真完成每一步骤。在生产管理技术方面更需要深入到细节中,因为生产管理本身就是细节的管理,需要注意每一数据的变化情况,在生产计划、组织、指挥、协调、控制诸方

第三章 生产管理

面做到细致、细心。通过对生产过程组织、生产作业计划及生产现场管理的相关内容的学习,能够对生产管理的规范性、专业性有较为深入的了解和认识。生产现场管理是生产第一线的综合性管理,是企业管理水平的直观反映,对现场管理的相关内容和方法值得更深入地去研究拓展。

案例分析

海尔的现代生产运作管理方式

海尔集团创立于1984年,多年来持续稳定发展,已成为在海内外享有较高美誉度的大型国际化企业集团。产品从1984年的单一冰箱发展到拥有白色家电、黑色家电、米色家电在内的96大门类15100多个规格的产品群。海尔集团是世界第四大白色家电制造商、中国最具价值品牌。海尔在全球30多个国家建立有本土化的设计中心、制造基地和贸易公司,全球员工总数超过5万人,已发展成为大规模的跨国企业集团。

一、海尔推行 JIT(准时制)生产的基础

海尔为了推行精益生产专门从精益生产的发源地——日本聘请专家,对人员进行了系统培训。在硬件上、生产设备上同样舍得投入。但除此之外,海尔成功推行精益生产并有所发展,与海尔自身不断创新的管理模式、企业文化是分不开的。海尔文化的核心是创新,创新是海尔的灵魂。海尔文化以观念创新为先导、以战略创新为方向、以组织创新为保障。海尔实施精益生产不是生搬硬套,而是结合自身实际,将应用与创新有机融合,在应用中创新,在创新中应用。

在多年的发展历程中,海尔在管理创新的道路上不断推陈出新,其中很多创新成果对精益生产的推行产生了积极作用,包括:

① OEC(overall every control and clear)管理和管理信息化是海尔推行精益生产的基础;

② SBU(strategical business unit)是海尔推行精益生产的人力资源基础;

③ 市场链业务流程再造是海尔推行精益生产的组织和流程基础。

二、海尔集团 JIT 的实施

海尔现代物流模式的核心——三个JIT。

(1) JIT 采购体系

海尔通过准时化生产的思想演变,总结出准时化采购体系,实现了把合适数量、合适质量的物品,在合适的时间供应到合适的地点。

海尔 JIT 采购管理体系的核心思想是为订单而采购,其目标是降低物流采购成本;在整个集团内部推行 VMI(供应商库存管理)模式,通过与供应商建立战略合作伙伴关系,资源互补,实现双赢。成熟、强大的 JIT 采购除了为海尔本身提供服务外,已经发展为向其他用户提供一站到位的第三方服务。

(2) JIT 配送体系

海尔利用 JIT 配送体系来提高原材料配送的效率,其指导思想是建立现代智能化的立体仓库及自动化物流中心,对库存采取 ERP(企业资源计划)物流信息管理手段进行智能控制,从而实现 JIT 配送模式。

目前,JIT 配送已经在海尔集团全面推广,通过使用电子标签、条码扫描等国际先进的无纸化办公方法,实现用现代的信息替代传统的库存,通过引入信息化技术实现物料出入库自动记账,达到按单采购、按单拉料、按单拣配、按单核算投入产出、按单计酬的目标。

(3) JIT 分拨物流体系

海尔整合集团内部的仓储、运输资源,以 42 个全国物流配送中心为基础,采用机械化、自动化操作和先进的信息化手段,创建了 JIT 分拨物流体系。通过设立成品库存管理系统、装货系统、运输系统、卸货系统等建立物流操作平台,串联生产与销售的物流,实现了统一信息化管理分拨物流,成功地执行并满足了企业内物流的需求。JIT 分拨物流体系已成为海尔物流在新经济时代下重要的竞争手段之一。

在 JIT 分拨物流体系中大力推动信息化进程,是提升企业核心竞争力的重要措施。在分拨物流体系中同步推行无线扫描管理,实现条码记账,一方面可避免人工出错,另一方面可提高工作效率;推行条码库存管理,不仅可以提高库存信息的准确性,还能够加大记录的信息量。依靠先进先出,最终实现零库存。

三、对海尔集团实施 JIT 的建议

(一) 积极转变思想观念

JIT 生产方式不仅是一种新的管理手段,也是一种与企业环境、企业文化以及管理方法高度融合的管理体系。它的思想就是杜绝一切浪费。企业应当按照 JIT 的管理思想,积极转变传统管理方法,努力适应新的管理方法,提高企业的管理水平。

(二) 实行全面质量管理

全面质量管理是实施 JIT 生产的重要途径。全面质量管理包括产品生产的质量管理和全体员工参与的全员管理。这种全员参与,使企业的每一个部门、每一个员工都注意提高自己的工作质量,提高产品质量,而且通过员工培训,使质量观念深入人心,保障全面质量工作的进行。

(三) 建立合理化建议制度和健全的考核标准

JIT 重视人的因素,强调全员参与,认为企业的基层员工最了解管理中出现的问题。因此首先应该由他们提出解决方案。企业认可和采纳员工的意见,这不仅是对员工的尊重,而且员工的意见也会获得员工的支持。对于员工的高质量的合理化建议,企业应给予比较高的物质奖励。这样可以调动员工参与的积极性。在绩效考核方面,制定相应的考核标准,针对员工在实施 JIT 时的表现来实行不同的奖惩措施。这样可以进一步调动大家的工作积极性,保证生产经营活动的顺利进行。

(四) 企业加强与供应商的联合

JIT 生产方式对企业选择和控制供应商提出了很高的要求。工业企业必须加强在 JIT 环境下的采购管理。JIT 要求供应商必须在规定的时间,按照规定的质量和数量,生产原材料或零部件。企业与供应商应及时交换生产信息,使双方可以随时了解对方的生产计划,据此制定自己的生产计划,确保 JIT 采购有秩序、有步骤地进行。双方建立了一种长期信任的关系,就可以做到 JIT 式的交货,减少库存。

现在海尔在全集团范围内已经采用了 CIMS(计算机集成制造系统),生产线可以实现不同型号产品的混流生产。为了使生产线的生产模式更加灵活,海尔有针对性地开发了 EOS 商务系统、ERP 系统、JIT 三定配送系统等六大辅助系统。正是因为采用了这种柔性制造系统,海尔不但能够实现单台计算机客户定制,还能同时生产千余种配置的计算机,并可以实现 36 小时快速交货。

(五) 零距离、零库存——零运营成本

海尔认为,企业之间的竞争已经从过去直接的市场竞争转向客户的竞争。传统管理方式下的企业是根据生产计划进行采购,由于不知道市场在哪里,所以是为库存采购,企业里有许许多多"水库"。海尔现在实施信息化管理,通过三个 JIT 打通这些"水库",将其变成一条流动的河,不断地流动。JIT 采购就是按照计算机系统的采购计划,需要多少,采购多少。JIT 送料是将各种零部件暂时存放在海尔立体库中,然后由计算机进行配套,把配置好的零部件直接送到生产线上。海尔在全国各地建有物流中心系统,无论在全国什么地方,海尔都可以快速送货,实现 JIT 配送。海尔用及时配送的时间来满足用户的要求,最终将消灭库存的空间,向零运营成本目标迈进。

习 题

1. 简述"5S"活动的内容。
2. 分析比较平行移动方式、顺序移动方式和平行顺序移动方式各自的优缺点。
3. 某企业生产 A、B、C 三种产品,各产品在机加工车间铣床组的计划台时定额分别为 20、25、15 台时,铣床组共有铣床 25 台,两班制生产,每班工作 8 小时,年制度工作时间为 254 天,设备停修率为 5%。如以 A 为代表产品,计划产量见下表:

产品名称	计划产量/台	单位产品铣床台时定额/台时
A	2000	20
B	1000	25
C	1200	15

要求：(1)计算该企业以代表产品 A 所表示的铣床组生产能力；
(2)计算该企业以代表产品 A 所表示的总产量。

4.某企业成批生产一种产品,装配车间在十月初已累计投入 100 号,累计产出 80 号,根据生产计划的要求,十月份装配车间累计产出达到 160 号,平均日产量 2 台,装配生产周期为 10 天,装配车间的批量是 20 件。装配车间的前一车间是机加工车间,机加工车间的产出提前期为 30 天,投入提前期为 60 天,机加工车间的批量是 40 套,试计算机加工车间的投入、产出累计号及装配车间十月份的计划投入、产出任务量。

5.某企业生产 A、B、C 三种产品,各产品在机加工车间锻床组的计划台时定额分别为 20、10、15 台时,锻床组共有锻床 20 台,三班制生产,每班工作 8 小时,年制度工作时间为 250 天,设备停修率为 5%。如以 B 为代表产品,计划产量见下表：

产品名称	计划产量/台	单位产品锻床台时定额/台时
A	1000	20
B	2000	10
C	1200	15

要求：(1)计算该企业以代表产品 B 所表示的锻床组生产能力；
(2)计算该企业以代表产品 B 所表示的总产量。

第四章　人力资源管理

学习目标

1. 了解人力资源的概念、特征及作用。
2. 掌握人力资源管理的主要内容与原则。
3. 掌握人力资源管理的规划、培训与开发。
4. 了解薪酬管理与绩效管理的区别。
5. 了解劳动合同的相关内容。

第一节　概　　述

通用汽车公司前总裁史龙·亚佛德说过："你可以拿走我全部的资产,但是你只要把我的组织人员留下来给我,5年内我就能够把所有失去的资产赚回来。"宝洁公司总裁也说:"假若你拿走了宝洁的人才,却留下了金钱、厂房和产品,宝洁将会失败;假若你拿走了宝洁的金钱、厂房和产品,留下了人才,宝洁将在10年内重建王国。"这深刻地说明了一个道理:在企业的各种要素和资源中,人是最宝贵的。人类进入21世纪,企业价值的创造、传播、分享、应用与增值等领域都离不开人的管理和开发,人力资源的核心作用凸显。对任何组织来说,拥有优秀的员工是组织成功的关键。当然,优秀的员工并不一定是最好的员工。优秀的员工是适合组织战略目标,接受并内化组织价值观和组织文化,拥有出色完成本职工作的技能和品质的员工。不仅如此,组织中的员工还是组织业绩、问题、成长、阻力和诉讼的产生之源。

20世纪60年代,西奥多·舒尔茨提出了人力资本理论,之后越来越多的经济学家都认识到人力资源作为第一资源的作用和意义,它成为企业、国家和社会财富的根本源泉。21世纪,人类进入知识经济时代。在这样一个日新月异的社会,人力资源的作用更发挥着无与伦比的作用。到底什么是人力资源,人力资源与其他资源相比,具有什么与众不同的特征呢?

一、人力资源及其特征

人力资源一般泛指能够作为生产要素投入经济活动中的劳动力的数量。从微观的角度来看,企业人力资源是指可以利用并且能够推动企业发展的具有智力工作和体力工作能力的员工数量的总和。人力资源与物质、信息资源相对应,构成企业人力资源。然而,人力资源是一种特殊的资源,具有自身的特征,如图4-1所示。

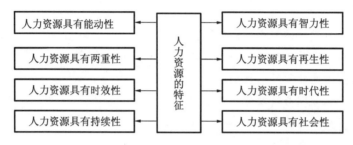

图4-1 人力资源的特征

(1) 人力资源的能动性

人力资源的能动性是人力资源区别于其他资源的根本所在。许多资源在其被开发的过程中完全处于被动的地位,人力资源则不同,它在被开发的过程中具有能动性。这种能动性主要表现在:① 人的自我强化,即人通过学习能提高自身的素质和能力;② 可选择职业,人力资源通过市场来调节,选择职业是人力资源主动与物质资源结合的过程;③ 能积极劳动,这是人力资源能动性的主要方面,也是人力资源发挥潜能的决定性因素。

(2) 人力资源的两重性

人力资源既是投资的结果又能创造财富,它具有既是生产者又是消费者的两重性。

(3) 人力资源的时效性

人力资源存在于人的生命之中,它是一种具有生命的资源,其形式、开发和利用都要受到时间的限制。

(4) 人力资源的持续性

人力资源在使用后还能继续开发,使用过程也是开发过程,而且这种开发具有持续性。

(5) 人力资源的智力性

人不仅具有能动性,而且拥有丰富的知识与智力。一方面,人力资源的这种知识、智力性表明人力资源具有巨大的潜力。另一方面,人的智力具有继承性,这使得人力资源所具有的劳动能力随着时间的推移,还能得到积累、延续和增强。

(6) 人力资源的再生性

经济资源可以分为可再生性资源和非再生性资源两大类。非再生性资源是不能靠自身机制恢复的资源,其特点是在使用中可耗尽,如矿藏;可再生性资源是在开发和使用过后,只要保持必备的条件,可以再生的资源。人力资源是基于人口的再生产和社会的再生产过程,通过人类中的每个个体的不断替换更新和劳动力"消耗→生产→再消耗→再生产"的过程实现的。人的再生产性除受生物规律的支配外,还受到人类自身意识的支配。意识的支配,受到人类文明发展的影响,受到新科技革命的制约。

(7) 人力资源的时代性

人是构成人类社会活动的基本前提。一个国家的人力资源,在其形成过程中受到时代条件的制约,即使在同一个国家、同一个省份、同一个城市,也会因社会经济发展水平不同,使人力资源的质量不同。

(8) 人力资源的社会性

由于每一个民族(团体)都有自身的文化特征,每一种文化都是一个民族(团体)的共同价值取向,但是这种文化特征是通过人这个载体表现出来的。由于每个人受自身民族文化和社会环境的影响不同,其具有的价值观也不相同。在生产经营活动以及与人交往等社会性活动中,个人的行为可能与民族(团体)文化所倡导的准则发生矛盾,可能与他人的行为准则发生矛盾,这就要求人力资源管理者注重团队的建设,注重人与人、人与群体、人与社会的关系及利益的协调与整合,倡导团队精神和民族精神。

二、人力资源在现代管理中的作用

人力资源的性质或特点决定了人力资源管理在企业中的作用和地位。人是一切社会活动的主体,是最宝贵的资源,对人力资源的管理始终是管理的重要组成部分。现代管理大师彼得·德鲁克(P. Drunker)曾经说过:"企业只有一项真正的资源——人。"人力资源的作用表现在以下三方面。

(1) 人力资源是企业最重要的资源

人对社会的价值主要表现在他的劳动能力上。劳动能力不能脱离人的健康肌体而存在,因此,一个具有企业所需的职业能力、身体健康、有主动的工作精神和创新意识、能力与企业相适应的人,就成为企业最重要的资源之一。

(2) 人力资源是创造利润的主要来源

我们知道,商品的价值是由两个性质不同的主要部分构成的:一部分是"转移价值",另一部分是"附加价值"。"转移价值"是指在商品构成的过程中"采购"过来的部分,如材料、能源、机器、厂房等生产要素。这些生产要素在商品的价值构成中不会增加价值,而只能将其原价值转移到商品的价值中。因此,它们不会产生利润。但是"附加价值"对企业的意义就不同了,它是商品价值与其转移价值的差额部分。这部分价值基本上是由劳动创造(附加)的,它才是利润的真正来源。由于人力资源(资本)具有低投入高产出的特征,因此人力资源的重要性已被广泛认识。

(3) 人力资源是一种战略性资源

人力资源是一种战略性资源。对人力资源的管理往往关系到一个企业的生存和可持续发展问题。随着知识经济时代的到来,社会经济的发展已经减弱了企业化时代对财力资源、物力资源和劳动者体力的依赖,而增强了对劳动者知识的依赖。因此,人力资源,特别是拥有高科技产业发展相关知识的人才,已成为21世纪最重要的、具有战略意义的资源。员工的价值在于其知识、技能有很大的开发空间,并且这些知识、技能能够在工作中充分发挥出来,为企业带来利润。人力资源的这种价值是其他任何生产要素所无法代替的。企业员工的知识和技能被视为企业的竞争力。

三、人力资源管理的内容

人力资源管理,是指在经济学与人本思想指导下,通过招聘、甄选、培训、报酬等管理形式对组织内外相关人力资源进行有效运用,满足组织当前及未来发展的需要,保证组织目标实现与成员发展的最大化的一系列活动的总称。具体就是预测组织人力资源需求并做出人力需求计划、招聘选择人员并进行有效组织、考核绩效支付报酬并进行有效激励、结合组织与个人需要进行有效开发以便实现最优组织绩效的全过程。人力资源管理的主要内容包括:人力资源规划、职务分析、招聘录用、培训与开发、绩效管理、薪酬与福利、劳动关系、劳动安全与卫生八个方面。

(1) 人力资源规划

人力资源规划是系统地、全面地分析和确定组织人力资源需求工作的过程,以确保组织在需要时能够得到一定数量和质量的员工满足组织现在及将来各个岗位的需要。在制定人力资源规划时首先要评估组织的人力资源现状及其发展趋势,收集和分析人力资源供求信息和有关资料,预测人力资源发展的趋势,结合实际制定组织的人力资源使用、培训和发展规划。

(2) 职务分析

职务分析也称为工作岗位分析或岗位分析,是全面了解一项具体工作或职务的管理活动。职务分析的基础是职务设计,职务设计决定组织内如何进行专业分工和任务分解,决定不同职位的权限、职责和职能范围。职务分析是对组织中各个工作职位的特征、规范、要求和任务流程,以及能够胜任该职位的人的素质、知识、技能的要求进行描述,形成工作描述和工作说明书。

(3) 招聘录用

招聘录用包括招聘、筛选和录用三个部分。招聘是指根据人力资源规划和职务分析的要求,为组织获得所需的人力资源的过程。筛选是指组织辨别求职者是否具有帮助组织达成目标所必需的知识、技能、能力以及其他性格特征的一个过程。录用是指职位候选人在通过筛选后,接受背景调查及办理正式进入单位前的入职程序等过程。组织能否招聘录用到满足工作需要的人才,直接关系到企业的生存发展。

(4) 培训与开发

培训是指组织为方便员工学习与工作有关的知识、技能以及行为而付出的有计划的努力。开发是指组织为了提高员工迎接挑战的能力而帮助他们去获得相应的知识、技能及行为,这些挑战有可能来自现有的各项工作,也有可能来自目前尚不存在但是将来可能会出现的一些工作。为了提高组织适应能力和竞争力,需要对员工进行培训与开发,使他们明确自己的任务、职责和目标,提高知识和技能,具备与实现组织目标相适应的自身素质和技术业务能力。

(5) 绩效管理

绩效管理是指为实现组织的发展战略目标,采用科学的方法,通过对员工个人或组织的综合素质、态度行为和工作业绩的全面检测分析与考核评价,不断激励员工,充分调动员工的积极性、主动性和创造性,挖掘其潜力的过程。其中,绩效考评是绩效管理中的一个重要环节,是绩效管理系统运行的重要支撑点。

(6) 薪酬与福利

薪酬是指员工为组织提供劳动而得到各种货币与实物报酬的总和,包括工资、奖金、津贴、提成工资等。它是组织吸引和留住人才,激励员工努力工作,发挥人力资源效能最有力的手段之一。福利是指组织向员工提供的除工资、奖金之外的各种保障计划、补贴、服务以及实物报酬。人力资源管理要从员工的资历、职级、岗位及实际表现和工作绩效等方面来考虑制定相应的、具有吸引力的工资报酬标准和制度,并安排养老金、医疗保险、工伤事故保险、节假日等福利项目。

(7) 劳动关系

劳动关系是劳动者与用人单位在劳动过程中发生的关系,也称为劳资关系。人力资源管理涉及劳动关系的各个方面,如劳动时间、劳动报酬、劳动保护、劳动争议等。劳动关系是否健康和融洽,直接关系到人力资源管理活动能否有效的展开。

(8) 劳动安全与卫生

用人单位要依法实施各种劳动保护制度,确保劳动者在生产过程中的安全和身心健康,防止和消除职业危害。

以上人力资源管理的各项内容,是按照一定的程序进行的,各个环节之间是互相关联的。没有人力资源规划,也无须进行职务分析;没有职务分析,也就难以进行有针对性的员工招聘录用;在没进行人员配置之前,不可能进行员工培训;不经过员工培训,就难以保证员工到职后能胜任工作;员工不胜任工作,对员工的绩效考核就没有意义。对于正在运行中的企业,人力资源管理可以从任何一个环节开始。但是,无论从哪个环节开始,都必须形成一个系统,就是说要保证各个环节的连贯性和系统性。否则,企业人力资源管理就不可能有效地发挥作用。

四、人力资源管理的原则

人力资源管理要做到人尽其才,才尽其用,人事相宜,最大限度地发挥人力资源的作用。如何实现科学合理的配置是人力资源管理长期以来亟待解决的一个重要问题。对企业人力资源进行有效合理地配置必须遵循如下的原则。

(1) 能级对应原则

合理的人力资源配置应使人力资源的整体功能强化,使人的能力与岗位要求相对应。企业岗位有层次和种类之分,它们占据着不同的位置,处于不同的能级水平。每个人也都具有不同水平的能力,在纵向上处于不同的能级位置。岗位人员的配置,应做到能级对应,即每一个人所具有的能级水平与所处的层次和岗位的能级要求相对应。

(2) 优势定位原则

人的发展受先天素质的影响,更受后天实践的制约。后天形成的能力不仅与本人的努力程度有关,也与实践的环境有关,因此人的能力的发展是不平衡的,其个性也是多样化的。每个人都有自己的长处和短处,有其总体的能级水准,同时也有自己的专业特长及工作爱好。优势定位的内容有两个方面:一是指人自身应根据自己的优势和岗位的要求,选择最有利于发挥自己优势的岗位;二是指管理者也应将人安置到最有利于发挥其优势的岗位上。

(3) 动态调节原则

动态调节原则是指当人员或岗位要求发生变化的时候,要适时地对人员配备进行调整,以保证始终使合适的人工作在合适的岗位上。岗位或岗位要求是在不断变化的,人也是在不断变化的,人对岗位的适应也有一个实践与认识的过程,由于种种原因,使得能级不对应,用非所长的情形时常发生。因此,如果采取一次定位,一职定终身,既会影响工作又不利于人的成长。能级对应、优势定位只有在不断调整的动态过程中才能实现。

(4) 内部为主原则

一般来说,企业在使用人才,特别是高级人才时,总觉得人才不够,抱怨本单位人才不足。其实,每个单位都有自己的人才,问题是"千里马常有",而"伯乐不常有"。因此,要在企业内部建立起人才资源的开发机制和使用人才的激励机制。这两个机制都很重要,如果只有人才开发机制,而没有激励机制,那么本企业的人才就有可能外流。从内部培养人才,给有能力的人提供机会与挑战,营造紧张与激励气氛,是促成公司发展的动力。但是,这也并非排斥引入必要的外部人才。当确实需要从外部招聘人才时,就不能"画地为牢",死死地扣住企业内部,而应积极地吸收外部的优秀人才。

（5）公平竞争原则

把竞争机制引入人力资源管理，是保证企业获得优秀人才的必要条件，也是激励员工提高自身素质和工作积极性的重要手段。竞争必须在公平的基础上才能产生应有的激励作用。在人力资源管理中，公平竞争反映在很多方面，如企业各类人员的录用，要在严格的基础上，择优录用；人事任用上要做到选贤能，德才兼备，避免任人唯亲；用人要做到用人不疑，在合理任用的基础上，要信任下级；各类人员的晋升与奖惩，要以客观工作实际为主要依据；等等。

五、人力资源管理的目标

企业人力资源管理是对企业的人力资源规划、招聘、培养、使用及组织等各项管理工作的总称。

在科学技术迅速发展及市场竞争的强大压力下，越来越多的企业认识到，竞争将日益表现为人才的竞争，企业的成功将越来越依靠更好地吸引、留住和激励有用的人才，因而企业的人力资源管理对企业越来越具有战略性的意义。有效的人力资源管理能够吸引人才，可充分发挥人的潜能，提高劳动力的素质，促进生产力的发展，提高企业的经济效益。

企业人力资源管理的目标是：探索最大限度地利用人力资源的规律和方法，正确处理和协调经营过程中的人与人的关系，人和事、人和物的关系，使人与人、人与事、人与物在时间和空间上达到协调，实现最优组合，做到人事相宜，人尽其才，才尽其用，充分调动人的积极性，实现企业的经营目标。

第二节 人力资源规划与人员的招聘录用

一、人力资源规划

在企业的经营战略或经营活动发生变化时，人力资源管理常常会面临这样一些问题：企业的组织结构和人员结构是否会发生变化？企业需要多少员工？这些员工应该具备哪些知识、技能和经验？企业现有的人员能否满足这种需要？是否需要对现有人员进行进一步培训？是否需要从企业外部招聘人员？能否招聘到企业需要的人员？何时招募？企业应该制定怎样的薪酬政策以吸引外部人员和稳定内部的员工？当企业人力资源过剩时，有什么好的解决办法？等等。面对变化时，企业的人力资源管理不能是一种被动的管理，而应做到未雨绸缪。人力资源规划就是一个有效的工具。

(一) 人力资源规划的内容

人力资源规划可分为战略规划和策略规划。战略规划阐述了人力资源管理的原则和目标;策略规划则重点强调了具体每项工作的实施计划和操作步骤。人力资源规划主要包括以下内容。

(1) 总计划

人力资源规划的总计划阐述人力资源计划的总原则、总目标、总方针。

(2) 职务编制计划

根据组织发展计划,结合职务分析报告的内容,制订职务编制计划。职务编制计划阐述了组织结构、职务设置、职务描述和职务资格等内容。制订职务编制计划的目的是描述组织未来的组织职能规模和模式。

(3) 人员配置计划

根据组织发展规划,结合组织人力资源盘点报告,来制订人员配置计划。人员配置计划阐述了组织每个职务的人员数量、人员的职务变动、职务人员空缺的数量等。制订人员配置计划的目的是描述组织未来的人员数量和素质构成。

(4) 人员需求计划

通过总计划、职务编制计划、人员配置计划可以得出人员需求计划。人员需求计划中应阐明需求职务名称、人员数量、希望到岗时间等。

(5) 人员供给计划

人员供给计划是人员需求计划的对策性计划,主要阐述人员供给方式(外部招聘、内部招聘等)、人员内部流动政策、人员外部流动政策、人员获取途径和获取实施计划等。通过分析劳动力人数、组织结构和构成、人员流动、年龄变化和录用等材料,就可以预测出未来某个特定时刻的人员供给情况。预测结果勾画了组织现有人力资源状况以及未来在流动、退休、淘汰、升职及其他相关方面的发展变化情况。

(6) 培训计划

为了提升组织现有员工的素质,适应组织发展的需求,对员工进行培训是非常重要的。培训计划包括了培训政策、培训需求、培训形式、培训的考核内容等。

(7) 人力资源管理政策调整计划

调整计划中应明确计划期内的人力资源政策的调整原因、调整步骤和调整范围等。其中包括招聘政策、绩效考核政策、薪酬与福利政策、职业生涯规划政策、员工管理政策等。

(8) 编制人力资源部门费用预算

人力资源部门费用预算主要包括聘用费用、培训费用、福利费用等费用预算。

(9) 关键任务的风险分析对策

每个组织在人力资源管理中都有可能遇到风险,如招聘失败、新政策引起员工的不满等,这些事件很可能会影响公司的正常运转,甚至会对公司造成致命的打击。风险分析对策是通过风险识别、风险估计、风险监控等一系列活动来防范风险的发生的。

(10) 人力资源战略规划的期限

人力资源规划的期限是短期(1 年)、中期(3~5 年),还是长期(5~10 年),一般来说要与企业总体规模相一致。它主要取决于企业所处环境的确定性、稳定性以及对人力资源素质的要求。通常,经营环境不确定,或人力资源素质要求低,随时可以从劳动力市场上补充时,可以以短期规划为主;相反,若是经营环境相对确定和稳定,而对人力资源素质要求较高,补充比较困难时,就应当制定中、长期规划。

(二) 人力资源规划的作用

(1) 确保企业在生存发展中对人力资源的需求

不同的企业,不同的生产技术,对人力资源的数量、质量等要求是不一样的。特别是当今企业所处的环境经常发生变化,企业要想在激烈的环境中立于不败之地,就必须对其所拥有的人力资源进行必要的调整,以适应内外部环境的变化。企业如果不对企业在各个发展阶段的人力资源需求进行预测,提前做好准备,就会出现人力短缺的现象,影响企业正常的生产。企业通过人力资源规划,可以减少企业在发展中出现的人力供求不平衡的现象,保证企业对人力的需求。

(2) 可以使人力资源管理有序化

在企业日常的人力资源管理活动中,无论是确定各种岗位上人员的供求,还是职务的设计和人员的配置,不通过人力资源规划是很难实现的。如果没有人力资源规划就会使企业用人缺乏计划性或过于随意,危及企业的长期发展。人力资源规划是企业人力资源管理具体活动的依据,它为企业组织的人员录用、晋升、培训、人员调整以及人工成本的控制等提供了准确的信息和依据,从而使企业人力资源管理活动走向科学化、有序化。

(3) 有助于实现企业内部人力资源合理配置

人力资源规划着眼于发掘人力资源的潜能,谋求改进人员结构、提高人员素质,从而改变人力资源配置上的浪费和低效现象。好的人力资源规划,能使企业保持合理的人员结构、年龄结构及工资结构,不会有断层的压力和冗员的负担,从而提高人力资源管理的效益。

(4) 有利于满足企业员工的需求及调动员工的积极性与创造性

人力资源规划展示了企业未来的发展机会,充分考虑了员工个人的职业生涯发展,这就使员工对自己可以得到满足的需求心中有数。这样,当企业能提供与员工自身的需求基本相符的条件时,员工就会努力追求。组织中的成员可参照企业的人力资源规划来设计自己的发展道路,这对于调动企业员工的积极性和创造性是非常有益的。

二、人员的招聘录用

员工招聘与选用工作是一个复杂、完整而又连续的程序化操作过程。完善的招聘与选用工作程序是企业人力资源管理的经验总结,也是企业做好招聘与选用工作的保证。要做好员工的招聘与选用工作,首先要了解这项工作的具体操作程序。从实践的有效性与成功的可能性来讲,招聘与选用员工没有固定不变的程序,各企业可以根据自己空缺职位的具体要求,自行决定采用适合自身发展状况的程序。一个具有普遍意义且被较为广泛采用的员工招聘与选用程序如图 4-2 所示。在招聘录用过程中需要遵循的原则和实施的途径如下。

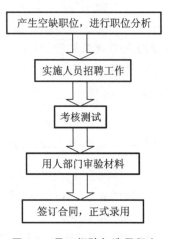

图 4-2 员工招聘与选用程序

(1) 招聘的原则

① 因事择人。企业应根据人力资源计划进行招聘,无论多招了人还是招错了人,都会给企业带来很大的负面影响。除了人力成本增加、效率低等看得见的损失外,由此导致的人浮于事,还会不知不觉地对企业文化造成不良的影响,并降低企业的整体效率。

② 公开。招聘信息、招聘方法应公之于众,并且公开进行。这样做,一方面可将录用工作置于公开监督之下,以防止不正之风;另一方面,可吸引大批的应聘者,从而有利于招聘到一流人才。

③ 平等竞争。对所有应聘者应一视同仁,不得人为地制造各种不平等的限制。要通过考核、竞争选拔人才。静止的人才选拔,单凭领导的直觉、印象来选人,往往带有很大的主观片面性。采用"赛马"的方法,以严格的标准、科学的方法对候选人进行测评,根据测评结果确定人选,就可创造一个公平竞争的环境,这样既可以选出真正优秀的人才,又可激励其他人员积极向上。

④ 用人所长。在招聘中,必须考虑有关人选的专长,量才使用,做到人尽其才、事得其人,这对应聘者个人以及企业都十分重要。

(2) 招聘的途径

人员招聘就是通过各种途径和方法获取候选人的过程。

人员招聘的目标,就是要吸引尽可能多的人来应聘。人员招聘的途径不外乎两个方面:内部招聘和外部招聘。内部招聘是指公司将职位空缺向员工公布并鼓励员工竞争上岗,如中国移动就采用这种招聘方式。对于大型企业来说,进行内部招聘有助于增强员工的流动性,同时由于员工可以通过竞聘得到晋升或者换岗,因此这也是一种有效的激励手段,可以提高员工的满意度,留住人才。外部招聘是指企业将职位空缺向社会公布,然后进行考核录用的招聘方式。外部招聘的形式有:现场招聘(招聘会和人才市场)、网络招聘、校园招聘、传统媒体广告、人才介绍机构、员工推荐等。一般认为招聘都是对外的,而事实上,企业内部人员也是空缺岗位的后备人员,而且有越来越多的企业开始注重从内部招聘人员。

内部招聘与外部招聘基本上是互补的,它们的差异如表 4-1 所示。从表中可以看到内部招聘与外部招聘各有优缺点,需要管理者对企业的发展与岗位的要求有准确的把握。

表 4-1　内部招聘与外部招聘的差异

差异	内部招聘	外部招聘
优点	① 了解全面,准确性高; ② 可以鼓舞士气,奖励员工; ③ 应聘者可更快适应工作; ④ 使组织培训得到回报; ⑤ 选择费用低	① 人员来源广,选择余地大,有利于招聘到一流人才; ② 新员工能带来新思想、新方法; ③ 当内部有多人竞争而难以做出决策时,向外部招聘可在一定程度上平息或缓和内部竞争之间的矛盾; ④ 人才现成,节省培训投资; ⑤ 激励老员工保持竞争力,发展技能
缺点	① 来源局限于企业内部,水平有限; ② 容易造成"近亲繁殖"; ③ 可能因操作不公或员工心理原因造成内部矛盾	① 不了解企业情况,进入角色慢; ② 对应聘者了解少,可能招错人; ③ 内部员工得不到机会,积极性可能受到影响; ④ 增加搜寻成本

第三节　人力资源的培训与开发

一、人力资源培训与开发的必要性

企业以各种方式挑选、录用员工的根本目的在于保证企业生产和经营的不断发展。但是,企业所选聘的员工是否适合工作岗位、能否人尽其才、企业能否留住人才、员工能否适应企业不断发展的需要,都需要企业通过员工培训与开发工作才能实现。而企业又总是处在不断变化的社会经济技术环境中,为适应外部环境的变化,企业需要不断地进行调整。因此,不仅新员工需要培训,企业的老员工同样需要通过培训及开发来更新知识、转变态度、提高技能。培训是为员工、为组织不断注入新的血液,以利于组织在不断创新中发展壮大的一种重要手段。不仅要为失误而培训,也要为绩效而培训,除了为生存而培训,更要为发展而培训。

员工培训与开发是组织对其员工学习的投资,"培训是投资,而非消费"。这种由"培训成本"到"投资"观念的转变,预示着人们开始用长期的、战略性的眼光来看待企业的员工培训与开发,同时也意味着学习将成为企业的战略性考虑。更重要的是,对员工学习的投资是企业创造内部劳动力市场的一条途径,而且以逐渐提升员工技能为目标的培训与开发政策也减少了组织对外部技能资源的依赖性。

企业间的竞争是人才竞争。企业的核心竞争力是一个企业赖以生存和发展的最重要的因素,而企业的核心竞争力中最不易让别人模仿和学习的部分是人力资源和企业文化的优势。人力资源和企业文化的优势是靠员工培训和开发来获取并保持的。如果企业在培训观念方面超前于同行业,在培训的方法、技巧上领先于竞争对手,企业就将在培训这种特殊的竞争领域里占有相对优势,并由此为企业的竞争与发展奠定良好的基础,积累一定的竞争优势与发展优势。

二、人力资源培训与开发的原则

企业实施培训开发活动时,只有遵循以下六项基本原则,才能充分发挥培训开发的作用并保证其效果。

(一) 适应战略规划要求原则

战略和规划作为企业的最高经营纲领,对企业各方面的工作都具有指导意义。企业人力资源配置适应战略要求主要有两种形式。

① 企业按照战略对人才的要求引进"短缺人才",以此提高人力资源适应战略的水平。

② 按照战略要求企业依靠强大的培训开发系统自行培养所需人才。这种培训开发的力度取决于人力资源现状与企业未来战略对人才素质要求的差距。

这两种形式也可以并用。培训开发作为人力资源管理系统的一个组成部分,自然也要服从和服务于企业的战略和规划。企业经营战略在很大程度上影响培训的类型(个体、团队、特定群体、全体员工)、数量及培训所需要的资源(资金、培训者的时间、培训项目开发)。企业经营战略对培训策略的要求如表4-2所示。

表 4-2 企业经营战略对培训策略的要求

	战略要点	战略要求	关键事项	培训重点
集中战略	提高市场份额；减少运营成本；开拓并维持市场定位	提高产品质量；提高生产率或革新技术流程；按需要制造产品或提供服务	技术交流；现有劳动力的开发	团队建设；交叉培训；特殊项目培训；人际交往技能培训；在职培训
内部成长战略	市场开发；产品开发；革新；合资	销售现有产品；增加分销渠道；拓展全球市场；调整现有产品；创造新的或不同的产品；通过合伙发展壮大	创造新的工作任务；革新	文化培训；培养创造性思维和分辨能力；工作中的技术能力；对管理者进行的反馈与沟通方面的培训；冲突调和技巧培训
外部成长战略	兼并	横向联合；纵向联合	整合富余人员；重组	判断被兼并公司的员工的能力；整合培训系统；公司重组的方法和程序；团队建设
紧缩投资战略	节约开支；转产；剥离；债务清算	降低成本；减少资产；创造利润；重新制定目标；卖掉全部资产	效率；裁员与分流	管理变革、目标设置、时间管理、压力管理、交叉培训；领导技能培训；人际沟通方面的培训；寻找工作技能的培训

培训开发工作的实施，应当从企业战略的高度出发来进行，决不能将两者割裂开来，就培训开发来谈培训开发，这也是很多企业在进行培训开发时最容易忽视的一个问题。

(二) 目标原则

目标对人们的行为具有明确的导向作用，因此在培训开发的过程中也应该贯彻目标原则。在培训之前为受训人员设置明确的目标，不仅有助于在培训结束之后进行培训效果的衡量，而且更有助于增强培训的效果，使受训人员可以在接受培训的过程中具有明确的方向和一定的学习压力。

为了使培训目标更有指导意义,目标的设置应当明确、适度,既不能太难也不能太容易,要与每个人的具体工作相联系,使受训人员感受到培训的目标来自工作但又高于工作。

(三) 差异化原则

培训开发不同于学校教育,它在普遍性的基础上更强调差异化。这里,差异化原则有以下两层含义。

(1) 内容上的差异化

由于培训的目的是要改善员工的工作业绩,因此培训的内容必须与员工的工作相关,而在企业中每个职位的工作内容都是不一样的,每个员工的工作业绩也是不同的。因此在培训时应根据员工的实际水平和所处职位确定不同的培训内容,进行个性化的培训。这样的培训开发才更有针对性。这个问题在有些企业的培训中没有引起足够的重视,虽然投入了大量的资源,但效果并不理想。

(2) 人员上的差异化

虽然培训开发要针对全体员工来实施,但这绝不意味着在培训过程中就要平均使用力量。按照"二八原则"的解释,企业中80%的价值是由20%的人员创造的,加之企业资源的短缺,因此在培训中应当向关键职位进行倾斜,特别是中高层管理人员和技术人员。德国企业家柯尼希曾指出:"因为企业中领导人员的进修与培训太重要了,所以应由企业上级谨慎计划并督导其实现。"

(四) 激励原则

为了保证培训开发的效果,在培训过程中还要坚持激励原则,这样才能更好地调动员工的积极性和主动性,使他们以更大的热情参与到培训中来,增强培训的效果。这种激励的内容是广泛的,既包括正向的激励,也包括反向的激励。激励应当贯穿于整个培训的过程。例如在培训前对员工进行宣传教育,鼓舞员工学习的信心;在培训过程中及时进行反馈,增强员工学习的热情;在培训结束后进行考核,增加员工学习的压力;对培训考核成绩好的予以奖励,对考核成绩差的给予惩罚等,这些都属于激励的内容。

(五) 讲究实效原则

由于培训开发的目的在于员工个人和企业的绩效改善,因此培训应当讲求实效,不能只注重培训的形式,而忽视培训的内容。培训的内容应当结合实际工作的需要,有助于解决实际问题,提高组织绩效,注重培训成果的转化,学以致用。培训结束后企业应当创造一切有利条件帮助员工实践培训的内容,将培训和工作结合

第四章　人力资源管理

起来,真正发挥组织投资培训的作用。

(六) 效益原则

企业作为一种经济性组织,它从事任何活动都是讲究效益的,目的是以最小的投入获得最大的收益。因此,对于理性的企业来讲,进行培训开发同样需要坚持效益原则,在费用一定的情况下,要使培训开发的效果最大化;或者在培训开发的效果一定的情况下,使培训的费用最小化。

三、培训与开发的形式和方法

(一) 培训与开发的主要形式

(1) 在职培训

在职培训即通过日常工作实践锻炼和培训员工,它是指在工作现场,通过工作对员工进行的一种教育培训。在职培训主要是由工作一线的管理者上司负责开展的一项教育培训,它在非管理人员和管理人员的培训中经常使用。在职培训简便易行,是提高工作技巧和能力的有效形式。它的具体形式包括工作轮换、临时职务和委以助手职务等。

(2) 脱产培训

脱产培训是指离开工作和工作现场,由企业内外的专家和教师,对企业内各类人员进行集中教育培训。一般来讲,脱产培训的内容主要有专业培训、管理培训和特殊教育培训,如外语、计算机的培训等。脱产培训的系统性较强,能较为全面地接受理论和方法等方面的教育和训练,是提高员工工作水平和档次的主要方式之一。脱产培训采用的具体形式有:开办短期培训班;举办知识讲座;员工定期脱产轮训;选送员工到高等院校接受正规教育等。

员工培训既要重视对企业自身教育资源的利用,同时又要重视企业外培训资源的挖掘,要善于借助"外脑"。在这个问题上,彼得·德鲁克提出了他的忠告:"许多大公司目前都在建立内部的教育设施,但我建议要小心为妙。因为内部训练通常有强调及强化固定观点的毛病。为了开阔视野、质疑通俗的信念、养成组织性的抛弃习惯,最好是让员工面对多元事物及多方挑战。为了这些目的,经理人应该接触为不同公司工作、以不同方法办事的人。"

(二) 培训与开发的方法

在培训开发中常用的方法有言语讲授法、案例研讨或案例讨论法、视听法、学徒制、情景模拟,以及近些年得到广泛运用的拓展训练、培训游戏等。组织应根据自身的特点和不同员工、不同类型的培训选择最合理的方法。

(1) 言语讲授法

言语讲授是一种传统的又是培训中应用最普遍的方法。但言语讲授绝不仅仅只是教师讲、学员听的方法,它应该把教师的言语讲授与学员的有意义学习结合起来。因此这种方法更确切地应该称为"言语讲授和有意义学习教学法",简言之,是言语讲授法和有意义学习法二者有机结合的教与学的方法。言语讲授法,是教师通过言语将培训内容以定论的形式直接传授给学员的方法。有意义学习法,是学员通过认知结构中原有观念对学习内容加以同化的方法。

(2) 案例研讨或案例讨论法

案例就是一个对实际情境的描述,在这个情境中,包含有一个或多个疑难问题,也可能包含有解决这些问题的方法。案例法可以界定为通过对一个具体问题情境的描述,引导学员对这些特殊情境进行讨论的一种培训方法。在一定意义上它是与讲授法相对立的。

(3) 视听法

视听法就是将培训内容以幻灯片、影片、录像、录音、电视等视听材料的形式进行传播的方法。

(4) 学徒制

在古代社会中,学徒制是一种培养手工艺人最常用的方法。在现在来说,学徒制也是企业中用来培养生产一线员工的主要方法之一。它的特点就是由一位经验丰富的师傅负责帮带一名或几名新来的员工。学徒制的时间依工作类别的不同而不同,短则半年,长可达两三年。学徒制往往能在师傅和徒弟之间建立起深厚的感情,这是其他的培训方法所不具备的。学徒制还是在职培训中常用的一种方法。

(5) 拓展训练

拓展训练是经过精心设计的一系列体验式课程活动,旨在通过受训学员的亲身参与,感受其中的人际关系、信任、配合等团队形成过程中不可缺少的各种体验与技巧。通过自我发现、自我激励、自我超越,最终达成整个团队的成长与突破的目的。

第四节　绩效管理与薪酬管理

一、绩效管理

(一) 绩效的含义

对于绩效有多种理解。有人认为,绩效应当着眼于工作结果,是个体或群体劳动的最终成绩或贡献;也有人认为,绩效既应当考虑员工的工作业绩,也应当考虑员工的工作过程和行为方式,绩效是员工与客观环境之间有效互动的结果。笔者认为,绩效是个体或群体工作表现、直接成绩、最终效益的统一体,绩效考评就是以工作目标为导向,以工作标准为依据,对员工的行为及结果进行综合管理,目的是确认员工的工作成效,改进员工的工作方式,奖优罚劣,提高工作效率和经营效益。

绩效受多种因素影响,是员工个人素质和工作环境共同作用的结果。这些因素包括:技能、激励、环境和机会。绩效与这些因素的关系可以表示为

$$P = f(s, o, m, e)$$

式中:P(performance)——绩效;

s(skill)——技能;

o(occasion)——机会;

m(motivation)——激励;

e(environment)——环境;

f——函数关系。

技能指员工本身的工作能力,是员工的基本素质。激励指员工的工作态度,包括工作积极性和价值观等各种因素。以上两方面是主观原因,是影响绩效的主要因素;环境是指员工进行工作的客观条件,包括物质条件、制度条件、人际关系条件等。机会则是指可能性或机遇,主要由环境的变化提供。这两方面是影响绩效的客观原因,是绩效状况的外部制约因素。了解影响绩效的相关因素,对绩效管理有重要的启发作用。

(二) 绩效管理

绩效管理是综合管理组织和员工绩效的系统。绩效管理是在管理者与员工之间就目标与如何实现目标达成共识的基础上,通过激励和帮助员工取得优异绩效从而实现组织目标的管理方法。绩效管理的目的是通过激发员工的工作热情、提高员工的能力和素质,以达到改善公司绩效的目标。

绩效管理首先要解决三个问题:

① 就目标及如何达到目标达成共识。

② 绩效管理不是简单的任务管理,它特别强调沟通、辅导和员工能力的提高。

③ 绩效管理不仅强调结果导向,而且重视达成目标的过程。

绩效管理体制是一个完整的系统,是通过管理者与员工之间持续不断进行的业务管理循环过程,实现业绩的改进。绩效管理的过程可以看作是一个循环,该循环分为五个步骤,即绩效计划、绩效沟通、绩效考核、绩效反馈以及绩效结果的应用。

(1) 绩效计划

绩效计划是管理者和员工共同讨论以确定员工考核期内应该完成的工作和达成的绩效的过程。在员工绩效计划阶段,管理者和员工应该经过充分的沟通,明确

为了实现组织的经营计划与管理目标,员工在考核期内应该做什么事情以及应该将事情做到什么程度,也就是明确员工的绩效目标,约定员工成功的标准。

制定绩效计划,应从以下两个方面进行:

① 设定绩效目标。绩效目标的设立是企业目标、期望和要求的压力传递过程,同时也是牵引工作前进的关键。通过绩效目标的牵引使得企业、部门和员工向一个方向努力,形成合力,共同完成企业的战略目标。

② 确定评价绩效目标达成的标准。设定了绩效目标后,就要确定评价绩效目标达成的标准。绩效管理必须有标准作为分析和考察全体员工的尺度。标准一般可分为绝对标准和相对标准。绝对标准如出勤率等,以客观现实为依据。相对标准就是先进与落后的区分。

(2) 绩效沟通

绩效管理强调员工与管理人员的共同参与,强调员工与管理人员之间形成绩效伙伴关系,共同完成绩效过程。这种员工的参与和绩效伙伴关系主要表现为持续不断的沟通。

绩效沟通贯穿于绩效管理的整个过程。通过沟通,管理者可以了解员工工作的进展状况,将一些潜在的问题消除在萌芽状态,并给予员工一定的支持与帮助,以便更好地实现绩效目标。另外,绩效沟通还可以加强管理者与员工之间的感情,起到一定的激励作用。

绩效沟通的方法可分为正式方法与非正式方法。

① 正式沟通。正式沟通是事先计划和安排好的,如定期的书面报告、面谈、有经理参加的定期小组或团队会等。

② 非正式沟通。非正式沟通是未经计划的,一般是通过组织内的各种社会关系进行的,形式有非正式的会议、闲聊、走动式交谈、吃饭时进行的交谈等。非正式沟通的好处是形式多样、灵活,不需要刻意准备;沟通及时,问题发生后,马上就可以进行简短的交谈,从而使问题很快得到解决;容易拉近管理者与员工之间的距离。

(3) 绩效考核

绩效考核可以使管理者了解和掌握组织成员的工作情况,有助于对企业人力资源进行有效的控制和使用。而且,绩效考核的结果往往与员工报酬多少、晋升与否挂钩,因而会直接影响员工的工作态度和工作方式,对调动员工的积极性、提高员工的工作效率,具有特别明显的作用。客观、公平、合理的绩效考核对一个企业是十分关键的。

具体地说,绩效考核的作用主要体现在:确定员工的薪资报酬、决定员工的升降调配、进行员工的培训开发、促进企业与员工对理想目标的建立等。

绩效考核要取得好的效果,必须建立系统化、制度化、规范化的管理体系,并在各项考评工作中遵循四个方面的原则。

① 全面性与合理性。绩效是由多个因素共同作用形成的,绩效本身也表现为多种形式,如德、能、勤、绩等,所以考核体系应当充分考虑各个方面的内容。这就要求在设计考核项目时,必须全面分析员工行为及工作成果的特点,找出与之紧密相关的各类因素,并予以统一处理。

② 统一性与具体性。进行绩效考核必须注意"三公"的要求,即公正、公开、公认。公正是指考评标准对所有员工一视同仁;公开是指考评方式对所有员工透明操作;公认是指考评结果对所有员工有说服力。因此,必须处理好考评工作的规范性与实用性之间的关系。一方面,考评标准本质上应该是统一的、不偏不倚的;另一方面,必须对不同的职务和员工设计出有针对性的考评项目。

③ 实用性与操作性。绩效考核的办法应当是明确的、便于使用的。考核的项目应当分解为一个个可以具体度量的指标。比如,对于销售人员进行考核时,考核"销售成果"显然不如考核新市场占有率、销售成本率、资金回笼率等具体指标更有效。

④ 系统性和规范性。进行有效的绩效管理,必须建立相应的考核制度体系。只有建立了合理的、相对稳定的制度,有了操作的依据,才可能使绩效管理持续完整地开展下去,才能被企业上下所认同和执行。

(4) 绩效反馈

在最终的绩效评价结果生效之前,管理人员还必须与下级就评价结果进行讨论。一方面是为了使管理人员和员工对绩效评价结果达成共识,使员工接受绩效评价结果。另一方面也是为了帮助员工查找绩效不佳的原因,并通过绩效改善计划的制订来帮助员工在下一绩效周期进一步改善自己的绩效,这也是帮助员工进行职业规划和职业生涯设计的一个重要过程。绩效反馈应遵循以下原则。

① 经常性原则。绩效反馈应当是经常性的,周期不应过长。这样做的原因有两点:首先,管理者一旦意识到员工在绩效中存在缺陷,就有责任立即去纠正它。如果员工的绩效在 1 月份时就低于标准要求,而管理人员等到 12 月份再去对其绩效进行评价,那么这就意味着企业可能要蒙受 11 个月的生产率损失。其次,绩效反馈有效性的一个重要决定因素是员工对于评价结果基本认同,因此,考核者应当向员工提供经常性的绩效反馈,使他们在正式的评价过程结束之前就基本知道自己的绩效评价结果。

② 对事不对人原则。在绩效反馈面谈中双方应该讨论和评估的是工作行为和工作绩效。也就是工作中的一些事实表现,而不是讨论员工的个性特点。员工的个性特点不能作为评估绩效的依据。在谈到员工的主要优点和不足时,可以谈论员工的某些个性特征,但要注意这些个性特征必须是与工作绩效有关的。

③ 多问少讲原则。管理者在与员工进行绩效沟通时应遵循 20/80 法则:80%的时间留给员工,20%的时间留给自己,而自己在这 20%的时间内,可以将 80%的

时间用来发问,20%的时间用来"指导""建议""发号施令"。因为员工往往比经理更清楚本职工作中存在的问题。换言之,管理者要多提好问题,引导员工自己思考和解决问题,自己评价工作进展,而不是发号施令、居高临下地告诉员工应该如何做。

④ 着眼于未来的原则。绩效反馈面谈中很大一部分内容是对过去的工作绩效进行回顾和评估,但这并不等于说绩效反馈面谈集中于过去。谈论过去的目的并不是停留在过去,而是从过去的事实中总结出一些对未来发展有用的东西。因此,任何对过去绩效的讨论都应着眼于未来,核心目的是为了制定未来发展的计划。

⑤ 正面引导原则。不管员工的绩效考核结果是好是坏,一定要多给员工一些鼓励,至少让员工感觉到:虽然我的绩效考核成绩不理想,但我得到了一个客观认识自己的机会,我找到了应该努力的方向,并且在我前进的过程中会得到主管人员的帮助。总之,要让员工把一种积极向上的态度带到工作中去。

⑥ 制度化原则。绩效反馈必须建立一套制度,只有将其制度化,才能保证它能够持久地发挥作用。

(5) 绩效结果的应用

绩效结果的应用是绩效管理的终点,又是一个新的绩效管理工作循环的始点。绩效结果应用的原则主要有三个方面:①以人为本,促进员工的职业发展;②将员工个体与组织紧密联系起来,促进员工与企业共同成长和发展;③统筹兼顾,综合运用,为人事决策提供科学依据。

企业网大量数据表明,绩效考核流于形式的一个重要原因是考核结果没有系统运用,即没有与考核对象最为关心的薪酬、晋升直接有效关联;没有建立有效公平的考核申诉机制;没有制定绩效改善和调整计划。如果绩效结果运用不合理,那么对员工绩效改进和能力提升的激励作用就得不到充分体现。绩效考核的结果一般适用于以下五种情形。

① 用于薪资调整。绩效考核结果运用于工资的调整主要是体现对员工的激励,一方面对绩效不良的员工,降低其绩效工资,促进其尽快改善;另一方面对绩效优良的员工的工资调整也有一个客观的衡量尺度,有利于提高薪酬的内部公平性。

② 用于分配奖金。奖金一般分为两部分,根据已经制定的奖金分配方案,一部分为基本奖金,另外一部分为绩效奖金。绩效奖金将根据绩效系数统筹分配。

③ 用于分析招聘培训需求。管理者以及培训工作负责人,在进行培训需求分析时,应把绩效考核的结果以及相关记录,作为一个重要材料进行深入研究,从中发现员工的表现和能力与所在职位要求的差距,进而判断是否需要培训,需要什么方面的培训。绩效考核的作用之一就是帮助员工改善和提高绩效。

④ 用于提出人事调整议案。绩效考核的结果为员工的晋升与降级提供了依

据。对于绩效考核成绩连续优良的员工,可以将其列入晋升的名单,对于连续绩效不良的员工,就要考虑降级或者辞退。通过绩效考核以及面谈,找出员工绩效不良的原因。如果是由于不适应现有岗位而造成的不良结果,则可以考虑通过岗位轮换来帮助员工改善。

⑤ 用于制定员工职业发展计划。企业的每一个员工,在实现组织目标的同时,也在实现着个人的职业目标。考核作为一种导向和牵引,明确了组织的价值取向。因此,考核结果的运用,一方面强化了员工对公司价值取向的认同,使个人职业生涯有序发展;另一方面,通过价值分配激励功能的实现,可使员工个人的职业生涯得以更快发展。个人职业生涯的发展,又能够反过来促进组织的发展。

此外,还需要建立绩效考核申诉系统。划分了绩效等级后,如果员工对自己的绩效考核结果存有异议,可以通过正常的渠道进行申诉。要使申诉系统发挥作用,还有赖于营造一种良好的气氛。这种气氛的内涵是:考核的目的是帮助你,而不是打击你。

二、薪酬管理

通常情况下,可以把薪酬分为两大类:一种划分方法是将薪酬分为经济性薪酬和非经济性薪酬;另一种划分方法是将薪酬划分为内在薪酬和外在薪酬。经济性薪酬与非经济性薪酬的划分依据是,薪酬是否以金钱的形式表现出来或者以金钱来衡量。内在薪酬和外在薪酬是以薪酬本身对工作者所产生的激励是一种外部强化,还是一种来自于内部的心理强化作为划分的依据。一般来讲,经济性薪酬均属于外在薪酬,而非经济性薪酬可能属于外在薪酬,也可能属于内在薪酬。比如:宽敞明亮的办公室既属于非经济性薪酬,也属于外在薪酬。薪酬的分类如图 4-3 所示。

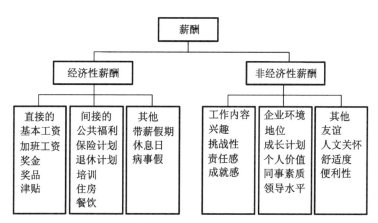

图 4-3 薪酬的分类

(一) 薪酬管理的目标

人们工作的目的可能是为了钱,为了得到生活保障,也可能是为了得到赏识,或为了遵从社会规范。不管人们工作的原因如何各不相同,但都可以将其归结到一个问题上——薪酬。人们工作是为了得到他们重视的薪酬。他们用自己的时间、努力和劳动来交换这些薪酬。为此,薪酬管理者要研究的是在这种交换过程中如何使组织、员工和政府都感到满意。

薪酬管理是最困难、最复杂、充满矛盾的管理之一。这是因为:第一,组织、员工、政府有着不同的期望和各自的利益;第二,管理者在如何对员工的工作进行刺激和鼓励以及这种刺激的效果如何等问题上有不同的看法,这些不同的看法使政策机构在决策时产生了困难,因而要预计所采取的薪酬管理结果也很困难;第三,薪酬政策的决定受着多方面因素的影响,特别是必须和一定经济社会目标相联系,并服从这些目标;第四,在国际范围内,各国薪酬管理的专业术语、概念不同,也造成了一定困难。

基于上述原因,各国薪酬管理的领域不完全相同,特点也各异,但要达到的目标却是基本相似的。这些目标有以下四点:

(1) 公平性

公平性是薪酬管理要达到的首要目标。在公平性的研究方面,许多理论都有如下看法:首先,公平感表现在工作贡献与回报是平等的;其次,员工是在将自己的投入(技能、教育、努力等)和结果(薪酬、晋升、工作地位等)与同事的投入和结果比较后,才决定所得到的回报——薪酬是否公平;最后,感到自己处在不公平情境中的员工将会做出各种反应,力求减少不公平。薪酬管理中的公平性应包括以下方面:缩小不适当的收入差别;尽快提高人们的生活水平;同工同酬;根据工作表现支付薪酬;保护购买能力及应有的权利;根据工作需要及工作的社会地位来支付薪酬;参与薪酬的制定。与此同时,上述方面必须和宏观经济的要求相吻合。

(2) 宏观经济的稳定

宏观经济稳定的标志主要有以下几点:第一,高就业率;第二,经济高速增长的稳定性;第三,维持较低的通货膨胀率;第四,收支保持平衡。

(3) 分配效益

薪酬的两面性决定了薪酬管理必须有利于从劳动力富余的行业、岗位转到劳动力短缺的行业、岗位,以求得地方、部门、企业内部劳动力供求的平衡。

(4) 激励性

有效的薪酬管理应能够刺激员工努力工作,多作贡献,有助于实现吸引、保持和激励员工。如果把激励定义为把人们的行为引向目标,则可以将激励因素作为引导行为始终趋向组织所认为的重要目标的诱因。作为薪酬管理系统,激励的重点在于创立这样一种系统,将组织支出的大批费用变为高度激励取得良好绩效的诱因。

上述四个方面的目标决定了薪酬管理的基本领域。这些目标可具体化为以下薪酬管理内容:薪酬的一般水平和定期调整;薪酬结构;薪酬制度;薪酬形式;人工成本的控制。

(二) 薪酬管理的原则

(1) 补偿原则

薪酬应保障员工的收入能足以补偿劳动力再生产的费用,这不仅应包括补偿员工恢复工作精力所必要的衣、食、住、行费用,而且还应包括补偿员工为获得工作所必需的知识、技能以及生理发育先前付出的费用。

(2) 公平原则

根据行为科学理论,人们总是不断地以自己为组织付出的代价、从组织得到的报酬来与他人相比较,如果他得到的报酬,包括物质方面的薪酬、津贴、奖金、福利等,以及精神方面的社会地位、受人尊重的程度等,与他自己付出的代价,包括他支出的体力、脑力,过去为学习、成长付出的费用及产出等相比,低于他人相应比例,就会产生一系列消极行为,如怠工、辞职、攻击他人等。因此薪酬分配一定要全面考虑员工的绩效、能力及劳动强度、责任等因素,考虑外部竞争性、内部一致性要求。

(3) 透明化原则

薪酬方案必须公开,能让员工了解自己从中得到的全部利益,了解其利益与其贡献、能力、表现的联系,以充分发挥物质利益的激励作用。

(4) 激励性原则

有效的薪酬管理应能够刺激员工努力工作,多作贡献,有助于实现吸引、保持和激励员工。薪酬管理系统的重点就在于建立这样一种系统。

(5) 竞争性原则

一个组织的薪酬,如果缺乏吸引力,就只会留住那些仅希望保住自己职位和薪酬的平庸员工,素质较高、能力出众的优秀员工则会流失。

(6) 经济性原则

薪酬是产品成本的一个组成部分,薪酬标准设计过高,虽然具有竞争性和激励性,但也会不可避免地带来人工成本的上升。因此,设计薪酬方案时,应进行薪酬成本核算,尽可能用一定的薪酬资金投入带来更大的产出。

(7) 合法性原则

薪酬制度必须符合政府的有关规定和法律法规。如关于薪酬水平最低标准的法规,反薪酬歧视的法规,薪酬保障法规等。这些在薪酬管理时必须予以充分考虑。

(三) 薪酬系统设计的一般流程

一个合理的薪酬系统应该对内具有激励性、对外具有竞争力。要设计一个科学合理的薪酬系统,一般要经历六个关键步骤,分别是工作分析与岗位设计、岗位价值评估、员工胜任素质评估与定位、薪酬调查与定位、薪酬结构设计和薪酬系统的实施与调整。

(1) 工作分析与岗位设计

工作分析是确定完成各项工作所需知识、技能和责任的系统过程。它是一种重要的人力资源管理工具,工作分析是薪酬设计不可或缺的基础。

大多数情况下,在完成了工作分析之后都要进行组织设计、层级关系设计和岗位设计并编写岗位说明书。岗位说明书是对有关岗位在组织的定位、工作使命、工作职责、能力素质要求、关键业绩指标 KPI,以及相关工作信息所进行的书面描述。

(2) 岗位价值评估

岗位价值评估是确保薪酬系统达成公平性的重要手段。岗位价值评估有两个目的:一是比较企业内部各个职位的相对重要性,得出职位等级序列;二是为外部薪酬调查建立统一的职位评估标准。

岗位价值评估的方法有许多种,最常见的是评分法。评分法首先需确定薪酬分配有关的评价要素,然后再给这些要素定义不同的权重和分数。大多数企业在进行岗位价值评估的过程中都习惯采用 Hay 模式(由美国工资设计专家 Hay 在1951年开发出来的),这种模式是采用对岗位价值进行量化评估的办法,从几个主要要素(知识水平、解决问题的能力和风险责任)、若干个子因素方面对岗位进行全面的价值评估。

科学的职位评价体系是通过综合评价各方面因素得出工资级别,而不是简单地与职务挂钩,这有助于解决"管理人员"与"技术人员"的等级差异问题。比如,高级研发工程师并不一定比技术研发部经理的等级低。

完成岗位价值评估后,企业可以根据需要设计薪酬层次关系图。

(3) 员工胜任素质评估与定位

胜任素质模型从胜任岗位工作的角度出发,全面规定了完成某一岗位职责所需要的胜任素质要求。员工胜任素质模型是现代人力资源管理系统的基础内容之一。按照胜任素质模型对员工进行实际胜任素质的评估,是判断员工对该岗位是否胜任或胜任程度的重要手段。

对员工进行胜任素质评估有三个目的:一是判断某一员工是否胜任该岗位;二是判断该员工胜任该岗位的程度;三是完成对该员工的薪酬定位。

不同企业的员工胜任素质模型是不同的,大多数企业的员工胜任素质模型都包含几个基本要素:知识、经验、技能和职业素质。

(4) 薪酬调查与定位

薪酬调查重在解决薪酬的对外竞争力问题。企业在确定薪资水平时,需要参考劳动力市场的平均薪资水平。薪酬调查的对象,最好选择与本企业有竞争关系的公司或同行业类似公司,重点考虑员工的流失去向和招聘来源。薪酬调查的数据,应包含上年度的薪资增长状况、不同薪酬结构对比、不同职位和不同级别的职位薪酬数据、奖金和福利状况、长期激励措施以及未来薪酬走势分析等。只有采用相同的标准进行职位评估,各自提供真实的薪酬数据,才能保证薪酬调查的准确性。

薪资调查就是通过各种正常的手段获取相关企业各职务的薪资水平及相关信息。对薪资调查的结果进行统计和分析,就会成为企业的薪资管理决策的有效依据。

在分析同行业薪酬数据后,需要做的是根据企业状况选用不同的薪资水平。影响公司薪资水平的因素有多种。从公司外部看,国家的宏观经济、通货膨胀、行业特点和行业竞争、人才供应状况都对薪酬定位和工资增长水平有不同程度的影响。在公司内部,盈利能力和支付能力、人员的素质要求是决定薪资水平的关键因素。此外,企业发展阶段、人才稀缺程度、招聘制度、公司的市场品牌和综合实力,也是重要的影响因素。

在薪资水平的定位上,企业可以选择薪酬领先策略或跟随策略。薪酬上的领头羊未必是品牌最响的公司,因为品牌响的公司可以依靠其综合优势,不必花费很高的工资也可能找到最好的人才。往往是那些财大气粗的后起之秀最易采用高薪策略,它们多处在创业初期或快速上升期,投资者愿意用金钱购买时间,希望通过挖到一流人才来快速拉近与巨头公司的差距。

在薪酬系统设计中有个专业术语叫 25P、50P、75P,意思是说,假如有 100 家公司参与薪酬调查的话,薪酬水平按照由低到高排名,它们分别代表着第 25 位排名(低位值)、第 50 位排名(中位值)、第 75 位排名(高位值)。一个采用 75P 策略的公司,需要雄厚的财力、完善的管理、过硬的产品相支撑。因为薪酬是刚性的,降薪几乎不可能,一旦企业的市场前景不妙,将会使企业的留人措施变得困难。

(5)薪酬结构设计

经过上述的四个步骤后,可以得到每个岗位在本企业的相对价值的顺序、等级、分数或象征性的岗位价值金额。由岗位价值评估的概念可知,一般来说,一个岗位的工作完成难度越高,对本企业的贡献度也越大,对企业也越重要,也就是说它的企业内部相对价值越大。如果把企业内所有岗位的薪酬都按统一的贡献率原则定薪,即按照岗位评价得到的岗位相对价值曲线来定薪,便保证了薪酬体系的内部公平性。找出了这样的理论上的相对价值后,还必须据此转换为实际的薪酬值,才有使用价值。这便需要进行薪酬结构设计。

薪酬结构是指一个企业的组织机构中各职位的相对价值与其对应的实付薪资间的某种函数关系。这种关系不是随意的,而是遵循以某种原则为依据的一定规律的。这种关系和规律通常以"薪酬结构线"来表示。企业根据其确定的薪酬结构线,将众多类型的岗位薪酬归并组合成若干等级,形成一个薪资等级(或称职级)系列。通过这一步骤,就可以确定企业内每个职务具体的薪资范围,保证员工个人的内部公平性。等级划分的区间宽窄及等级数多少的确定,取决于薪酬结构线的斜率、工作总数的多少,以及企业的薪酬政策和晋升政策等因素。总的原则是,等级的数目不能少到相对价值相差甚大的工作都处于同一等级而无区别,也不能多到价值稍有不同便处于不同等级而需作区别的程度。这是因为级数太少,难以晋升,不利士气,而级数太多则晋升过多,刺激不强,不利于管理。现实中,企业的薪资等级系列一般在10～15级之间。

(6)薪酬系统的实施与调整

企业在进行薪酬系统的实施与调整时,需要注意两个重要问题:内部的公平性和外部的竞争性。这是薪酬系统水平管理的核心。薪酬系统的实施与调整的目标是既支持企业的战略,又满足员工的需要。当上述五步完成之后,企业就拥有一个适合自身的薪酬体系了。将制定出来的薪酬体系应用到实际中,并不断与员工进行沟通,了解薪酬体系中的一些不合理的地方,并及时进行修正,不断对该薪酬体系进行完善。

第五节 劳动关系管理

劳动关系是企业人力资源管理工作涉及的基本经济关系,在企业人力资源战略中具有重要地位。劳动关系涉及的领域广泛,包括劳动用工、劳动管理与监督、劳动者权利保护等诸多方面。国外对劳动关系、劳资关系或产业关系的研究已较为成熟,也各自形成了适合各国国情的劳动关系管理模式,而我国的劳动关系研究尚在起步阶段。随着社会主义市场经济运行模式的形成,特别是劳动力市场的完善与形成,劳动关系日益引起人们的关注。

一、劳动关系的含义、内容及建立原则

(一)劳动关系的含义

劳动关系有广义和狭义之分。广义的劳动关系是指社会分工协作关系,狭义的劳动关系是指劳动者与企业或组织之间由于交易所形成的关系。企业劳动关系指企业的所有者或其委托代理人、企业的经营者与员工及其组织(主要是工会组织)之间基于有偿劳动所形成的权利义务关系。所有者、经营者、一般员工所提供的生产要素不同,在企业所处的地位及发挥的作用也不同,因而形成具有不同责任、权力和利益的社会主体。企业要处理的劳动关系就是这些社会主体之间的关系。

在理解劳动关系时,有必要了解产业关系这一概念。产业关系是指当今国际社会中对各种工人与雇主之间关系的统称,实质上就是劳资关系。在第二次世界大战前,国际劳工组织的章程及其他文件中都不采用"劳资关系"一词。战后该组织及许多成员虽也有采用"劳资关系"一词的,但作为正式用词都按国际惯例采用了"产业关系"一词并沿袭下来。

(二)劳动关系的内容

劳动关系的内容是劳动关系主体双方依法享有的权利和承担的义务。

(1)按劳动关系中主体不同分为三种情况

① 员工依法享有的主要权利有:劳动权、民主管理权、休息权、劳动报酬权、劳动保护权、职业培训权、社会保险、劳动争议提请处理权等。员工承担的主要义务有:按质、按量完成生产任务和工作任务;学习政治、文化、科学、劳动技术和业务知识;遵守纪律和规章制度;保守国家和企业的机密。

② 企业或组织的主要权利有:依法录用、调动和辞退职工;决定企业的机构设置;任免企业的行政干部;制定工资、报酬和福利方案;依法奖惩职工。其主要义务有:依法录用、分配、安排职工的工作;保障工会和职代会行使其职权;按职工的劳动质量和数量支付劳动报酬;加强对职工思想、文化和业务的教育、培训;改善劳动条件,搞好劳动保护和环境保护。

③ 劳动关系的客体是指主体的劳动权利和义务共同指向的事物,如劳动时间、劳动报酬、安全卫生、劳动纪律、福利保障、教育培训、劳动环境等。在我国社会主义制度下,劳动者的人格和人身不能作为劳动法律关系的客体。

(2)按劳动关系中员工与企业结合的不同阶段分为三种情况

① 企业与员工结合的双向选择方面。主要为企业主或委托代理人与经营管理人员、普通工人双向选择的程度、责任和权利。处理这方面的关系涉及合同的签订、合同解除等问题。

② 企业与员工结合后双方的责、权、利关系。如何保障员工的合法权益是这一关系中的主要方面,包括员工的正当收益权、劳动保护权、社会保障权、民主权、参与权、尊严权等。

③ 员工与企业分离时及分离后的责、权、利关系。这是指员工被辞退或员工辞职时双方的义务、责任和权利,如事先得到通知权、申诉权、补偿权等。

(三)建立劳动关系的原则

建立劳动关系的原则是指由劳动立法所确定的用人单位在招收、录用员工时应遵循的基本法律准则。根据我国有关法律,用人单位在招聘录用员工时应坚持如下基本原则。

(1) 平等就业原则

平等就业原则包括两个方面：一是劳动者享有平等的就业权利；二是劳动者享有平等的就业机会，不能因民族、种族、性别、宗教信仰不同而受到歧视。

(2) 互选原则

互选原则是指用人单位与劳动者互相选择，即劳动者自由选择用人单位，而用人单位自主选择劳动者。

(3) 公开竞争就业原则

公开竞争就业原则是指劳动者通过企业或组织公开招聘考核获得就业岗位的原则。

(4) 照顾特殊群体的就业原则

照顾特殊群体的就业原则是指对谋求职业有困难或处境不利的人员，如妇女、残疾人、少数民族人员、退出现役的军人等特殊群体人员给以特殊照顾。

(5) 禁止未成年人就业的原则

《劳动法》第十五条规定：禁止用人单位招用未满16周岁的未成年人。

(6) 先培训、后就业的原则

从事技术工种的劳动者和未接受过职业培训的求职人员，以及需要转换职业的劳动者，应在就业或上岗前接受必要的就业训练。

二、劳动合同的管理

契约式劳动关系的核心就是劳动合同。熟悉劳动合同的建立、履行、变更与解除的基本程序，了解劳动合同的法律法令，正确处理劳动合同的有关事宜，是搞好企业人力资源管理工作的前提。

(一) 劳动合同的定义

劳动合同又称劳动协议，是用人单位和劳动者之间确定劳动关系、明确相互权利关系和义务的协议。

劳动合同依法订立即具有法律约束力，当事人必须履行劳动合同规定的义务。必要的劳动合同能够控制劳动者在劳动过程中的行为，规范劳动活动，调整劳动关系，从而达到组织社会劳动、合理使用劳动、稳定劳动关系的作用。

(二) 劳动合同的形式和内容

《劳动法》第十九条规定，劳动合同应当以书面形式订立。其内容分为法定条款(或必备条款)和协定条款。法定条款包括劳动合同期限、工作内容、劳动保护和劳动条件、劳动报酬、劳动纪律、劳动合同终止条件、违反劳动合同的责任等七项内容。不具备这些条款，合同即不成立。协定条款是双方自愿协商在劳动合同中规定的权利和义务条款,设有协定条款,不影响合同的成立。

(三)劳动合同的签订、履行、变更与解除

1. 劳动合同的签订

(1)劳动合同的订立原则

《劳动法》第十七条规定,订立和变更劳动合同,应当遵循平等自愿、协商一致的原则,不得违反法律、行政法规的规定。劳动者和企业签订和变更劳动合同必须遵循三项基本原则:一是平等自愿原则,指签订和变更劳动合同的双方在法律地位上是平等的,并完全出于双方当事人自己的真实意愿;二是协商一致原则,指双方就合同的所有条款进行充分协商,达成双方意见一致;三是不得违反法律、行政法规的原则,即劳动合同的合法原则。

(2)劳动合同的订立程序

劳动合同的订立程序是指劳动合同在订立过程中必须履行的手续和必须遵循的步骤,一般分为要约和承诺两个阶段,共九个步骤。

第一,企业或组织提出要约,并寻找和确定被要约方。其一,企业或组织公布招聘简章;其二,劳动者自愿报名;其三,全面考核;其四,择优录用。

第二,签订劳动合同,完成要约和承诺的全过程。其一,企业或组织提出劳动合同草案;其二,向劳动者介绍企业内部的劳动规章制度;其三,双方协商劳动合同内容;其四,双方签约;其五,合同鉴证机构或劳动主管部门鉴证合同。

(3)劳动合同的期限

《劳动法》第二十条规定,劳动合同的期限分为固定期限、无固定期限和以完成一定的工作为期限。劳动者在同一单位连续工作满10年及以上,当事人双方同意续延劳动合同的,如果劳动者提出订立无固定期限的劳动合同,应当订立无固定期限的劳动合同。第二十一条规定,劳动合同可以约定试用期。试用期最长不得超过6个月。

2. 劳动合同的履行

劳动合同的履行是指合同当事人双方履行劳动合同所规定的义务的法律行为。这一过程实质上也是劳动关系双方实现劳动过程和各自合法权益,履行各自权利和义务的过程。劳动合同的效力及法律对劳动合同有效性的确立体现为劳动合同必须依法履行。双方履行劳动合同,必须遵循亲自履行原则、全面履行原则和协作履行原则。劳动合同是一个整体,合同中的各个条款相互之间有内在的联系,必须全面履行,从而使双方的合法权益得到全面实现。劳动合同双方均不得由他人代替,必须亲自享受其权利,亲自履行其义务,不得转移和代行。

3. 劳动合同的变更

劳动合同双方就已订立的合同条款达成修改补充协议的法律行为,称为劳动合同的变更。劳动合同双方当事人的任何一方都可以对劳动合同的内容提出修改补充意见,但必须有正当理由,并按照规定时间提前向对方提出,经协商双方同意才可变更合同内容;给对方造成经济损失的,应负赔偿责任。

4. 劳动合同的解除

劳动合同的解除是指当事人双方提前终止劳动合同的法律效力,解除双方的权利和义务关系。劳动合同一经订立,双方须认真履约,不得擅自解除。但是,如果发生特殊情况,劳动合同当事人经协商一致后可以解除劳动合同。

(四) 劳动争议管理

为了保证用人单位有良好的工作秩序,避免劳动关系双方的冲突激化是非常重要的。

1. 劳动争议的含义和种类

(1) 劳动争议的含义

劳动争议又称劳动纠纷,是指企业与员工之间因劳动权利和劳动义务所发生的纠纷。它是企业与员工因贯彻劳动立法、履行劳动合同、执行劳动规章而发生的纠纷。

《最高人民法院关于审理劳动争议案件适用法律若干问题的解释(二)》规定了下列纠纷不属于劳动争议:① 劳动者请求社会保险经办机构发放社会保险金的纠纷;② 劳动者与用人单位因住房制度改革产生的公有住房转让纠纷;③ 劳动者对劳动能力鉴定委员会的伤残等级鉴定结论或者对职业病诊断鉴定委员会的职业病诊断鉴定结论的异议纠纷;④ 家庭或者个人与家政服务人员之间的纠纷;⑤ 个体工匠与帮工、学徒之间的纠纷;⑥ 农村承包经营户与受雇人之间的纠纷。

(2) 劳动争议的原因

发生劳动争议,在各个国家都是客观现象。在我国社会主义市场经济条件下,各类用人单位与劳动者主体发生劳动争议已是普遍现象,也表明劳动关系中存在的不稳定因素具有显性化和复杂化的特点。出现劳动争议的主要原因如下:

第一,劳动关系模式的转化还未完成,从国家计划性质与行政性指令性质的劳动关系模式转变为企业自主性质的劳动关系模式,要有一个过程。从外部条件看,新的劳动关系运行的市场环境还未形成,整体运行还未进入有序状态。

第二,劳动关系主体还未完全进入角色。由于市场经济和社会化大生产,市场经济要求资源流动而形成最佳配置,但用人单位与劳动力市场双方还未完全成熟,劳动者对如何保护自身权益缺乏足够的法律知识,企业经营管理者又往往缺乏依法用工、付酬、奖惩方面的经验,这就决定了企业与员工之间不可避免地会因劳动关系的产生、变更、终止而发生冲突,加之两者的利益和看问题的角度也不同,增加了纠纷的可能性。

第三,工会组织应有的地位和作用还没充分发挥出来,集体谈判与合同正在逐步形成,但缺乏经验。由于工会组织的作用发挥不充分,大量劳动争议在潜在形成中,不仅没有消除,而且一旦矛盾激化便暴露出来。

第四,我国政府职能转化正在逐步完成的过程中,劳动立法还存在不够完善的地方。

第五,有利于劳动关系良性运行的各种有效机制刚刚建立不久,亟待完善。

第六,人们的法制观念淡薄。

根据《劳动法》规定,用人单位与劳动者发生劳动争议,当事人可以依法申请调解、仲裁、提起诉讼,也可以协商解决。劳动争议的一般处理包括调解、仲裁和诉讼。

2.劳动争议管理原则

(1)以法律法规为准绳

很多劳动争议的升级,往往是企业处理争议的人员不了解有关法律法规,导致企业既输官司又输人心。举一个常见的例子,如果一个主管因下属不能胜任工作而要求解除劳动合同该如何处理?显然,按照《劳动合同法》,不能口头说某人不能胜任工作,这涉及岗位的绩效考核标准,考核的合理性及书面记录,第一次考核不合格后是否有培训或调岗,再次考核的合理性及书面记录。因不能胜任工作而解除劳动合同还需要对员工进行经济补偿。

(2)以尊重为基础

在处理劳动争议纠纷的过程中,要保持对员工基本的尊重。这里的尊重,不是尊重和答应员工所有的要求,而是对员工的人格保持尊重,对员工表达诉求的权力保持尊重。在实际处理劳动纠纷的过程中,这点很容易被忽略。出现劳动纠纷本来就是员工和主管意见不合有争议,遇到不成熟的主管,容易对员工进行人身攻击,这对于解决问题没有任何帮助,只会损害企业的形象。

(3)以协商为主要方式

劳动争议一般是不需要到劳动仲裁或法院就可以协商解决的。这个协商解决的基础是企业遵守劳动法规和对员工有基本的尊重。在具体协商的过程中,企业应站在员工的角度,倾听员工的诉求,与法律法规的底线和企业的底线进行对比评估。双方可以接受的,争议自然就解决了。如果员工的要求远超出了法律法规,企业评估风险后也不能接受,那就通过劳动仲裁或法院解决。一般情况下,理性的员工和遵守法律法规的企业不大会走到劳动仲裁或打官司的地步,因为打官司对于员工来说也要付出很大的时间成本且有职业操守口碑风险。

(五) 劳动保护

员工的安全与健康是企业生产力的基础。劳动保护是人力资源管理中的基本内容,是满足员工安全需要、激发其劳动积极性的必要手段。

劳动保护是国家对劳动者在生产过程中的安全和健康的保护,是企业在生产过程中消除伤亡事故、职业病、火灾等采取的综合措施,以保护企业的人力资源,从而提高企业的经济效益。发展生产是保证社会主义市场经济体制顺利运行的重要条件,加强劳动保护工作是企业人力资源管理的基本原则和重要内容。

1. 劳动保护的含义

根据宪法的有关规定和安全生产方针,从广义上看,劳动保护是国家和社会(包括企业)为保护劳动者在生理、经济和社会各方面的权益而采取的各项保障和维护措施的统称。这种广义的劳动保护概念具有三个层次的含义:

第一个层次是对劳动者的生理保护。国家通过立法形式或强制方式保护劳动者在劳动过程中的安全与健康,以防止和消除工伤事故和职业病的发生。

第二个层次是对劳动者经济条件的保护,主要是对劳动者的报酬和福利的保护。

第三个层次是对劳动者社会条件的保护,包括对劳动者素质、劳动者职业稳定和职业提升、劳动中良好的人际关系以及劳动者参与企业管理的权益的保护。

这三个层次从内容上说标志着劳动保护从低级向高级的发展,对人的重要程度也越来越大。

对于企业而言,首先需要做好的应是保护劳动者在生产过程中的安全与健康,也可以理解为狭义的劳动保护,即针对劳动过程中存在的许多不安全、不卫生的因素采取的各种技术措施和组织措施的总称。

2. 劳动保护的基本任务

为了保护劳动者在劳动生产过程中的安全与健康,需要预防和消除工伤事故,防止职业中毒和职业病,改善劳动条件等。劳动保护的基本任务包括:

第一,改善员工的劳动条件,满足其安全需要。

第二,实行女工保护。女职工由于其生理特点比男性的受毒敏感性高,特别是在经、孕、产、哺期,而且女职工的健康关系到下一代的人口素质。因此,对女职工的保护意义重大。

第三,实现劳逸结合。采取各种必要措施,使职工有劳有逸、有张有弛地工作和学习,保证适当的休息和娱乐。这是劳动力维持再生产的需要,也是提高职工生活质量的需要。

第四,规定职工的工作时间和休假制度,限制加班加点,保证劳动者有适当的休息时间和休假天数,使其能保持旺盛的精力。

第五,组织工伤救护,保证劳动者一旦发生工伤事故,立即可以得到良好的治疗。

第六,做好职业中毒和职业病的预防工作和救治工作。

3.劳动保护的组织与管理

劳动者的安全和健康,不仅同安全技术和卫生方面的问题有关,而且与劳动保护管理制度有关。如果劳动保护管理制度不健全,同样会引起劳动者疲劳过度,健康受到损害,导致伤亡事故。

(1)建立和健全劳动保护制度

为了保护劳动者在劳动生产过程中的安全与健康,国家根据生产过程的客观规律和实践经验总结而制定了各种管理制度。《劳动法》第五十二条规定:用人单位必须建立、健全劳动安全卫生制度,严格执行国家劳动安全卫生规程和标准,对劳动者进行劳动安全卫生教育,防止劳动过程中的事故,减少职业危害。根据劳动法规规定,用人单位应建立的重要管理制度主要包括:安全生产责任制度、安全技术措施计划管理制度、安全生产教育制度、安全生产检查制度、劳动安全卫生监察制度、伤亡事故报告和处理制度、职业病的防治和处理制度。

(2)劳动保护的管理

企业要更好地保护好劳动者的身体安全和健康,必须建立劳动保护制度,但是,仅有制度还不行,还必须认真实施。为此,企业需要做大量的管理工作,具体包括:搞好安全卫生教育工作,建立和健全安全卫生责任制,编制安全卫生技术措施计划,搞好安全卫生生产的监督检查工作,认真做好伤亡事故的调查和统计分析工作。

(3)劳动者在劳动保护方面的权利和义务

只有当劳动者在劳动保护方面既享有权利又承担着义务时,才能最大限度地保障其自身的安全与健康。劳动者在劳动保护方面享有的权利有:对用人单位管理人员的违章指挥、强令冒险作业,有权拒绝执行;对危害生命安全和身体健康的行为,有权提出批评、检举和控告;用人单位必须为劳动者提供符合国家规定的劳动安全卫生条件和必要的劳动防护用品;对从事有职业危害作业的劳动者应当定期进行健康检查。劳动者应当履行的义务就是在劳动过程中必须遵守安全操作规程。

本 章 小 结

人力资源管理为确保企业战略目标的实现,需要对企业的一系列人力资源政策以及相应的管理活动进行研究。这些活动主要包括企业人力资源战略的制定,员工的招募与选拔、培训与开发、绩效管理、薪酬管理、员工流动管理、员工关系管理、员工安全与健康管理等。人力资源管理是企业运用现代管理方法,对人力资源的获取(选人)、开发(育人)、保持(留人)和利用(用人)等方面所进行的计划、组织、指挥、控制和协调等一系列活动,最终达到实现企业发展目标的一种管理行为。

案例分析

给你一个向往的理由

通用电气公司(GE)对人才的巨大吸引力,主要体现在四个方面:品牌;"诚信为本"的价值观和文化;发展远景;广阔的职业发展平台。GE拥有13个不同行业的业务集团,加入GE就等于加入13个大公司。

一、GE对人才的三项要求

GE对人才有三方面的要求。第一,具备某个职位要求的专业素质和专业标准。GE要考查学生是否具备职位所需求的专业背景。第二,道德品质。主要是从GE的价值观来衡量——看他是否认同和具有"坚持诚信,渴望变革,注重业绩"的价值观。第三,个人发展潜力。GE是一个强调变革的企业,不会把招募的人放在一个位置上一辈子,而是不断地培养人才、发展人才。这就要求员工能够不断地挖掘潜力、提升自己。所以GE在招聘的时候,会把眼光放远,看人才是否具有足够的发展潜力。

二、如何进入GE

加入GE的方式有两种。一是直接聘用。通过这种方式加入GE,将可直接加入GE业务部门的某一个团队。二是通过领导力培训项目。目前,针对大学毕业生的培训项目有财务、信息、运营。培训生将在2年内进行4次轮岗,在不同的部门,不同的职位上工作。轮岗使学员有机会接触多样化的工作环境,在岗位上创造价值、锻炼影响力,充分学习新技术,发展个人能力,并有机会接触业务领导和管理层,在各方面取得快速的发展。

当然,无论怎样进入GE,面试总是不可或缺的环节。应聘者一般需要通过人力资源部门和岗位申请部门经理的面试。另外,GE有时也采用一些其他的方式来测试应聘者,比如网上测试。GE通过咨询公司设计了一套网上测试的程序,考核个人潜在的能力等一些软件方面的技能;GE还会通过个人在团队中的表现,考核应聘者的经验、能力和技能是否合适应聘职位。比如给一组候选人出一个题目,让这个小组自己去找出答案。答案没有对错标准,但考官会观察每个人的行为,了解应聘人今后是否能够成为一个很好的领导者,或者是不是具备很好的职能方面的经验。

GE塑料集团在浙江大学招聘时,也进行过团队测试。测试中,将10名应聘者归在一组,其中9名是硕士生,1名是本科生。考察过程中,每个人都试图通过自己分析问题的能力、沟通能力来说服别人。最后的结果是,那名本科生成功地让所有人接受了他的主张,引导团队形成了最终的决策意见,同时也被GE录用了。

三、校园招聘要求——"又红又专"

GE的校园招聘职位都会在网上公布,在校生可以登录投递简历,人力资源部门采用这种方法接受求职申请。

从2004年开始,GE启动了实习生项目,让一些大学二三年级的学生来GE实习。通过这个项目,GE让大学生能够在学业较早的时候就接触社会、接触未来的雇主,为他们的学习和将来的择业,提供一些参考和建议。GE也会对这些学生进行考核和评估,为将来的招聘做人才储备。

GE选拔应届毕业生的标准是"又红又专",即人才必须要有诚信的精神,同时又有公司所需要的业务素质。其实GE也很强调工作经验,但大学生不应把这个工作经验理解为在某一个机关工作过或者是在某一个大公司工作过。因为GE认为,哪怕在一个小小的店里实习,或者做社会上的志愿者,都是工作经验和社会经验。社会是个大课堂,应该利用上学期间宝贵的时间,在把学业搞好的同时,更多地丰富自己的社会经验。

GE除了对学生的学习成绩和社会经验有一定要求以外,最注重的还是大学生们是否具备以下能力:首先是交流、沟通的能力。简单地说,就是语言交流,通过中文和英文进行交流的能力。GE是个用英文工作的环境,在这样一个全球化的环境里要能够实现自己的梦想,英文是一个基本要求。其次还有分析、解决问题的能力,工作的主动性,潜在的领导才能,以及人才对企业的价值观和企业文化的适应能力。

四、CE管理培训项目

GE有财务、人力资源、信息技术以及营销和销售等方面领导人的培训项目,其中以财务、营销和销售的管理培训项目最为著名。

针对应届大学毕业生的管理培训项目FMP(financial management program,财务管理培训项目),其历史可追溯到1919年。现在该项目在GE全球30多个国家全面展开,针对高素质、高潜力的个人,培养他们成为兼顾专业技术和战略思维的财务管理人才。GE的FMP项目在复旦、上海交大、北大、清华等重点大学的管理学院中已经拥有相当高的知名度,每次进校园的招聘宣讲会都得到了学生热情的反馈。

FMP项目的整个培训期为2年,其间学员会经历4个为期半年的轮岗。在不同的GE业务集团中从事4个不同的财务工作,还有出国轮岗的机会。工作的同时,公司为学员提供大量机会学习财务专业实务、接受领导力的培养。目前全球在读的FMP学员将近700名,分布在各个GE业务集团。作为培养财务管理人才的第一级阶梯,FMP项目每年为GE输送大量的年轻人才。毕业后的FMP学员大部分进入业务集团的财务部门被"委以重任",部分优秀的学员有机会加入 CAS (GE 内部审计团队)——职业发展的又一个推进器。自 1995 年以来,GE 在中国共招收了 9 届 FMP 学员,每一届的队伍都越来越壮大。FMP 在中国的发展从一个侧面反映了 GE 在中国的发展:项目刚引进的头两年,只有照明集团和医疗系统集团接收 FMP 学员,因为当时 GE 的其他部门在中国都涉足尚浅。现在,FMP 的轮岗触及几乎所有 GE 在中国的业务集团。

CLP 是"商业领导力培训项目"的英文简称,是 GE 总裁发起的一个全球性的新的商业领导人的培训项目,培养营销和销售方面的领导人。这个专业项目是一个为期 2 年的"边工作边学习"项目,在这 2 年中,每个人要有 3 次不同的工作轮岗,其中有 1 次要到美国去轮岗。这可增加全球化的战略思维和经验。市场上有很多人踊跃报名希望加入这个项目,GE 内部也有很多员工愿意加入。通过非常严谨的招聘选拔程序,GE 这两年招聘了将近 30 个优秀的商业方面的精英,让他们加盟这个项目,跟美国、欧洲、日本非常有才能的领导人一起培训、学习、交流。GE 对参加这个项目的人员抱有很大希望,因为这些人将成为 GE 在商业方面以及整个管理方面很好的领导人、接班人的储备军。

五、GE 的客观激励机制

GE 看重人才的潜力,而潜力最重要的表现就是业绩,业绩又包括价值观和人才的专业业绩。每个人刚进 GE 的时候,公司只能预计他在某个方面可能做得很好,但工作一年以后,公司就会根据他的实际表现,利用详细、严密、公正、透明度很强的手段,评估出到底谁是最好的。对于业绩好并有潜力的员工,GE 会根据其职业目标,通过包括升职在内的各种形式,让其向上发展。此外,诚信在 GE 非常重要。员工如果有好的业绩和好的诚信,将成为提升对象;没有好的业绩但有好的诚信会给第二次机会;有好的业绩但没有诚信,或两者都没有会被要求离开公司。

GE 有一套非常成功的人力资源评估系统。无论哪一种评估,GE 都非常注重实事求是。说这个人好,好在什么地方,必须有具体实例,不能凭空断言。这就避免了很多官僚和一些不公平的现象。GE 选拔的人才,尽量是大家公认的非常好的人才,把他们选拔到新的岗位后,公司会用很多方式方法帮助他们,给他们培训,给他们更有挑战性的工作,去不断发现他们更大的潜力。

通过各种全面的评估,公司将员工分为 A、B、C 级。最好的 A 级人才占 20%,公司会为他们制定详细的培训计划,更快地发展他们;中间是 B 级,占 70%,公司需要他们并希望他们能向 A 级提高;最后是 10% 的 C 级,业绩最不好,如果不能迅速提高,就可能被辞退。这样的评估每年都会进行,今年的 A 级明年不一定还是 A 级,因为明年公司的目标可能更高。

每个员工每年的工资增长都是与他的业绩分数紧密相连的,业绩分数越高,增长比例就越高,而且增长工资的周期就越短。比如说,表现非常好的人可能 11 个月之内就涨工资了,表现一般的人可能13个月才涨一次工资,表现好的员工涨工资的幅度要比普通员工的大。

总之,GE对员工的评价基于个人与团队的业绩(performance)和对诚信原则的执行(integrity)。在GE,不管员工的国籍、教育背景是什么,公司衡量的标准都是一样的。只要能展现自己的才能和潜力,有扎实的业绩,就能够有机会去不断成长。

讨论题

1. GE对人才的要求反映了怎样的人才观?
2. 你如何理解GE校园招聘的要求——"又红又专"?
3. 你如何评价GE公司的人力资源评估系统?

习　　题

一、单项选择题

1. 生产活动中最活跃、最重要的资源是(　　)。
   A. 自然资源　　　B. 资本资源　　　C. 信息资源　　　D. 人力资源
2. 招聘工作的起点是(　　)。
   A. 发布招聘信息　　　　　　　B. 制定招聘计划
   C. 确定职位空缺　　　　　　　D. 实施招聘活动
3. 下面不属于外部招聘方法的是(　　)。
   A. 工作轮换　　　B. 校园招聘　　　C. 广告招聘　　　D. 猎头招聘
4. 招聘活动要以人力资源的(　　)职能为依据。
   A. 薪酬管理　　　　　　　　　B. 工作分析
   C. 员工关系管理　　　　　　　D. 绩效管理
5. 工作效率涉及的是工作的(　　)。
   A. 工作方式　　　B. 行为方式　　　C. 结果　　　　D. 行为结果

二、名词解释

1. 人力资源
2. 人力资源管理
3. 招聘
4. 选拔录用
5. 培训开发
6. 在职培训
7. 绩效

8. 绩效考核

9. 劳动争议

10. 劳动关系

11. 劳动合同

三、简答题

1. 人力资源同其他资源相比有哪些特点？

2. 比较内部招聘渠道和外部招聘渠道的优缺点？

3. 试述培训开发的含义和意义？

4. 什么是绩效？如何理解绩效管理？

5. 绩效考核与绩效管理有何区别？

6. 薪酬管理要遵循哪些原则？

第五章 质量管理

学习目标
1. 了解质量与质量管理的概念与发展历程。
2. 掌握质量管理体系的主要内容。
3. 掌握制造质量控制的相关原理和技术。
4. 了解和掌握全面质量管理的实施方法。

第一节 概　　述

质量管理是现代企业管理中的一项重要内容。加强质量管理是提高企业经济效益的根本保证,是增强企业市场竞争力的重要措施,是维护企业信誉、树立企业形象的客观要求,为此,制造生产型企业必须高度重视质量管理工作。

一、质量及其相关术语

GB/T 19000—2008《质量管理体系 基础和术语》中列出了80多条术语,共分为10个部分。本节仅讲述其中几个基本术语。

(一) 质量

质量是反映实体满足明确或隐含需要能力的特性总和,一组固有特性满足要求的程度。

质量可存在于各个领域或任何事物中。质量不仅指产品质量,也可以是某项活动或过程的工作质量,还可以是质量管理体系运行的质量。"质量"可用形容词,如差、好或优秀来修饰。

固有特性是指满足顾客和其他相关方的要求的特性,是指某事或某物本来就有的那种永久的特性。它是通过产品、过程或体系设计和开发及其后实现过程形成的属性,如物理的特性(机械性能、电性能)、功能的特性(飞机的最高速度和高度)。固有特性多数是可测量的。与固有特性相关的是赋予的特性,如产品的价格、交货期等。

要求是指"明确的、通常隐含的或必须履行的需求或期望"。"明确的"是规定的要求。如在文件中阐明的要求或顾客明确提出的要求。"通常隐含的"是指组织、顾客和其他相关方的惯例或一般做法,所考虑的需求或期望是不言而喻的。一般情况下,顾客或相关的文件(如标准)不会对这类要求给出明确的规定,供方应根据自身产品的用途和特性进行识别,并作出规定。如化妆品对顾客皮肤的保护、银行对顾客存款的保密等。"必须履行的"是指法律法规的要求及强制性标准的要求,如 GB 8898—2011《音频、视频及类似电子设备 安全要求》等,供方在产品的实现过程中必须执行这类文件和标准。

(二) 过程

过程是一组将输入转化为输出的相互关联或相互作用的活动。它应包含三个要素:输入、输出和活动。过程与过程之间存在一定的关系。一个过程的输出通常是其他过程的输入,这种关系往往不是一个简单的按顺序排列的结构,而是一个比较复杂的网络结构:一个过程的输出可能成为多个过程的输入,而几个过程的输出也可能成为一个过程的输入。或者也可以说,一个过程与多个部门的职能有关,一个部门的职能与多个过程有关。

(三) 程序

程序是为进行某项活动或过程所规定的途径。

组织为了高效地获得所期望的过程输出,对活动规定途径,以便对过程实行控制。这种规定可以是口头的,也可以是书面的。也就是说,程序可以形成文件,也可以不形成文件。含有规定途径(程序)的文件可以称为"程序文件"。

程序文件中通常包括活动的目的和范围;做什么和谁来做,何时、何地和如何做;应使用什么材料、设备和文件;如何对活动进行控制和记录。程序的作用是指明清晰的工作流程和工作要点,保证工作接口。

(四) 质量管理

质量管理指在质量方面指挥和控制组织协调的活动。在质量方面的指挥和控制活动,通常包括制定质量方针和质量目标以及质量策划、质量控制、质量保证和质量改进。

任何组织都要从事经营并承担社会责任,因此,每个组织都要考虑自身的经营目标。为了实现这一目标,组织会对各个方面实行管理,如行政管理、物料管理、人力资源管理、财务管理、生产管理、技术管理和质量管理等。实施并保持一个通过考虑相关方的需求,从而持续改进组织业绩有效性和效率的管理体系可使组织获得成功。

(五) 质量改进

质量改进是质量管理的一部分,致力于增强满足质量要求的能力。

质量改进的目的在于增强组织满足质量要求的能力,涉及质量管理体系、过程和产品。质量改进与组织质量管理体系覆盖范围内的所有产品、部门、场所、活动和人员均有关系。顾客、相关方以及组织自身都会对组织的质量管理体系、过程和产品提出不同的要求,例如有效性、效率、可追溯性、安全性、先进性、协调性、稳定性、可靠性、准时性、适宜性、充分性等。组织应能识别需改进的关键质量要求,考虑改进所需过程,以增强能力。

改进本身是一项活动,也可以理解为一个过程。因此,对改进过程也应按过程方法进行管理:在分析现状的基础上,确定改进的目标;针对目标寻找并选择合适的解决方案;实施并评价其结果,以确保目标的实现。只有不断地改进,管理才能更加科学,技术才能进步,产品才能日臻完美,企业才能更具有竞争力。

二、质量管理发展简史

质量管理学作为一门实践性较强的管理科学,伴随着现代管理科学的理论和实践,经历了半个世纪的时间,逐步发展成为一门独立的学科。质量管理的发展大体经历了以下三个阶段,由质量检验阶段发展到 SQC 阶段,然后发展到 TQM 阶段,如图 5-1 所示。

图 5-1 质量管理发展的三个阶段

(一) 质量检验阶段

20 世纪初,人们对质量管理的理解还只限于对质量的检验。质量检验所使用的手段是各种检测设备和仪表,方式是严格把关,进行百分之百的检验。期间,美国出现了以泰勒为代表的"科学管理运动"。"科学管理"提出了在人员中进行科学分工的要求,并将计划职能与执行职能分开,中间再加一个检验环节,以便监督、检查对计划、设计、产品标准等项目的贯彻执行。这就是说,计划设计、生产操作、检查监督各有专人负责,从而产生了一支专职检查队伍,构成了一个专职的检查部门,因此质量检验机构就被独立出来了。起初,人们非常强调工长在保证质量方面的作用,将质量管理的责任由操作者转移到工长,故被人称为"工长的质量管理"。后来,这一职能又由工长转移到专职检验人员,由专职检验部门实施质量检验,称为"检验员的质量管理"。

质量检验有下列缺点:一是解决质量问题缺乏系统观念;二是只注重结果,缺乏预防,一旦发现废品,一般很难补救;三是它要求对成品进行100%的检验,在大批量生产情况下是不经济的,在一定条件下也是不允许的。

直到20世纪40年代初期,国外绝大多数的企业仍处于"检验员的质量管理"阶段。1977年以前,我国绝大多数的工业企业的质量管理也都处于这个发展阶段。

(二)统计质量控制阶段(statistical quality control, SQC)

这一阶段的特征是数理统计方法与质量管理的结合。第一次世界大战后期,沃特·阿曼德·休哈特(Walter A. Shewhtar,现代质量管理的奠基者,美国工程师、统计学家、管理咨询顾问,被人们尊称为"统计质量控制之父")将数理统计的原理运用到质量管理中来,并发明了控制图。他认为质量管理不仅要进行事后检验,而且在发现有废品生产的先兆时就进行分析改进,从而预防废品的产生。控制图就是运用数理统计原理进行这种预防的工具。因此,控制图的出现,是质量管理从单纯事后检验进入检验加预防阶段的标志,也是形成一门独立学科的开始。第一本正式出版的质量管理科学专著就是1931年休哈特的《工业产品质量的经济控制》。在休哈特创造控制图以后,他的同事在1929年发表了《抽样检查方法》,他们是最早将数理统计方法引入质量管理的,为质量管理科学做出了贡献。

第二次世界大战开始以后,统计质量管理得到了广泛应用。美国军政部门组织一批专家和工程技术人员,于1941—1942年间先后制订并公布了Z1.1《质量管理指南》、Z1.2《数据分析用控制图法》和Z1.3《生产过程质量管理控制图法》,强制生产武器弹药的厂商推行,并收到了显著效果。从此,统计质量管理的方法得到很多厂商的应用,统计质量管理的效果也得到了广泛的认同。

第二次世界大战结束后,美国许多企业扩大了生产规模,除原来生产军火的工厂继续推行质量管理方法以外,许多民用工业也纷纷采用这一方法,美国以外的许多国家,也都陆续推行了统计质量管理,并取得了成效。

但是,统计质量管理也存在着缺陷,它过分强调质量控制的统计方法,使人们误认为质量管理就是统计方法,是统计专家的事,在计算机和数理统计软件应用不广泛的情况下,使许多人感到高不可攀、难度大。

(三)全面质量管理阶段(total quality management,TQM)

20世纪50年代以来,科学技术和工业生产的发展,对质量要求越来越高。要求人们运用"系统工程"的概念,把质量问题作为一个有机整体加以综合分析研究,实施全员、全过程、全企业的管理。20世纪60年代在管理理论上出现了"行为科学"学派,主张调动人的积极性,注意人在管理中的作用。随着市场竞争,尤其是国际市场竞争的加剧,各国企业都很重视"产品责任"和"质量保证"问题,加强内部质量管理,确保生产的产品使用安全、可靠。

在上述背景条件下,显然仅仅依赖质量检验和运用统计方法已难以保证和提高产品质量,也不能满足社会进步的要求。1961年,菲根堡姆(美国人,全面质量控制之父)提出了全面质量管理的概念。他指出质量并非意味着"最佳",而是"客户使用和售价的最佳"。在质量控制里"控制"一词代表一种管理工具,包括制定质量标准、按标准评价符合性、不符合标准时采取的行动和策划标准的改进,等等。

所谓全面质量管理,是以质量为中心,以全员参与为基础,旨在通过让顾客和所有相关方受益而达到长期成功的一种管理途径。日本在20世纪50年代引进了美国的质量管理方法,并有所发展。最突出的是他们强调从总经理、技术人员、管理人员到工人,全体人员都参与质量管理。企业对全体职工分层次地进行质量管理知识的教育培训,广泛开展群众性质量管理小组活动,并创造了一些通俗易懂、便于群众参与的管理方法,包括由他们归纳、整理的质量管理的七种工具(常用七种工具)和新七种工具(补充七种工具),使全面质量管理充实了大量新的内容。质量管理的手段也不再局限于数理统计,而是全面地运用各种管理技术的方法。

第二节 质量管理体系及其原则

一、ISO9000 族标准

(一) ISO9000 族标准的产生

"ISO9000族质量管理体系标准"是指由国际标准化组织(ISO)中的质量管理和质量保证技术委员会(ISO/TC 176)制定并发布的所有标准,"9000"是标准的编号。

随着质量管理和质量保证的发展,特别是国际贸易的不断扩大,对供方的质量保证能力进行审核、对生产方内部的质量体系进行评价,已成为贸易交往和国际经济合作的前提。但是,各国质量管理和质量保证标准在基本观念、要求和方法上日益显示出了较大的差异。为了消除国际贸易中因标准不同而造成的技术壁垒,客观上要求建立国际统一的准则。因此,国际标准化组织质量管理和质量保证技术委员会(ISO/TC 176)经过多年的努力,于1987年正式颁布了第一套国际化的质量管理和质量保证标准,简称ISO9000系列标准。经过实践、总结与修订,于1994年颁布了1994版ISO9000族标准,2000版ISO9000族标准也于2000年底正式颁布了。这套标准是在总结工业发达国家质量管理包括全面质量管理经验的基础上形成的,是一种通用的、并得到世界各国普遍承认的规范。这套标准的颁布和使用,使世界各国的质量管理在概念、原则、方法和程序上,统一在国际标准之下,标志着质量管理走上了规范化、标准化、系统化、程序化的新高度。

(二) ISO9000族标准(2000版)的基本内容

ISO9000族标准最初被称为ISO9000《质量管理和质量保证系列标准》。它是国际标准组织质量管理和质量保证技术委员会1987年颁布的,编号为ISO9000、ISO9001、ISO9002、ISO9003、ISO9004,简称ISO9000系列标准。1994年,该系列标准被进行了修订,由原来的6项发展为16项,称为1994版ISO9000族标准。2000年,ISO/TC 176在对1994版标准修订的基础上,颁布了新版本的ISO9000族标准,称为2000版ISO9000族标准。

2000版ISO9000族标准由4项核心标准和一系列支持性标准及文件组成。4项核心标准如下:

① ISO9000《质量管理体系·基础和术语》,它阐明了质量管理体系的基础知识,规定了质量管理体系的术语和基本概念。

② ISO9001《质量管理体系·要求》,它规定了质量管理体系的要求,用于证实组织具有提供满足顾客要求和法规要求的产品的能力,目的在于增进顾客满意程度。它是质量管理体系认证的基础。

③ ISO9004《质量管理体系·业绩改进指南》,它提供了提高质量管理体系有效性和效率两方面的指南,其目的是促进组织实现、保持和改进整体业绩,使顾客和其他相关方满意。该标准也可用于评价质量管理体系的完善程度。

④ ISO19011《质量和(或)环境管理体系审核指南》,它为运用质量管理体系或环境管理体系的组织进行内审和外审提供了指南。

2000版ISO9000族标准的特点:面向所有组织,通用性强;文字通俗易懂,结构简化;确立管理原则,统一理念;提倡过程方法,操作性强;强化领导作用;突出改进,提高有效性;兼顾相关方利益;质量管理体系与环境管理体系相互兼容等。尤其是质量管理8项原则的明确提出,为质量管理提供了理论基础和基本准则,也为

第五章 质量管理

标准的实施提出了指导思想。

二、质量管理的基本原则与体系要求

(一) 质量管理的基本原则

(1) 以顾客为关注焦点

组织总是依存于他们的顾客,组织的变革和发展都离不开顾客,所以组织应充分了解顾客当前和未来的需求,满足顾客需求并争取超过顾客的期望。

① 通过全部而广泛的市场调查,了解顾客对产品性能的要求。企业必须认识顾客对不同产品价格的承受能力以及不同消费阶层、不同地区消费者的消费能力,并把它们转化成为具体的质量要求,采取有效措施使其在产品中实现。

② 谋求在顾客和其他受益者(企业所有者,员工,社会等)的需求和期望之间达到平衡。在确定顾客所能接受的价格后,还应该分析产品所能取得的利润能否使企业所有者及其股东获得适当的利益。

③ 将顾客的需求和期望传达到整个企业。把进行顾客调查所得到的资料分门别类,采取科学的方法进行分析、归纳。随后,将这些分析结果采用各种形式传达给企业内的每一个员工,使其更加确定顾客的期望,并把这些顾客的期望贯穿在生产、服务的每一个环节。

④ 测定顾客的满意度,并为提高顾客的满意度而努力。顾客的满意度可以通过多种方法获得,如采用市场问卷调查、新产品试用、售后服务获得信息等方法。例如,一汽大众经常用电话回访的形式来了解用户对其产品和服务满意的程度。

(2) 领导作用

领导在企业的质量管理中起着决定性的作用。领导作用的原则强调了组织最高管理者的职能是确立组织统一的宗旨及方向,并且应当创造并保持使员工能充分参与实现组织目标的内部环境,使组织的质量管理体系在这种环境下得以有效运行。

(3) 全员参与

组织的质量管理不仅需要最高管理者的正确领导,还有赖于组织全体员工的参与。只有全体员工的充分参与,才能使他们的才干为组织带来收益。应鼓励全体员工积极参与质量管理工作,共同承担起解决质量问题的责任,不断增强技能、知识和经验,主动地寻找机会进行质量改进,在生产过程中对企业的质量管理目标进行不断的改进和创新,从而不断提高企业的质量管理水平。

(4) 过程方法

将活动和相关的资源作为过程进行管理,可以更高效地得到期望的结果。任何使用资源将输入转化为输出的活动就是一个过程。系统地识别和管理组织所应用的过程,特别是这些过程之间的相互作用,称为"过程方法"。组织可利用过程方法来提高组织活动的工作效率。

(5) 管理的系统方法

所谓系统管理是指将相互关联的过程作为系统加以识别、理解和管理,有助于组织提高实现目标的有效性和效率。系统管理包括:正确识别相关过程;以最有效的方式实现目标;正确理解各过程的内在关联性及相互影响;持续地进行评估、分析和改进;正确认识资源对目标实现的约束。通过各部门的组织协调建立完整的质量管理体系,实施系统管理。

(6) 持续的改进

顾客的需求是随着社会的进步和科技的发展不断变化提高的,持续改进质量管理体系的目的就在于增加顾客和其他相关方满意的机会。持续改进是一项系统工程,它要求组织从上到下都有这种不断进取的精神,而且需要各部门的良好协作和配合,使组织的目标与个人的目标相一致,这样才能使持续改进在组织内顺利推行,保证企业质量管理体系的顺利执行。

(7) 基于事实的决策方法

有效决策是建立在事实的数据和信息分析的基础上的。所提供的数据和信息必须是可靠和翔实的,而且是建立在组织活动的基础上获得的事实,错误的信息和数据,必然会导致决策的失误。分析必须是客观的,合乎逻辑的,而且分析方法要是科学的和有效的,这样才能减少错决策的可能性。应使资源的利用达到最优化,从而提高和增强决策工作的效率和效果。

(8) 与供方互利的关系

组织与供方是相互依存的,互利的关系可增强双方创造价值的能力。组织与供方应建立互惠互利的双赢关系。只有双方成为利益的共同体,才能实现供需双方双赢的目标。把供方看成合作的伙伴是互利关系的基础,在获取组织利益的同时也注重供方的利益,将有助于组织目标的实现。处理好供需双方的关系是保持企业长远发展的基础。

(二) 质量管理体系的要求

(1) 总的要求

首先要识别质量管理体系所需要的过程,如产品的形成过程;其次,确定这些过程的顺序和相互关系;三是确定这些过程有效运行的方法;四是提供必要的信息支持过程的运行;五是分析过程,利用统计技术对运行的过程进行测量、监视其有效性并对出现的问题进行弥补纠正。

(2) 文件要求

组织的管理者应按规定建立实施并保持质量管理体系以及支持组织过程有效

运行所需的文件,包括相关记录。文件的性质和范围应满足合同、法律法规要求以及顾客和其他相关方的需求和期望,并应与组织相适应。文件可以采取适合组织需求的任何形式或媒体。组织应该根据组织的规模,活动的类型、过程及其相互作用的复杂程度和人员的能力等因素来决定其质量管理体系文件的详略程度以及采用媒体的形式或类型。组织的质量管理体系文件应包括形成文件的质量方针和质量目标声明;质量手册;形成文件的程序;组织为确保其过程有效策划、运作和控制所需的文件;质量记录。

(3) 过程方法

质量管理体系是通过一系列过程来实施的。因此,首先要识别质量管理体系所需要的过程,它包括管理职责,资源管理,产品实现,测量、分析和改进四大过程。其次,应测定过程的顺序和相互作用,然后对各个过程进行管理,也就是控制各个过程的输入、输出、活动和资源,以确保质量管理体系的有效性。所以,过程方法是在过程组成的体系中对各过程之间的联系以及过程组合间相互作用进行持续的控制。

ISO9000族标准把以过程为基础的质量管理体系用一个模型图表示,如图5-2所示。

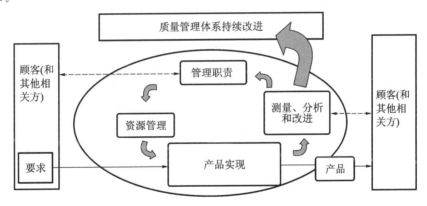

图 5-2　以过程为基础的质量管理体系

图注:──▶增值活动　---▶信息流　( )括号中的陈述不适用于ISO9001

该体系以质量管理体系持续改进为总目标,由顾客和其他相关方要求为导向,经过产品实现、产品、测量分析和改进、管理职责、资源管理再回到产品实现的小循环过程。其中测量分析和改进会进入质量管理体系持续改进系统中。小循环过程:从顾客要求到产品实现,有两个支流,一个支流是从产品到顾客再到测量、分析和改进,另一个支流直接到测量、分析和改进,然后到管理职责,资源管理再回到产品实现。组织管理者,为预防措施提供资源,是一种保证。采取预防措施的积极性,是一种企业文化的表现,而企业文化,是由最高管理者慢慢教化培养出来的。组织应该建立机制,奖励采取预防措施的行为,深度地解决发现的问题。在

ISO9001认证审核的实践中,经常发现有许多客户能自我发现一些问题,如内审、考核、检查、退换货、投诉等,也采取了一些措施,但这些措施有许多是走过场的,就事论事,仅仅纠正了不合格。事后,经常有重复发生的实例,如注塑件的表面油污问题。ISO9001标准第8.5.2条款,对纠正措施提出了明确的要求。发现了问题,不但要改进,而且还要有效地改进。投入了资源想解决问题,就应该把它解决得彻底一些。要有效地解决问题,在于消除产生问题的原因。

(4) 记录控制

记录是指"阐明所取得的结果或提供所完成活动的证据的文件"。记录的作用是提供证据,表明产品、过程和质量管理体系符合要求,是质量管理体系得到有效运行的依据。所以组织应对记录的标示、储存、检索、保护、保存期限和处理进行控制,并制定相应的程序文件。

三、管理职责

为保持质量管理体系的有效运作,组织的最高管理者必须认识并明确其在质量管理体系中的管理职责。

(一) 管理承诺

全面质量管理的成功离不开组织最高管理者对质量管理的重视和正确领导。建立、实施质量管理体系并持续改进其有效性是最高管理者的重要职责,也是其胜任最高管理者的职责承诺。管理者通过开展以下活动为其承诺提供证据:制定适合组织的质量方针,并确保质量方针在组织内得到沟通和理解;在质量方针的基础上制定相应的质量目标,并确保其能够得以实现;进行管理评审,确保获得建立、实施和改进组织质量管理体系所必需的资源,包括人力资源、设施和工作环境等。

(二) 质量方针

质量方针是"由组织的最高管理者正式发布的该组织总的质量宗旨和方向"。一个组织的质量方针应该与组织的总方针相一致,并为制定组织的质量目标提供依据。组织的质量方针内容应符合下述要求:与组织的宗旨相适应;对满足要求和持续改进质量管理体系有效性作出承诺;提供制定和评审质量目标的框架,并在组织内得到沟通和理解;对其进行适宜性评审。

(三) 质量策划

质量策划输入包括下述内容:组织的战略;已确定的组织目标;已确定的顾客和其他相关方的需求和期望;对法律法规要求的评估;对产品性能数据的评估;对过程性能数据的评估;过去的经验教训;已识别的改进机会;相关风险的评估和减

第五章　质量管理

轻的数据。质量策划输出一般包括下述内容：组织所需的技能和知识；实施过程改进计划的职责和权限；所需的资源，如资金和基础设施；评价组织业绩改进成果的指标；改进的需求，包括方法和工具的改进要求；文件的需求，包括记录的需求。

（四）职责、权限和沟通

为了在组织中实施并保持有效和高效的质量管理体系，最高管理者应对组织中各部门和岗位的质量职责和权限作出规定并进行沟通。

管理者具有的职责和权限：确保质量管理体系所需的过程得到建立、实施和保持；向最高管理者报告质量管理体系的业绩和任何改进的需求；确保在整个组织内提高对顾客要求的意识；与质量管理体系有关事宜的外部联络。

最高管理者应确保在组织内建立适当的沟通过程，并对确保质量管理体系的有效性进行沟通。为此，应规定并实施一个有效和高效的过程，以便沟通质量方针、要求、目标和目标完成状况。沟通这些信息有助于组织的业绩改进，并有助于组织的人员直接参与质量目标的实现。管理者应积极鼓励组织的人员进行反馈和沟通，并将其作为一种使员工充分参与的手段。

（五）管理评审

管理评审包括评价质量管理体系改进的机会和变更的需要，包括质量方针和质量目标。从组织的整个管理体系的角度，管理评审不能仅限于对质量管理体系的有效性和效率进行验证，还应扩展为在整个组织范围内对体系效率进行评价的过程。

第三节　制造质量控制

一、质量控制的基本原理

质量管理的一项主要工作是通过收集数据、整理数据，找出波动的规律，把正常波动控制在最低限度，消除系统性原因造成的异常波动，把实际测得的质量特性与相关标准进行比较，并对出现的差异或异常现象采取相应措施进行纠正，从而使工序处于控制状态，这一过程就称为质量控制。质量控制大致可以分为七个步骤：

① 选择需要监测的质量特性值；
② 确定规格标准，详细说明质量特性；
③ 选定能准确测量该特性值的监测仪表，或自制测试手段；
④ 进行实际测试并做好数据记录；

⑤ 分析实际与规格之间存在差异的原因；

⑥ 采取相应的纠正措施；

⑦ 当采取相应的纠正措施后,仍然要对过程进行监测,将过程保持在新的控制水准上。一旦出现新的影响因子,就需要测量数据,分析原因,进行纠正。

这七个步骤形成了一个封闭式流程,称为"反馈环"。在上述七个步骤中,关键有两点:质量控制系统的设计和质量控制技术的选用。

二、质量控制系统设计

在进行质量控制时,需要对控制的过程、质量检测点、检测人员、测量类型和数量等几个方面进行决策,这些决策完成后就构成了一个完整的质量控制系统。

(一) 过程分析

一切质量管理工作都必须从过程本身开始。在进行质量控制前,必须分析生产某种产品或提供某种服务的相关过程。一个大的过程可能包括许多小的过程,通过采用流程图分析方法对这些过程进行描述和分解,以确定影响产品或服务质量的关键环节。

(二) 质量检测点确定

在确定了需要控制的每一个过程后,接下来就要找到每一个过程中需要测量或测试的关键点。一个过程的检测点可能很多,但每一项检测都会增加产品或服务的成本,所以要在最容易出现质量问题的地方进行检验。典型的检测点包括:

(1) 生产前的外购原材料或服务检验

为了保证生产过程的顺利进行,首先要通过检验保证原材料或服务的质量。当然,如果供应商具有质量认证证书,此检验可以免除。另外,在准时化生产中,不提倡对外购件进行检验,一般认为这个过程不增加价值,是"浪费"。

(2) 生产过程中的产品检验

典型的生产中的检验是在不可逆的操作过程或高附加值操作之前。因为这些操作一旦进行,将严重影响质量并造成较大的损失。例如在陶瓷烧结前需要检验,因为一旦被烧结,不合格品只能废弃或作为残次品处理。再如产品在电镀或油漆前也需要检验,以避免缺陷被掩盖。这些产品的检验可由操作者本人进行。生产中的检验还能判断生产过程是否处于受控状态,若检验结果表明质量波动较大,就需要及时采取措施纠正。

(3) 生产后的产品检验

在将产品交付顾客前,为了修正产品的缺陷,需要在产品入库或发送前进行检验。

（4）检验方法

检验方法主要指确定在每一个质量控制点应采用什么类型的检验方法。检验方法分为：计数检验和计量检验。计数检验是对缺陷数、不合格率等离散变量进行检验；计量检验是对长度、高度、重量、强度等连续变量进行检验。在生产过程中的质量控制还要考虑使用何种类型控制图的问题，如离散变量用计数控制图，连续变量采用计量控制图。

（三）检验样本大小

确定检验数量有两种方式：全数检验和抽样检验。确定检验数量的指导原则是将不合格率造成的损失和检验成本相比较。假设有一批500个单位产品，产品不合格率为2%，每个不合格品造成的维修费、赔偿费等成本为100元，如果不对这批产品进行检验的话，总损失为 $100 \times 10 = 1000$ 元。若这批产品的检验费低于1000元，可对其进行全检。当然，除了成本因素，还要考虑其他因素。如涉及人身安全的产品，就需要进行100%的检验，若进行破坏性检验则采用抽样检验的方式。

（四）检验人员

检验人员的确定可采用操作工人和专职检验人员相结合的原则。在六西格玛（6σ）管理中，通常由操作工人完成大部分检验任务。六西格玛是摩托罗拉公司发明的术语，用来描述在实现质量改进时的目标和过程。西格玛（σ）是统计员用的希腊字母，指标准偏差。术语六西格玛指百万次操作出现失误的次数不超过3.4的流程变化（六个标准偏差）尺度。

三、质量控制技术

质量控制技术包括两大类：抽样检验和过程质量控制。抽样检验通常是指生产前对原材料进行检验或生产后对成品进行检验，以便根据随机样本的质量检验结果决定是否接受该批原材料或产品。过程质量控制是指对生产过程中的产品随机样本进行检验，以判断该生产过程是否在预定标准内。抽样检验用于采购或验收，而过程质量控制应用于各种形式的生产过程。下面主要介绍过程质量控制技术。

自1924年休哈特提出控制图以来，过程质量控制技术已经广泛地应用到质量管理中，在实践中还不断地产生了许多新的方法。如直方图、相关图、排列图、控制图和因果图等"QC（质量控制）七种工具"以及关联图、系统图等"新QC七种工具"。应用这些方法可以从经常变化的生产过程中，系统地收集与产品有关的各种数据，并用统计方法对数据进行整理、加工和分析，进而画出各种图表，找出质量变化的规律，实现对质量的控制。

(一) 直方图

直方图是把数据的离散分布状态用竖条在图表上标出,以帮助人们根据显示的图样变化,在缩小的范围内寻找出现问题的区域,从中得知数据平均水平偏差并判断总体质量分布情况。

1. 作直方图

下面通过例 5-1 来说明直方图的作图步骤。

【例 5-1】 某车床加工外径 $\phi(10.00\pm0.32)$ mm 的小轴,试绘制完成该工序加工状态(从粗加工工序到精加工工序)的频数直方图。

【解】（1）收集数据。采用随机抽样方法,从工序生产的零件中抽取含量为 n 的样本(一般实际工作中常取 $n=50,100,200$)。本例取 $n=50$,测量结果如表 5-1 所示。

表 5-1 测量结果数据表

28	27	33	33	44	35	28	39	37	18
32	11	28	25	19	23	13	25	30	22
21	25	22	48	21	36	18	24	34	29
33	20	40	27	5	32	16	33	24	34
26	33	38	20	23	35	30	17	25	28

（2）分组。确定组数 K,K 的取值可参考表 5-2。

表 5-2 K 的取值参数

样本含量 n	适当的分组数 K	一般分组数 K
50～100	6～10	10
100～250	7～12	
250 以上	10～20	

本例取 $K=7$。

（3）统计各组内所含的频数 f_i,整理频数分布表,如表 5-3 所示。

表 5-3 频数分布表

组号	组距	组中值 x_i	频数 f_i
1	1.5～8.5	5	1
2	8.5～15.5	12	2
3	15.5～22.5	19	11
4	22.5～29.5	26	16

续表

组号	组距	组中值 x_i	频数 f_i
5	29.5～36.5	33	14
6	36.5～43.5	40	4
7	43.5～50.5	47	2
$\sum$	—	—	50

(4) 画图。本例的直方图如图 5-3 所示。

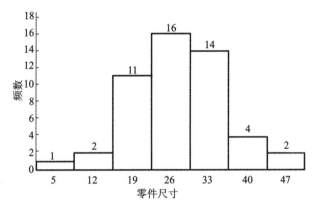

图 5-3 直方图

2. 计算平均值和标准差

根据分组资料计算平均值 $\overline{X}$ 和标准差 S。

(1) 平均值 $\overline{X}$ 的计算公式为

$$\overline{X} = \frac{\sum x_i f_i}{\sum f_i}$$

式中：x_i——各组变量的组中值；

f_i——各分组频数。

(2) 标准差的计算公式为

$$S = \sqrt{\frac{\sum (x_i - \overline{X})^2 f_i}{\sum f_i}}$$

通过计算可得例 5-1 中的 $\overline{X} = 10.074$ mm，$S = 0.0852$（计算过程略）。

3. 频数直方图的观察分析

从直方图可以直观地看出产品质量特性的分布形态，便于判断过程是否处于控制状态，以决定是否采取相应对策措施。直方图从分布类型上来说，可以分为正常型和异常型,如图 5-4 所示。正常型是指整体形状左右对称的图形,此时过程处于稳定状态(统计控制状态)(见图 5-4(a))。如果是异常型,就要分析原因,加以处理。常见的异常型主要有六种:

① 双峰型(见图 5-4(b)) 直方图出现两个峰。主要原因是观测值来自两个总体,两个分布的数据混合在一起,此时数据应加以分层。

② 锯齿型(见图 5-4(c)) 直方图呈现凹凸不平现象。这是作直方图时,数据分组太多,测量仪器误差过大或观测数据不准确等造成的,此时应重新收集和整理数据。

③ 陡壁型(见图 5-4(d)) 直方图像峭壁一样向一边倾斜。主要原因是进行全数检查时,使用了不合格品的相关数据作直方图。

④ 偏态型(见图 5-4(e)) 直方图的顶峰偏向左侧或右侧。公差下限受到限制或某种加工习惯容易造成偏左;当公差上限受到限制或轴外圆加工时,直方图呈现偏右形态。

⑤ 平台型(见图 5-4(f)) 直方图顶峰不明显,呈平顶形。主要原因是多个总体和分布混合在一起,或者生产过程中某种缓慢的倾向在起作用(如工具磨损、操作者疲劳等)。

⑥ 孤岛型(见图 5-4(g)) 在直方图旁边有一个独立的"小岛"出现。主要原因是生产过程中出现异常情况,如原材料发生变化或突然替换掉熟练的工人。

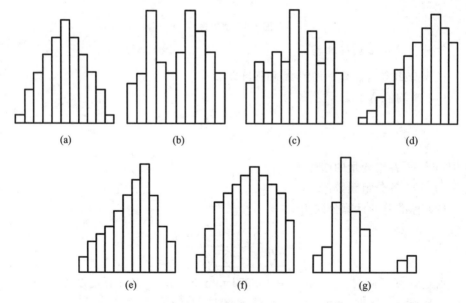

图 5-4 直方图的分布类型

(a)稳定状态;(b)双峰型;(c)锯齿型;(d)陡壁型;(e)偏态型;(f)平台型;(g)孤岛型

(二) 过程能力指数

过程能力指数(process capability index)用于反映过程处于正常状态时,即人员、机器、原材料、工艺方法、测量和环境充分标准化并处于稳定状态时,所表现出的保证产品质量的能力。过程能力指数也称为工序能力指数或工艺能力指数。

对于任何生产过程,产品质量特性值总是主分散状态。过程能力越高,产品质量特性值的分散程度就会越小;过程能力越低,产品质量特性值的分散程度就会越大。

过程能力是表示生产过程客观存在的质量分散的一个参数。但是这个参数能否满足产品的技术规格要求,仅从它本身难以看出。因此,还需要另一个参数来反映工序能力满足产品技术要求(公差、规格等质量标准)的程度,这个参数就是过程能力指数。它是技术规格要求和过程能力的比值,即:

$$过程能力指数 = \frac{技术规格要求}{过程能力}$$

当分布中心与公差中心重合时,过程能力指数记为 C_p。当分布中心与公差中心有偏离时,过程能力指数记为 C_{pk}。过程的质量水平按 C_p 值可划分为五个等级:$C_p > 1.67$,特级,能力过高;$1.67 \geqslant C_p > 1.33$,一级,能力充分;$1.33 \geqslant C_p > 1.0$,二级,能力尚可;$1.0 \geqslant C_p > 0.67$,三级,能力不足;$C_p < 0.67$,四级,能力严重不足。

(三) 控制图

通过计算过程能力指数,可判断出工序是否具备加工合格品的能力。为了将这种能力保持下去,并对实际生产过程进行监控,必须利用控制图。

(1) 控制图的含义

所谓控制图,是用来反映生产过程中工序质量随时间变化的动态,以维持生产过程稳定性的一种质量管理工具。

控制图有三条线:上控制界限(UCL);中心线(CL);下控制界限(LCL)。通常上、下控制界限是根据"千分之三"法则确定的。

根据正态分布的特性,落在 $\mu \pm 3\sigma$ 之外的可能性只有 0.27%,这种小概率事件一般认为在有限次测量中不会发生。因此,在确定控制界限时其计算公式为

$$UCL = E(Y) + 3\sigma(Y)$$
$$LCL = E(Y) - 3\sigma(Y)$$
$$CL = E(Y)$$

式中：Y——样本统计量；

$E(Y)$——样本统计量的平均值；

$\sigma(Y)$——样本统计量的标准差。

一旦某个数据点越出控制界限，就可认为生产过程出现异常。这样虽然存在着0.27%的错判概率，给生产者带来一些误停机损失，但从整体上看，总经济损失却最小。

(2) 控制图的种类

控制图的种类很多，可分为计量控制图和计数控制图两大类。计量控制图中又可根据不同质量控制指标分为：$\overline{X}$-R（平均值和极差）控制图；$\widetilde{X}$-R（中位数和极差）控制图；X-R_S（单值和移动极差）控制图。计数控制图又可分为计件值控制图和计点值控制图。

以下仅就常用的 $\overline{X}$-R 控制图为例加以说明。

【例5-2】 某工序加工轴零件，其外径的质量要求为 $\phi 100^{+0.094}_{-0.050}$ mm，从加工过程中抽取 $n=5$ 的20个样本组，测得尺寸如表5-4所示，试根据上述资料作 $\overline{X}$-R 控制图。

【解】 (1) 计算各组平均数，如表5-4所示。计算公式如下：

$$\overline{X} = \frac{\sum_{i=1}^{n} x_i}{n}$$

(2) 计算各组极差 R，如表5-4所示。计算公式如下：

$$R_i = x_{\max} - x_{\min}$$

式中：$x_{\max}$——样本组内最大值；

$x_{\min}$——样本组内最小值。

(3) 计算总平均值 $\overline{\overline{X}}$，如表5-4所示。计算公式如下：

$$\overline{\overline{X}} = \frac{\sum_{i=1}^{K} \overline{X_i}}{K}$$

式中：K——样本组数。

(4) 计算极差平均值，如表5-4所示。计算公式如下：

$$\overline{R} = \frac{\sum_{i=1}^{K} R_i}{K}$$

第五章 质量管理

表 5-4 控制图数据表

样本号	抽样日期（日/月）	测量值					$\overline{X_i}$	R_i	备注
		x_1	x_2	x_3	x_4	x_5			
1	1/3	72	74	70	82	77	75	12	
2	2/3	82	74	66	67	78	73.8	16	
3	3/3	78	78	85	82	73	79.3	12	
4	5/3	83	78	76	69	73	75.8	14	
5	6/3	75	85	82	80	80	80.4	10	
6	7/3	81	76	74	79	71	76.2	10	
7	8/3	77	55	86	71	66	71	31	
8	9/3	77	63	66	73	68	69.4	14	
9	10/3	76	71	81	76	78	76.4	10	
10	12/3	61	70	68	75	73	69.5	14	
11	13/3	70	69	72	67	69	69.4	5	
12	14/3	80	75	70	82	80	77.4	12	
13	15/3	73	69	62	78	67	69.8	16	
14	16/3	74	65	61	59	69	65.6	15	
15	17/3	65	81	81	75	72	74	16	
16	19/3	74	81	81	77	77	78	7	
17	20/3	78	70	67	82	73	74	15	
18	21/3	81	76	72	69	66	72.8	15	
19	22/3	81	83	75	77	79	79	8	
20	23/3	78	69	84	68	61	72	23	
						合计	1478.6	275	
						总平均	73.93	13.75	

$\overline{X}$ 图	R 图	n 系数	A_2	D_4	D_3
CL＝100.74 mm	CL＝0.014 mm				
UCL＝100.082 mm	UCL＝0.029 mm	4	0.729	2.282	—
LCL＝100.066 mm	LCL＝（－）	5	0.577	2.115	—

注：表中测量值均为实测值减去 100 mm 的简化值，单位为 0.001 mm。

(5) 计算 $\bar{X}$ 图控制界限。由表 5-5 知,$\bar{X}$ 图上三条线的计算公式为

$$CL \approx \bar{\bar{X}}$$

$$UCL \approx \bar{\bar{X}} + A_2 \bar{R}$$

$$LCL \approx \bar{\bar{X}} - A_2 \bar{R}$$

式中:A_2——控制图系数,可由表 5-5 查出。

表 5-5 控制图系数表

n 系数	A_2	m_3	D_3	D_4	E_2
2	1.880	1.000	—	3.267	2.660
3	1.023	1.160	—	2.575	1.772
4	0.729	1.092	—	2.282	1.457
5	0.577	1.196	—	2.115	1.290
6	0.483	1.135	—	2.004	1.184
7	0.419	1.214	0.076	1.924	1.109
8	0.373	1.166	0.136	1.864	1.054
9	0.337	1.223	0.184	1.816	1.010
10	0.308	1.177	0.223	1.777	0.975

本例中:CL ≈ 73.93 μm ⟶ 100.74 mm;

UCL ≈ (73.93 + 0.577 × 13.75) μm = 81.86 μm ⟶ 100.082 mm;

LCL ≈ (73.93 − 0.577 × 13.75) μm = 66 μm ⟶ 100.066 mm。

(6) 计算 R 图控制界限值。由表 5-5 知,R 图上三条线的计算公式为

$$CL \approx \bar{R}$$

$$UCL \approx D_4 \bar{R}$$

$$LCL \approx D_3 \bar{R}$$

式中:D_3,D_4——控制图系数,可由表 5-5 查出。

本例中:CL ≈ 13.75 μm ⟶ 0.014 mm;

UCL ≈ (2.115 × 13.75) μm = 29.08 μm ⟶ 0.029 mm;

LCL ≈ 负值(无意义)。

(7) 画控制界限,并把各组的 $\bar{X}$ 值和 R 值用点子计入相应的 $\bar{X}$ 图和 R 图中,如图 5-5 所示。控制图的中心线用细实线表示,上、下控制界限用虚线表示。

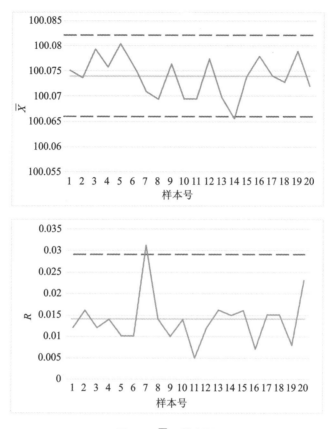

图 5-5　$\overline{X}$-R 控制图

(四) QC 七种工具中的其他工具

(1) 排列图

排列图又称为主次因素分析图或帕累特图,是用来寻找影响工程(产品)质量主要因素的一种有效工具。排列图由两个纵坐标、一个横坐标、若干个直方图形和一条曲线组成。其中左边的纵坐标表示频数,右边的纵坐标表示频率,横坐标表示影响质量的各种因素。若干个直方图形分别表示质量影响因素的项目,直方图形的高度则表示影响因素的大小程度,按大小顺序由左向右排列,曲线表示各影响因素大小的累计百分数。这条曲线称为帕累特曲线。排列图的主要功能是帮助人们确定那些相对少数但重要的问题,以使人们把精力集中于这些问题的改进上。在任何过程中大部分缺陷也通常是由相对少数的问题引起的。在过程质量控制中,排列图常用于不合格品数或缺陷数的分类分析。不合格品排列图如图 5-6 所示。

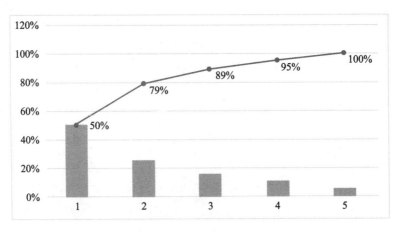

图 5-6 不合格品排列图

注：条形图为不合格数分类统计量，折线图为累计比例。

(2) 因果图

因果图由日本质量学家石川馨发明，是用于寻找造成质量问题的原因、表达质量问题因果关系的一种图形分析工具。一个质量问题的产生，往往不是一种因素，而是多种复杂因素综合作用的结果。通常，可以从质量问题出发，首先分析那些对产品质量影响最大的原因，进而从大原因出发寻找中原因、小原因和更小的原因，并检查和确定主要因素。这些原因可归纳成原因类别与子原因，形成类似鱼刺的样子，因此因果图也称为鱼刺图。图 5-7 是在制造中出现次品后，寻找其原因形成的因果图。从图 5-7 中可以看出，原因被归为工人、机械、测试方法等六类，每一类下面又有不同的子原因。

(3) 分层法

分层法是将不同类型的数据按照同一性质或同一条件进行分类，从而找出其内在的统计规律的统计方法。常用分类方式：按操作人员分、按使用设备分、按工作时间分、按使用原材料分、按工艺方法分、按工作环境分等。

(4) 散布图

散布图又称散点图、相关图，是表示两个变量之间相互关系的图形分析工具。横坐标通常表示原因特性值，纵坐标表示结果特性值，交叉点表示它们的相互关系。相关关系可以分为：正相关、负相关、不相关。

(5) 检查表

检查表又称核查表、调查表、统计分析表，是利用统计表对数据进行整体和初步原因分析的一种表格型工具，常用于其他工具的前期统计工作。

（五）新 QC 七种工具

新 QC 七种工具用于全面质量管理 PDCA 的计划阶段。它们与主要运用于生

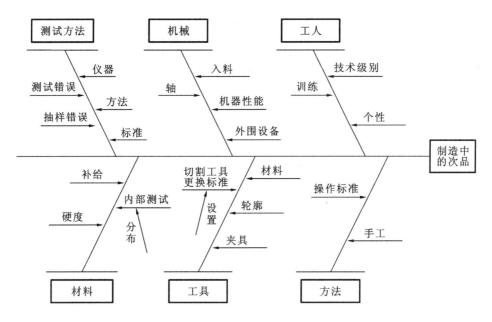

图 5-7　分析制造中出现次品问题的因果图

产过程质量控制和预防的 QC 七种工具相互补充,共同致力于提高质量。

① 关联图法,是用于将关系纷繁复杂的因素按原因、结果或目的、手段等有目的、有逻辑地连接起来的一种图形分析方法。

② 矩阵图法,是以矩阵的形式分析因素间相互关系及其强弱的图形分析方法。它由对应事项、事项中的具体元素和对应元素交点处表示相关关系的符号构成。

③ PDPC 法,又称过程决策程序图法,是将运筹学中的过程决策程序图应用于质量管理,在制订实现目标的实施计划时进行全面分析,对事态进展中的各种障碍进行预测,从而制定相应的处置方案和应变措施的方法。

④ 箭线图法,是网络图在质量管理中的应用,是制定某项质量工作的最佳日程计划和有效地进行进度管理的一种方法。

⑤ 亲和图法,是用于归纳、整理由"头脑风暴"法产生的观点、想法等语言资料,按它们之间的亲近关系加以归类、汇总的一种图形分析方法。

⑥ 树图法,也称系统图法,它是把要实现的目标与需要采取的措施或手段系统地展开,以明确问题的重点,寻找最佳手段或措施的一种方法。

⑦ 头脑风暴法,也称集思广益法,它是采用会议的方式,激发参会人的灵感,引导每个人广开言路,畅所欲言地发表独立见解的一种集体创造性思维方法。

第四节　质量成本管理

一、质量成本的概念与构成

制造业发达国家的全面质量管理曾在我国引发了质量管理的一场革命,使国内产品和服务的质量从根本上提升到较高的水平。但是提高质量也常常不被顾客所接受,同时按照全面质量管理的要求,质量的提高往往要以人力、物力、技术、信息、管理等成本的追加为代价,这最终会抵消质量提高所带来的利润优势。特别是当产品质量普遍得到提高,与竞争者处于大致相同的质量水平时,如何在保证一定质量水平的前提下,实现对成本的有效控制成为竞争取胜的关键。

所谓质量成本,是为确保满意的质量而发生的费用,以及没有达到满意的质量所造成的损失。质量成本由运行质量成本(预防成本、鉴定成本、内部缺陷成本、外部缺陷成本)和外部质量保证成本构成。

其中,预防成本是指为预防质量缺陷的发生所支付的费用,包括质量管理人员的人工费用、质量宣传费用、质量评审费用、质量培训费用、质量改进费用和供方质量保证费用。鉴定成本是指为评定产品是否具有规定的质量而进行试验、检验所支付的费用。内部缺陷成本也称为内部损失成本,是指交货前因产品未能满足规定质量要求所造成的损失,主要包括:返修损失费用、复试复验费用、处理质量缺陷费用、减产损失及产品降级损失费用等。外部缺陷成本也称为外部损失成本,是指成品出厂后因不满足规定的质检要求,导致索赔、修理、更换或信誉损失等而支付的费用,主要包括:申诉受理费用、保修费用、退换产品的损失费用和产品责任损失费用等。外部质量保证成本是指为满足合同规定的质量保证要求提供客观证据、演示和证明所发生的费用。

各类成本之间并不是彼此孤立和毫无联系的,而是相互影响、相互制约的。如果在企业内部严格质量管理,加强质量检查,从而使鉴定成本和内部损失成本增加,但外部损失成本减少,也可使得质量总成本降低。在预防措施上进行一定投入使质量得到提高,对于一个组织来说,是很有益的。从我国企业当前的情况来看,普遍存在的问题是预防成本偏低,结果使内外损失居高不下,从而使质量总成本过高。

二、质量成本分析

质量成本分析是质量成本管理的重点环节之一。它是通过质量成本核算的数据,对质量成本的形成、变动原因进行分析和评价,找出影响质量成本的关键因素和管理上的薄弱环节。

(一) 质量成本分析的内容

(1) 质量成本总额分析

计算本期(年度、季度或月度)质量成本总额,并与上期质量成本总额进行比较,以了解其变动情况,进而找出变动原因和发展趋势。

(2) 质量成本构成分析

分别计算内部故障成本、外部故障成本、鉴定成本以及预防成本各占运行质量成本的比率,运行质量成本、外部保证质量成本各占质量成本总额的比率。通过这些比率分析运行质量成本的项目构成是否合理,以便寻求降低质量成本的途径,并探寻适宜的质量成本水平。

(3) 质量成本与比较基数的比较分析

· 故障成本总额与销售收入总额比较,计算百元销售收入故障成本率。它反映了由于产品质量不佳造成的经济损失对企业销售收入的影响程度。

· 外部故障成本与销售收入总额比较,计算百元销售收入外部故障成本率。它反映了企业为用户服务的支出水平,以及企业给用户带来的经济损失情况。

· 预防成本与销售收入总额比较,计算百元销售收入预防成本率。它反映了为预防发生质量故障和提高产品质量的投入占企业销售收入的比重。

此外,也可以采用产值、利润等作为比较基数,以反映产品质量故障对企业产值、利润等方面的影响,从而引起企业各部门和各级领导对产品质量故障和质量管理的重视。在实际中,企业应该根据实际需要选用比较基数。

建议质量成本分析时注意以下两点:① 围绕指标体系分析以反映出质量成本管理的经济性和规律性;② 运用正确的分析方法,找出造成质量损失的重要原因,以便围绕重点问题找出改进点,制定措施进行解决。

(二) 质量成本分析的方法

质量成本分析方法分为定性分析和定量分析两类。定性分析可以加强质量成本管理的科学性和时效性。定量分析能够计算出定量的经济效果,作为评价质量体系有效性的指标。其方法主要有以下几种。

(1) 指标分析法

质量成本目标指标,是指在一定时期内质量成本总额及其四大构成项目(预防、鉴定、内部故障、外部故障)的增减值或增减率。设 C, C_1, C_2, C_3, C_4 分别代表质量成本总额及预防、鉴定、内部故障、外部故障在计划期与基期的差额,则有

$$C = 基期质量成本总额 - 计划期质量成本总额$$

$$C_1 = 基期预防成本总额 - 计划期预防成本总额$$
$$C_2 = 基期鉴定成本总额 - 计划期鉴定成本总额$$
$$C_3 = 基期内部故障成本总额 - 计划期内部故障成本总额$$
$$C_4 = 基期外部故障成本总额 - 计划期外部故障成本总额$$

其增减率分别为：

$$p_1 = \frac{预防成本差额}{基期预防成本总额} = \frac{C_1}{基期预防成本总额} \times 100\%$$

$$p_2 = \frac{鉴定成本差额}{基期鉴定成本总额} = \frac{C_2}{基期鉴定成本总额} \times 100\%$$

$$p_3 = \frac{内部故障差额}{基期内部故障成本总额} = \frac{C_3}{基期内部故障成本总额} \times 100\%$$

$$p_4 = \frac{外部故障差额}{基期外部故障成本总额} = \frac{C_4}{基期外部故障成本总额} \times 100\%$$

质量成本结构指标，是指预防成本总额、内部故障成本总额、外部故障成本总额各占质量成本总额的比例。

设 q_1, q_2, q_3, q_4 分别代表上述四项费用的比例，则

$$q_1 = \frac{计划期预防成本总额}{计划期质量成本总额} \times 100\%$$

$$q_2 = \frac{计划期鉴定成本总额}{计划期质量成本总额} \times 100\%$$

$$q_3 = \frac{计划期内部故障成本总额}{计划期质量成本总额} \times 100\%$$

$$q_4 = \frac{计划期外部故障成本总额}{计划期质量成本总额} \times 100\%$$

质量成本相关指标，是指质量成本与其他有关经济指标的比值指标，这些指标有

$$百元商品产值的质量成本 = \frac{质量成本总额}{商品产值总额} \times 100\%$$

$$百元销售输入的质量成本 = \frac{质量成本总额}{销售收入总额} \times 100\%$$

$$百元总成本的质量成本 = \frac{质量成本总额}{产品成本总额} \times 100\%$$

$$百元利润的质量总成本 = \frac{质量成本总额}{产品销售总利润} \times 100\%$$

根据需要，还可以用百元销售收入的内外部故障、百元总成本的内外部故障等指标进行计算分析。

(2) 质量成本趋势分析

质量成本趋势分析就是要掌握质量成本在一定时期内的变动趋势。其中又可

分短期趋势与长期趋势两类,如图 5-8 及图 5-9 所示。从图中可以观察出一年或几年中的成本变化,由曲线的趋势来判断未来质量成本变化的趋势,从总体上直观地了解质量成本管理效果。

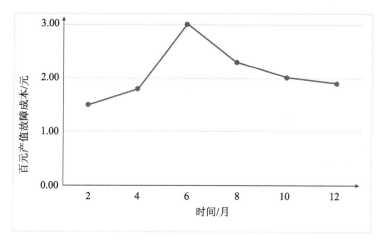

图 5-8　某年百元产值故障成本趋势图

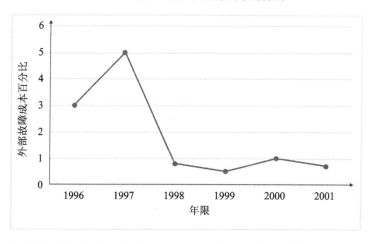

图 5-9　某公司 1996—2001 年(1—12 月)外部故障成本占质量成本的比例趋势图

(3) 排列图分析

排列图分析是应用全面质量管理中的排序图原理对质量成本进行分析的一种方法。应用这种方法,特别是当质量成本类型位于质量改进区域内,而工作重点应放在改善产品质量和提高预防成本上时,其效果更为显著。如图 5-10 所示为某化工厂各车间质量成本分布排列图,图中显示占质量成本总额比率最大的是炼胶车间,其次是硫化车间和成型车间。如图 5-11 所示,是根据内部故障成本分析所得的排列图,图中显示内部故障成本的关键项目是废品损失和降级损失两项。

采用排列图进行分析,不仅可以找出主要矛盾,而且可以层层深入,连续进行

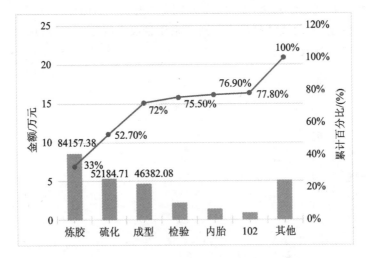

图 5-10　某化工厂各车间质量成本分布排列图

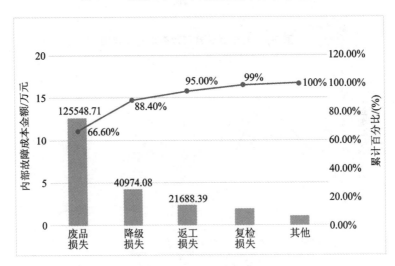

图 5-11　内部故障成本排列图

追踪分析,以便最终找出真正的问题。例如图 5-11 所示例子,采用排列图找出影响内部故障成本的关键项(A 类因素)为废品损失;然后,可继续采用排列图分析各部门(如车间)所发生的废品损失金额在废品损失总额中所占的比率,找出关键项,再根据这个关键项继续采用排列图,一直分析到一个产品、一道工序、一个工位、一个操作者,最后能采取措施为止,这个过程可以用图 5-12 加以说明。

(4) 灵敏度分析

质量成本四大项目的投入与生产在一定时间内的变化效果或特定的质量改进效果,可用灵敏度 α 表示如下:

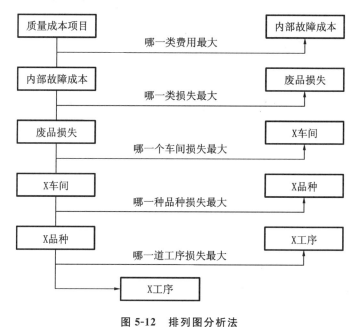

图 5-12 排列图分析法

$$\alpha = \frac{\text{计划期内外故障成本之和}-\text{基期相应值}}{\text{计划期预防与鉴定成本之和}-\text{基期相应值}}$$

三、质量成本控制

质量成本控制是以降低成本为目标,把影响质量总成本的各个质量成本项目控制在计划范围内的一种管理活动,是质量成本管理的重点。质量成本控制是以质量计划所制定的目标为依据,通过各种手段以达到预期效果。由此可见,质量成本控制是完成质量成本计划、优化质量目标、加强质量管理的重要手段。

质量成本考核就是定期对质量成本责任单位和个人考核其质量成本指标完成情况,评价其质量成本管理的成效,并与奖惩挂钩以达到鼓励鞭策、共同提高的目的。因此,质量成本考核是实行质量成本管理的关键之一。

为了对质量成本实行控制和考核,企业应该建立质量成本责任制,形成质量成本控制管理的网络系统。将构成质量成本费用的项目分解、落实到有关部门和人员,明确责、权、利,实行统一领导、部门归口、分级管理系统。

(一)质量成本控制的步骤

质量成本控制贯穿质量形成的全过程,一般应采取以下步骤。

(1)事前控制

事先确定质量成本项目控制标准。以质量成本计划所定的目标作为控制的依据,分解展开到单位、班组、个人,采用限额费用控制等方法作为各单位控制的标准,以便对费用开支进行检查和评价。

(2) 事中控制

按生产经营全过程进行质量成本控制,即按开发、设计、采购、制造、销售服务几个阶段提出质量费用的要求,分别进行控制,将日常发生的费用对照计划进行检查,以便发现问题和采取措施,这是监督控制质量成本的重点和有效手段。

(3) 事后控制

查明实际质量成本偏离目标值的问题和原因,在此基础上提出切实可行的措施,以便于进一步改进质量、降低成本进行决策。

(二) 质量成本控制的方法

质量成本控制的方法,一般有以下几种:

(1) 限额费用控制的方法;
(2) 围绕生产过程的重点提高合格率水平的方法;
(3) 运用改进区、控制区、高鉴定成本区(见图 5-13)的划分方法进行质量改进、优化质量成本的方法;
(4) 运用价值工程原理进行质量成本控制的方法。

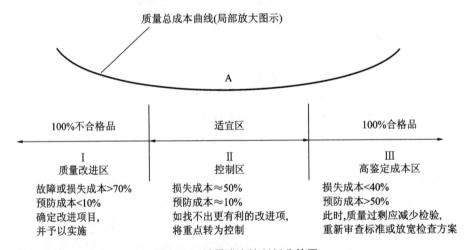

图 5-13 质量成本控制划分简图

企业应针对自己的情况选用适合本企业的控制方法。

图 5-13 中的 I 区是质量损失成本较大的区域,一般来说,内外部损失成本占质量成本总额 70%以上,而预防成本不足 10%的属于这个区域。这时,损失成本是影响达到最佳质量成本的主要因素。因此质量管理工作的重点应放在加强质量预防措施,加强质量检验,以提高质量水平,降低内外部损失成本,这个区域称为质量改进区。II 区是质量成本处于最佳水平的区域。这时内外部损失成本约占质量

总成本的50%,而预防成本约占10%。如果用户对这种质量水平表示满意,认为已达到要求,而进一步改善质量又不能给企业带来新的经济效益,那么这时质量管理的重点应是维持或控制现有的质量水平,使质量成本总额处于最低点 A 附近的区域,这个区域称为质量控制区。Ⅲ区是鉴定成本较大的区域。鉴定成本成为影响质量成本总额的主要因素。这时质量管理的重点在于分析现有的标准,降低质量标准中过严的部分,减少检验程序和提高检验工作效率,使质量总成本趋于最低点 A,这个区域称为质量至善区或质量过剩区。

第五节　全面质量管理

一、全面质量管理的基本概念

全面质量管理是以组织全员参与为基础的质量管理形式,它的提出和实践标志着质量管理发展到一个新阶段。20 世纪 80 年代后期以来,全面质量管理得到了进一步的扩展和深化,逐渐由早期的 TQC(total quality control)演化成为 TQM (total quality management),其含义远远超出了一般意义上的质量管理的领域,而成为一种综合的、全面的经营管理方式和理念。

阿曼德·费根堡姆于1961年在其《全面质量管理》一书中首先提出了全面质量管理的概念:"全面质量管理是为了能够在最经济的水平上,并在充分满足用户要求的条件下进行市场研究、设计、生产和服务,把企业内各部门的研制质量、维持质量和提高质量的活动构成为一体的一种有效体系。"他的这个定义主要强调了以下三个方面。

第一,"全面"一词首先是相对于统计质量控制中的"统计"而言的。也就是说要生产出满足顾客要求的产品,提供顾客满意的服务,单靠统计方法控制生产过程是很不够的,必须综合运用各种管理方法和手段,充分发挥组织中的每一个成员的作用,从而更全面地去解决质量问题。

第二,"全面"还相对于制造过程而言。产品质量有个产生、形成和实现的过程,这一过程包括市场研究、研制、设计、制定标准、制定工艺、采购、配备设备与工装、加工制造、工序控制、检验、销售、售后服务等多个环节,它们相互制约、共同作用的结果决定了最终的质量水准。仅仅局限于对制造过程实行控制是远远不够的。

第三,全面质量管理的出发点和归宿点,是要以最科学的管理方法提供"最经济的"且能"充分满足顾客要求"的产品和服务。离开经济效益和质量成本去谈质量是没有实际意义的。

二、全面质量管理的基本要求

推行全面质量管理,必须要满足"三全一多样"的基本要求。"三全"是指全过程的质量管理、全员的质量管理和全企业的质量管理三方面,"一多样"是指多方法的质量管理。

(一)全过程的质量管理

任何产品或服务的质量,都有一个产生、形成和实现的过程。质量产生、形成和实现的整个过程是由多个相互联系、相互影响的环节所组成的,每一个环节都或轻或重地影响着最终的质量状况。为了保证和提高质量就必须把影响质量的所有环节和因素都控制起来,为此,对产品生产经营全过程都要进行质量管理。全过程的质量管理包括了从市场调研、产品的设计开发、试制、生产(作业)到销售、使用、服务等全部有关过程的质量管理。

(二)全员的质量管理

产品或服务质量是企业各方面、各部门、各环节工作质量的综合反映。企业中任何一个环节,任何一个人的工作质量都会不同程度地直接或间接地影响着产品质量或服务质量。因此,产品质量人人有责,不能把质量管理看成只是质量管理部门的事,而应人人关心产品质量和服务质量,从企业领导、技术人员、经营管理人员到生产工人都要学习质量管理的理论和方法,全体参加质量管理,提高工作质量和产品质量。要实现全员的质量管理,应当做好三个方面的工作。

(1)必须抓好全员的质量教育和培训

教育和培训的目的有两个:第一,加强职工的质量意识,牢固树立"质量第一"的思想;第二,提高员工的技术能力和管理能力,增强参与意识。在教育和培训过程中,要分析不同层次员工的需求,有针对性地开展教育和培训。

(2)要制定各部门、各级各类人员的质量责任制,明确任务和职权,各司其职,密切配合,以形成一个高效、协调、严密的质量管理工作的系统

首先,企业的管理者要勇于授权、敢于放权。授权是现代质量管理的基本要求之一。原因在于:① 顾客和其他相关方能否满意、企业能否对市场变化做出迅速反应决定了企业能否生存,而提高反应速度的重要和有效的方式就是授权;② 企业的职工有强烈的参与意识,同时也有很高的聪明才智,赋予他们权力和相应的责任,也能够激发他们的积极性和创造性。其次,在明确职权和职责的同时,还应该要求各部门和相关人员对于质量做出相应的承诺。当然,为了激发他们的积极性和责任心,企业应该将质量责任同奖惩机制挂钩。只有这样,才能够确保责、权、利三者的统一。

(3) 要开展多种形式的群众性质量管理活动,充分发挥广大职工的聪明才智和当家做主的进取精神

群众性质量管理活动的重要形式之一是质量管理小组。除了质量管理小组之外,还有很多群众性质量管理活动,如合理化建议制度、和质量相关的劳动竞赛等。总之,企业应该发挥创造性,采取多种形式激发全员参与的积极性。

(三)全企业的质量管理

全企业的质量管理可以从两个角度来理解。

(1) 从组织管理的角度来看

"全企业的质量管理"就是要求企业各管理层次都有明确的质量管理活动内容。当然,各层次活动的侧重点不同。上层管理侧重于质量决策,制定出企业的质量方针、质量目标、质量政策和质量计划,并统一组织、协调企业各部门、各环节、各类人员的质量管理活动,保证实现企业经营管理的最终目的;中层管理则要贯彻落实领导层的质量决策,运用一定的方法找到本部门的关键、薄弱环节或必须解决的重要事项,确定出本部门的目标和对策,更好地执行各自的质量职能,并对基层工作进行具体的业务管理;基层管理则要求每个职工都要严格地按标准、按规范进行生产,相互间进行分工合作,互相支持协助,并结合岗位工作,开展群众合理化建议和质量管理小组活动,不断进行作业改善。

(2) 从质量职能角度来看

产品质量职能是分散在全企业的各有关部门中的,要保证和提高产品质量,就必须将分散在企业各部门的质量职能充分发挥出来。但由于各部门的职责和作用不同,其质量管理的内容也是不一样的。为了有效地进行全面质量管理,就必须加强各部门之间的组织协调,并且为了从组织上、制度上保证企业长期稳定地生产出符合规定要求、满足顾客期望的产品,最终必须要建立起全企业的质量管理体系,使企业的所有研制、维持和改进质量的活动构成一个有效的整体。建立和健全全企业质量管理体系,是全面质量管理深化发展的重要标志。

三、全面质量管理的基本程序

美国质量管理专家戴明提出了全面质量管理的基本方法和工作程序,他认为质量管理工作程序包括:计划(plan)、执行(do)、检查(check)、处理(action),四个阶段周而复始地运转,故称为"PDCA 循环",也称为"戴明环"。通过 PDCA 循环,可以提高产品、服务或工作质量。PDCA 循环体现了全面质量管理的思想方法和工作程序,反映了质量管理工作必须经过的四个阶段。

(一)计划阶段

计划阶段又称 P 阶段。这个阶段的主要内容是通过市场调查、用户访问、国家计划指示等,搞清楚用户对产品质量的要求,确定质量政策、质量目标和质量计划等。

(二)执行阶段

执行阶段又称 D 阶段。这个阶段是实施 P 阶段所规定的内容,如根据质量标准进行产品设计、试制、试验,包括计划执行前的人员培训。

(三)检查阶段

检查阶段又称 C 阶段。这个阶段主要是在计划执行过程中或执行之后检查执行情况是否符合计划的预期结果。

(四)处理阶段

处理阶段又称 A 阶段。这个阶段主要是根据检查结果,采取相应的措施。

PDCA 循环是综合性循环,四个阶段的划分是相对的,不能机械地把它们分开,而要紧密衔接。实际工作中,往往是边计划边执行,边执行边检查,边检查边处理,边处理边调整计划。质量管理工作正是在这样的循环往复中达到预定目标的。

PDCA 循环是螺旋式的上升过程。每经历一次循环,就实现了一个目标,反复不断地循环,质量问题不断得到解决,管理水平、工作质量和产品质量就步步提高。

四、质量保证体系

全面质量管理的核心是要在企业里建立高效运行的质量保证体系,因为全面质量管理的一切活动,必须通过质量保证体系来保证,这样才能真正保证产品质量的不断提高。

(一)质量保证的含义

质量保证是企业对用户在产品质量方面所作的担保或承担的责任,即保证产品在使用寿命期内能正常使用。美国质量管理学家朱兰认为,质量保证就是向有关的人出示"证据"证明产品(活动)是在严格的质量管理中完成的。

(二)质量保证体系的含义

质量保证体系,是指企业以保证和提高产品的质量为目标,运用系统论的思想和方法,把生产经营各阶段、各工序、各环节的质量职能机构建立和组织起来,形成一个既有明确任务、职责和权限,又能相互协调、相互促进的有机整体。这个整体的所有活动,都要以保证和提高产品质量为目的。

(三)质量保证体系的特点

质量保证体系是企业解决现代质量问题的一种思想方法。它从最经济地满足顾客对质量的要求出发,把产品质量在产生、形成和实现过程中的全部活动综合地系统地协调起来。它不仅强调每个部门、每个人、每台机器各自所发挥的作用,而且还强调它们共同工作时的协同作用。

质量保证体系表现为一套深入细致的质量体系文件。通过这些文件来识别、规定、沟通和维持企业的全部质量活动。通过这些文件,使每个人都可以清楚地了解到自己在质量工作中应承担的任务、责任和所具有的权限。当发生质量问题时,它可以使人们能及时地了解是何地、何人、何事、何时以及为何而发生了这一问题。

质量保证体系使得产品质量产生、形成和实现的所有质量活动,都能得到充分而有效的控制。

质量保证体系有利于确定企业各种质量活动的优先顺序。在产品质量产生、形成和实现的过程中,任何一项关键的质量工作的改变,都会对其他工作以及全部活动的总体效果,产生或好或坏的影响,根据质量体系,就可以按照个别工作对总体活动效果的影响,来实际确定各项工作的优先次序。

质量保证体系的以上特点可使得质量体系在提高产品质量的同时,降低质量成本和产品成本。工业发展的实际经验也表明,质量差、成本高的产品几乎都是在同样差的质量体系下的结果。

本 章 小 结

质量管理是指确定质量方针、目标和职责,并通过质量体系中的质量策划、控制、保证和改进来确保质量的全部活动。质量管理认证标准是根据世界上170个国家大约100万个通过认证的组织的8年实践而总结修订的,表达更清晰、明确,并增强了与各种质量认证的兼容性。质量控制是通过收集数据、整理数据,找出波动的规律,把正常波动控制在最低限度,消除系统性原因造成的异常波动,把实际测得的质量特性与相关标准进行比较,并对出现的差异或异常现象采取相应措施进行纠正,从而使工序处于控制状态。质量控制技术主要指的是直方图、相关图、排列图、控制图和因果图等"QC七种工具",以及关联图、系统图等"新QC七种工具"。质量成本分析方法分为定性分析和定量分析两类,质量成本控制的步骤主要分事前控制、事中控制和事后控制三种。全面质量管理要求对产品生产过程进行全面控制,要求把质量控制工作落实到每一名员工,让每一名员工都关心产品质量,它的一个重要特点是,强调质量管理工作不局限于质量管理部门,要求企业所属各单位、各部门都参与质量管理工作,共同对产品质量负责。

案例分析

<h3 style="text-align:center">海尔集团的质量管理模式</h3>

海尔集团的前身是1984年由两个濒临倒闭的集体小厂合并成立的青岛电冰箱总厂,一个只有800人,亏损147万元的集体企业,时任青岛市家用电器公司副经理的张瑞敏出任厂长。经过20年的艰苦奋斗,海尔集团已发展成为全球著名企业。1999年中国最有价值品牌评估中,"海尔"品牌以265亿元的价值稳居全国家电之首。取得如此骄人的成绩与海尔集团独特的质量管理模式是分不开的。

1. 树立全新的质量管理观念

"有缺陷的产品就等于废品"是海尔集团首先抓的观念。

20世纪80年代,中国的企业虽然将产品分为一等品、二等品、三等品、等外品之类,但无论属于哪一"等",总归要让它出厂。张瑞敏想让员工明白,如果让带有缺陷的产品出厂,这个产品就不会有生命力,就永远无法问津名牌,全面质量管理的精髓就是创名牌。

张瑞敏在全体员工当中确立"全面质量管理"思想的一个契机是1985年的砸冰箱事件。全厂员工亲眼目睹了张瑞敏流泪砸冰箱的情景,开始明白了海尔集团的前途与有没有严格的质量管理是密不可分的,一定要重视产品质量。冰箱总厂的老职工胡秀凤说:"忘不了那沉重的铁锤,高高举起又狠狠落下,76台质量不合格的冰箱顷刻间成了一堆废铁。它砸碎的是我们陈旧的质量意识,唤醒了我们去努力提高自身素质的意识。有了质量,我们才有现在的一切。"

的确,张瑞敏这一锤,砸醒了海尔集团全体员工:谁生产了不合格产品,谁就是不合格的员工。这种观念一旦树立,员工生产责任心迅速增强,他们在每一个生产环节都尽心操作,"精细化,零缺陷"变成全体员工的心愿和行动,从而使企业奠定了扎实的质量管理基础。

2. 质量零缺陷

质量管理的目的是把错误减至最少,这种传统的观念本身就是一个错误。应该努力的目标是达到"零缺陷",也就是第一次就把事情完全做好。如果第一次就能把事情做好,那些浪费在补救工作上的金钱、时间和精力就可以避免,生产成本也会大大降低。"零缺陷"将质量管理的重点由事后检查转向事中控制。同时,它不认同"人难免会犯错误"这种根深蒂固的看法,主张任何缺陷都不接受,不论缺陷大小。这是质量管理的一个全新境界,只有顾客的完全满意,产品的完美无缺,才是企业全力追求的标准。

建立零缺陷的质量管理平台,首先要求零缺陷的设计,其次是零缺陷的质量保证体系和零缺陷的模块化制造网络。只有在使用过程中用不坏,在工艺过程中经得住的设计,才能称为零缺陷的设计。就像机器人按照输入的程序操作一样,不能有丝毫误差。海尔在全国共有13个工业园,每个工业园和制造单位都有各自的模块功能,这些模块的零缺陷要靠每个人"绝不从我手中放过一个缺陷"、"第一次就做对"的意识来实现。国际标准质量保证体系的平台是企业倍速发展的有力保证,海尔早在10年前就提出并实施了ISO9001的2000年版本中"顾客满意度"条款的有关要求。

为提高产品质量,海尔宁可停产也不降低标准,对零部件严格执行国际标准。张瑞敏提出"下道工序是用户"、依靠"三检制"(自检、互检、专检)对生产过程进行质量控制。同时,强化员工的自主管理意识,成立群众性的质量控制小组,对症下药,随时解决已出现或可能出现的问题。海尔实行了严格的质量否决权,以正确处理产量和质量的关系,根据每道工序的质量责任大小,编制质量责任价值券,上下工序之间出现质量问题均可当场撕券,奖优罚劣。员工们明白了,只有在高质量的前提下提高产量才是唯一正确的选择。

"带缺陷的产品是废品,优秀的产品是优秀的人才干出来的"是海尔文化中的质量理念。这种价值观在企业中被认同,使每个员工从个人素质角度认识到提高质量的重要性。质量意识深入人心。在海尔生产线上可以看到,每件产品都有一张质量跟踪单,小到一个标贴工序都要填写,一旦出现质量责任,可以追究到个人,这样从制度上防止了员工因麻痹大意而导致的质量事故。

海尔冰箱公司在供应商的选择上制定了近乎苛刻的条件,以保证每个部件的质量水平。例如,它们规定重要零部件的供应商必须是国内或国际同行业前三名的企业,每月对供应商的产品质量、价格、服务水平进行综合评比,以促使供应商无论在新产品开发还是在产品质量控制、生产管理上都产生一种无形的压力,保证了零部件质量的稳定与提高。

不仅如此,海尔为提高员工的质量意识,还采取了形式多样的竞赛活动,如质量擂台赛等。不久前,冰箱事业部再推举新措施——"现场质量代价"行动。生产现场出现的每一个废品,都要落实责任人承担,并且都换算成"现金"。通过直观的"价格",大大提高了员工的质量意识,收到显著效果。

3. 标准国际化

随着海尔的不断壮大,海尔的产品已由冰箱发展到洗衣机、空调、微波炉、冷柜等系列家电,但海尔在内部实行了五级HR质量认证制度,实行严格的质量控制。根据这一制度决定是否允许新加入海尔的公司使用海尔的商标。"要在国际市场竞争中取胜,第一是质量,第二是质量,第三还是质量"是海尔在国际化道路上为自己制定的指针。在家电质量方面要参加国际比赛,必须取得三项资格:一是产品国际认证——取得德国 VDG、GS、TUV,美国 UL,加拿大 CSA 等认证;二是质量保证体系——取得 ISO9001 认证;三是检测水平必须达到国际认可水平,如美国 UL 用户测试数据认可,加拿大 EEV 等能效测试认可。这三项资格海尔都拿到了。

1992 年 4 月 14 日,青岛电冰箱总厂通过 ISO9001 认证,成为中国家电行业第一家通过此项认证的厂家。1994 年 10 月,在著名国际认证组织——挪威船级社两名专家的严格审查后,海尔的电冰箱生产系统通过了 ISO9001—94E 版的复审。随后,海尔冷柜系统、空调器系统和海尔洗衣机系统也顺利通过了这一认证,如愿以偿拿到了进军国际市场的通行证,成为世界级供应商。同时拥有通过国际质量体系认证的四种主导产品,这在中国家电企业中是绝无仅有的。

讨论题

1. 海尔集团提出的"有缺陷的产品就等于废品"的质量观念你同意吗?试发表你的观点。

2. 海尔集团不认同"人难免会犯错误"的观点,请谈谈你对此的看法。

3. 张瑞敏为什么不把不合格的冰箱廉价卖给顾客或内部员工,而把它们当众砸毁?似乎只有采取这一行为才能唤起员工的质量意识?如果你是企业厂长你会怎样做?

习 题

1. 质量管理学科的发展主要经历了哪几个发展阶段?各阶段的主要特点是什么?
2. 传统的质量检验有哪些局限性?
3. 简述 ISO9000 国际标准的内容结构、特点及主要特征。
4. 质量管理的基本原则与体系要求各是什么?
5. 企业常见的质量损失主要包括哪几个方面?
6. 质量控制技术有哪几种方法?分别是什么?
7. 全面质量管理的特点体现在哪几个方面?
8. 简述全面质量管理保证体系的基本程序。
9. 已知加工钢板厚度标准为 6.28~6.60 mm,现测定轧制的 100 张钢板厚度资料如表 5-6 所示。

表 5-6 钢板厚度　　　　　　　　　　　　　　　　　　　　　　单位:mm

3.56	6.46	6.48	6.50	6.42	6.43	6.52	6.49	6.44	6.48
6.52	6.50	6.52	6.47	6.48	6.46	6.50	6.56	6.41	6.37
6.47	6.49	6.45	6.44	6.50	6.49	6.46	6.55	6.52	6.44
6.50	6.45	6.44	6.48	6.46	6.52	6.48	6.48	6.32	6.40
6.52	6.34	6.46	6.43	6.30	6.49	6.63	6.48	6.47	6.38
6.52	6.45	6.48	6.31	6.59	6.54	6.46	6.51	6.48	6.50
6.68	6.60	6.46	6.40	6.50	6.56	6.50	6.52	6.46	6.48
6.46	6.52	6.56	6.48	6.46	6.45	6.46	6.54	6.54	6.48
6.49	6.41	6.45	6.34	6.44	6.47	6.47	6.41	6.51	6.54
6.50	6.38	6.46	6.46	6.46	6.52	6.46	6.56	6.40	6.47

根据以上资料:

(1) 作出频数分布表;

(2) 计算平均值和标准差;

(3) 绘制直方图;

(4) 根据直方图的数据分布状况与钢板厚度标准进行比较,对该生产过程的产品质量作出分析判断。

10. 试完成以下控制图的设计,并对工序状态作出判断。

(1) 表 5-7 的数据是在生产过程处于稳定的控制状态下随机抽样获取的,试用表 5-7 中的 20 组数据设计 $\overline{X}$-R 控制图,并在图上打点验证。

(2) 在(1)中所设计的控制图基础上,根据表 5-8 提供的该工序连续生产中所测得的数据,在 $\overline{X}$-R 图上打点,并对工序状态作出判断。

表 5-7 数据表(一)

组号	测定值					$\overline{X}$	R
	X_1	X_2	X_3	X_4	X_5		
1	75	91	92	97	93		
2	83	80	78	81	88		
3	91	88	88	85	78		
4	83	83	81	83	75		
5	81	86	91	78	84		
6	97	73	71	67	78		
7	85	91	83	76	80		

续表

组号	测定值					$\overline{X}$	R
	X_1	X_2	X_3	X_4	X_5		
8	83	91	87	88	88		
9	80	83	83	95	81		
10	91	79	87	81	83		
11	85	79	81	75	77		
12	77	77	84	88	83		
13	88	80	82	85	85		
14	89	83	88	95	96		
15	82	84	85	91	85		
16	76	71	77	80	85		
17	80	84	79	90	86		
18	86	77	73	83	71		
19	82	86	76	80	79		
20	88	86	83	87	83		

表 5-8　数据表（二）

组号	测定值					$\overline{X}$	R
	X_1	X_2	X_3	X_4	X_5		
1	91	88	86	91	83		
2	79	80	84	84	86		
3	83	83	97	83	91		
4	77	89	86	76	88		
5	73	91	81	85	80		
6	85	88	82	80	82		
7	78	81	71	87	87		
8	84	83	77	73	83		
9	80	88	73	91	79		
10	77	83	71	77	86		
11	81	83	67	88	81		
12	88	95	80	83	87		

第六章 营销管理

学习目标

1. 了解经营战略管理的概念与内容,掌握企业经营战略的制定步骤和方法。
2. 掌握企业市场调研与预测的方法和具体流程。
3. 掌握销售策略的内容和方法的选用。
4. 了解市场营销观念对企业经营的重要性。

第一节 经营战略

现代企业的经营已经不能仅仅靠固有的知识、经验和观念的自然延续,而要依靠创造性地适应环境并向环境挑战的经营战略。正确的经营战略决策和战略计划的实施已成为企业繁荣发展的重要保证。本节主要介绍经营战略理论、经营战略管理、经营战略控制的方式与方法等内容。

一、经营战略理论的发展

经营战略是商品经济发展到一定阶段,在企业外部环境范围扩大、内容复杂、变化频繁,从而使企业的生存和发展经常面临严峻挑战的情况下的产物。现代企业经营战略理论最初在美国产生,之后传到德国、日本等国家,现在已在世界更大范围内传播。

经营战略思想萌芽于20世纪20年代,形成于60年代,到70年代得到了进一步的发展。实践中最早把战略职能引进管理组织系统的是美国的杜邦公司和通用电气公司。在20世纪20年代初,这两个公司已经开始研究和应用经营战略思想。而从理论上把经营战略引入企业活动的是美国经济学家切斯特·巴纳德(Chester I. Barnard)。他在1938年出版的《经理的职能》一书中,首先分析了战略因素对企业综合系统的作用,但并未形成经营战略的理论框架。20世纪60年代初至70年代初,战略研究的中心是理论问题。1962年美国著名管理学家钱德勒(A. D. Chandler Jr.)的《企业战略与组织结构》一书问世,揭开了现代企业战略问题研究的序幕。之后,相继产生了安索夫(H. I. Ansoff)、占部都美、向挚、花岗正夫、斯恩德尔(H. Schendel)等学派的经营战略理论。这个时期,战略研究有了很大的发展,但与企业经营结合不甚紧密。

20世纪70年代是企业环境剧烈动荡的时期,同时也是企业战略研究的鼎盛时期。在这个时期,经营战略由理论研究逐步转向实际应用,研究的视野更加开阔,方法更加多样。美国许多企业相继建立了战略规划部门,并由总裁和总经理一级的高级管理人员负责企业的战略计划工作。据调查:20世纪70年代初,在美国最大的500家公司中,有80%的企业组建了战略规划部门,管理咨询公司接受战略咨询的业务大量增加;到20世纪70年代末,战略咨询收入高达3亿美元,形成了20世纪70年代的美国"经营战略管理热"。

二、经营战略管理

企业经营战略管理是对企业经营战略的制定和实施的管理。它包括:经营战略的制定、经营战略实施和经营战略控制。

(一) 经营战略的概念和内容

(1) 经营战略的概念

战略一词源于军事,指对战争全局的筹划和指导,泛指决定全局的谋划。所谓经营战略就是企业为了生存和发展,根据外部环境和内部条件而进行的总体和长远的谋划。它具有以下的特征:

① 全局性。即它以企业全局为对象,根据企业总体发展的需要,规定企业的总体行动。

② 纲领性。即它规定企业的目的、总目标、重点、发展方向和发展模式,是企业发展的纲领。

③ 长远性。它谋求企业长远的生存和发展,在科学预测的基础上,筹划企业未来的经营前景。

④ 竞争性。即它力图不断扩大市场的领域和占有率,策划如何同竞争对手比高低,在竞争中谋生存和发展。

⑤ 社会性。即它要符合社会经济发展战略的要求,并为之服务,要把国家和社会利益放在首位,正确处理企业的社会关系,尤其是国家、企业、职工三者间的关系。

⑥ 民主性。即它要体现职工的主人翁地位,责任和权力,通过职工的充分讨论来制定,依靠全体职工来实现。

经营战略的基本功能是保持企业经营目标、经营能力、经营环境之间的战略适应达到动态平衡。

(2) 经营战略的基本内容

经营战略的基本内容包括经营战略的目的、经营战略目标、经营战略课题和经营战略对策等经营战略要素。

① 经营战略目的。企业的经营目的包括经济性目的和社会性目的。它是企业经营观的高度概括和综合体现,是整个战略的灵魂,是战略目标、战略重点、战略对策的统帅。所以它又称为经营者宗旨和经营战略指导思想。

② 经营战略目标。企业经营战略目标是战略期间经营目的的对象化和数量化,是企业在战略期内努力发展的总要求与总水平的体现。战略目标决定着战略重点、战略对策,所以是经营战略构成的核心。每个企业在不同的历史时期有不同的战略目标。企业的经营战略目标在总体上包括经营性目标和社会性目标。具体来看,又可从不同的角度构成不同的目标体系,如效益性目标、成长性目标、安全性目标和竞争性目标,或者业绩目标、能力目标、适应环境目标等。

③ 经营战略对策。经营战略对策是指为实现战略目的和战略目标,针对战略问题解决战略课题,利用环境机会避开或减弱环境威胁而采取的一系列重要措施和手段,它体现为战略项目。

(二) 经营战略的制定

经营战略制定是经营战略管理的起点和首要环节,它对于以后各阶段的经营战略管理具有重要的意义。因此,企业对经营战略制定过程的所有工作都要进行科学有序的管理,划清经营战略制定的职责、确定制定经营战略规划的程序、选择好经营战略制定的方式。一般经营战略的制定程序如图 6-1 所示。

(1) 经营战略制定的职责划分

经营战略制定工作是由企业各级层和各部门管理人员在统一指挥、分工负责的条件下共同完成的。

① 综合战略或总战略,包括企业战略总目标,以及为实现该目标的以事业构成战略及其产品市场战略为中心的企业总体战略均应由企业总经理负责,具体由其领导的综合管理层制订方案。

② 分战略,指各级层(事业部、分厂等)、各职能部门(营销、生产、技术、财务、劳动人事、物料等)为实现企业总战略而分别制定的战略,如各事业部的产品市场战略,营销部门的市场营销战略,技术部门的技术战略,劳动人事部门的人力资源战略等。分战略应分别由企业主管副总经理及其下属级层(事业部、分厂)或部门经理负责,具体由他们所辖的中间管理人员或专业职能人员制订方案。

③ 次分战略,指实施分战略的战略,由各级层或各部门中间级经理负责,具体由其所辖的管理人员或专业人员制订方案。

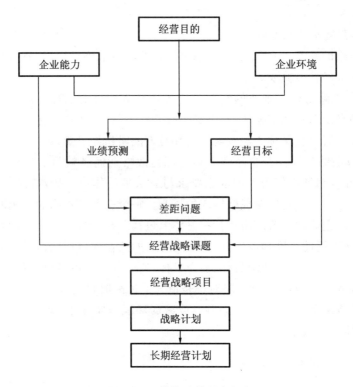

图 6-1　经营战略的制定程序

④ 战术,是实施经营战略的短期的、具体的执行步骤。由各部门经理及其所属管理人员负责。

(2) 经营战略的制定程序

① 确定企业的经营目的。如前所述,企业的经营目的是企业经营观的高度概括和综合体现,是整个战略的灵魂和统帅。故确立经营目的是制定经营战略的起点。

② 分析企业经营环境(外部条件)。环境分析着重于未来,其主要目的在于发现机会(有利因素)和威胁(不利因素)。这是提出利用机会的进攻性战略课题和避免威胁的防御性战略课题的依据,也是评选经营战略方案必要性的基准。

③ 分析企业经营能力(内部条件)。能力分析着重于现在,其主要目的在于了解企业的优势(长处)和劣势(短处)。这是提出发挥优势、克服薄弱环节战略课题的依据,也是评选经营战略方案可行性的基准。

④ 制定企业经营(战略)目标。制定经营目标就是将战略期间的经营目的具体化。企业应从经营目的出发,在研究如何充分发挥经营优势和利用经营机会的基础上,制定符合企业生存和发展要求的经营目标。在这里经营目标是经营目的、环境、能力积极平衡的初步结果;在确定经营战略(弥补战略差距)后,还要进行修

订和评选。

⑤ 预测企业经营业绩。预测在未来的经营环境中,如企业仍维持目前的经营结构,未来经营业绩的状况。

⑥ 比较经营目标与预测经营业绩。通过这种比较,可揭示企业经营上的差距,提出需要解决的经营战略问题。

⑦ 提出并评价经营战略课题。在这里,首先是围绕克服经营差距、解决经营战略问题,实现经营目标,提出发挥优势、克服薄弱环节、充分利用环境提供的机会和避免环境对企业造成的威胁的各种经营战略课题或战略重点,形成战略方案。其次,是整理经营战略课题,即进行分类、汇总,以便进一步评价、选择。整理的方法很多,如按经营战略体系(如事业构成战略、产品市场战略、经营形态战略、经营职能战略等)、经营组织系统、经营职能(如生产、技术、营销、研究开发、劳动人事、环保与安全等)等整理,实践中可根据企业情况择一为主。再次,是评价经营战略课题。在这里,要对每项经营战略课题的目的、预期效果、需要投入的资源和时间等,按下列标准或要求进行综合评价:适应性,即适应或应付未来环境(机会或威胁)变化的程度;效益性,即经济、社会效益的好坏、高低;风险性,即成功和失败的概率,成功可获收益和失败遭受损失的大小;可能性,即企业现实和未来可能形成(聚积)的能力(资源)是否可及及其程度。在上述综合评价的基础上,首先淘汰适应性弱、效益差、风险大、可能性低的课题,初步评选出优良的经营战略课题。

⑧ 确定经营战略项目。就是针对初选的每项战略课题,提出战略对策,确定经营战略项目。然后综合全部经营战略的预期效果和所需资源,并分别同企业的经营(战略)目标和经营能力相比较,看其是否满足(目标要求)与平衡(需要与可能)。若满足与平衡,则经营战略项目成立;反之,则应再拟经营战略课题或修改经营战略目标,再对比,直至满足与平衡为止。

⑨ 编制经营战略项目计划。即对每一确定的经营战略项目编制计划,其内容包括项目的目的、预期效果、需要资源、实施步骤与日程、投入运行的时间等。

⑩ 汇总、平衡,编制企业经营战略计划。

(3) 经营战略的制定方式

经营战略的制定方式有以下三种。

① 自上而下的方式。在实行集权制的企业,一般先由企业高层领导制定整个企业战略,而后各级层和各部门再根据企业总战略的要求,结合本级层和本部门的实际情况来发展企业总战略。实行分权制的企业,一般是企业高层领导对各级层和各部门提出制定经营战略方案的指导书,要求下属各级层各部门制定详细的分战略方案;然后对这些方案进行审查修改,并汇总制定企业战略,再返回各部门执行。

这种方式的优点是:企业的高层管理人员决定企业的经营战略的方向,并具体指导下属各部门的执行。不足之处是:由于企业高层管理人员所掌握资料的局限性,不可能对所属各部门提出详尽的战略指导,而且各部门管理人员会感到这种方式对他们是一种约束。

② 自下而上的方式。这种方式首先要求企业各级层各部门提交经营战略方案,并由企业高层领导根据企业总目标,以及掌握的各种信息对各级层和各部门提出的战略方案进行审查与平衡,经确认后执行,并在此基础上制定企业战略。

这种方式的优点是:可减少高层管理对下属各级层和各部门的约束,有利于发挥下属的积极创造性,提出更加完善的战略计划。不足之处是:习惯于自上而下方式管理的管理人员会感到无所适从,从而影响战略方案的制订与执行。

③ 上下结合方式。这种方式是指企业高层领导和各级层、各部门的管理人员一起参与战略方案的制订活动。它的最大优点是可以产生较好的协调效果,用较少的时间和精力形成具有创造性的战略方案。这种方式多为分权制的企业所采用。

(三) 经营战略的实施

经营战略实施是贯彻和执行已确定的战略方案的活动,这些活动包括建立或调整组织机构、制定相应的经营战略计划、克服实施中可能出现的各种阻力等。

(1) 战略实施的主要原则

战略实施是把战略方案变为实践的活动过程,它要受到各种条件的制约,因此必须遵循以下主要原则:

① 对战略要层层分解。首先进行空间分解,即把战略的内容按职能部门,按事业部、分厂、车间层层分解,形成一个上下、左右有分工,纵横相连的权利责任体系。其次进行时间上的分解,即把战略的长期目标及其实施方案分解为各个短期目标及其实施方案。

② 战略要有与其相适应的组织来完成。组织机构设置要服从完成战略任务和目标的需要,各级人员的配备要与完成战略任务和目标要求相适应,要对企业战略负责,各层人员要对自己承担的任务负责。

③ 企业资源配置必须支持和服从于战略目标的实现和战略任务的完成。

(2) 经营战略实施的模式

① 指令型模式。这种模式是建立在有最佳战略方案和有权威的日常指导基础上的。它要求企业领导制定出一个能指导日常工作决策的企业经营战略,并通过权威发布各种指令来推动战略的实施。因此,这种模式只能在战略比较容易实施和环境比较稳定、战略指导者能及时获得准确信息的条件下运用。指令型模式中最大的问题,就是把战略的策划者与执行者分开,即企业高层管理者制定经营战

略,然后强制下层管理人员执行。这样就有可能使下层的执行者缺少执行战略方案的动力和创造精神。

② 组织型模式。这种模式是指令型模式的补充和完善。它不仅重视制定出好的经营战略,而且考虑如何运用组织结构、激励手段和控制系统来促进战略实施,以加强战略实施成功的可能性。这种模式在许多企业中比指令型模式更为有效,但是也存在其他问题,如在通过控制企业的组织体系和结构来支持某一战略的同时,也会使企业高层领导失去指挥战略的灵活性,在环境发生变化时,使战略调整变得更为困难。

③ 文化型模式。这种模式就是在企业中灌输一种适当文化,用以推动战略的实施。它把战略的参与成分扩大到了较低的层次,打破了战略策划者与执行者之间的分工界限,允许每个人参与设计与企业目标相吻合的自己的工作程序。由于企业内各级层、各部门及其全体人员均参与战略的制定,所以使企业经营战略得以迅速实施。这种模式也有其局限性,主要表现在:第一,模式假设企业职工都是有学识的,而实际上很难达到这种程度;第二,采用这种模式要耗费较多的人力和时间。

除上述三种战略实施模式外,还有其他模式。上述三种模式在战略制定和实施上的侧重点不同。指令型、组织型侧重于战略的制定,文化型模式则是更多地考虑战略实施的问题。这三种战略实施模式并不互相排斥,但也不是任何一种模式都能运用于所有企业。企业采取何种战略实施模式较为适宜,取决于企业多种经营的程度、发展变化的速度,以及目前的企业文化水平。

(四) 经营战略控制

经营战略控制是指在战略方案实施过程中,为了保证按战略方案的要求进行经营而对实施活动所采取的评审、信息反馈和纠正措施等一系列活动。

1. 经营战略控制的原则

(1) 战略控制应该面向未来。

经营战略控制与日常生产经营控制不同,其重点是企业的目标和方向,所以管理人员要能预见未来,及时发现和纠正对企业发展方向与长远目标有重大影响的有利和不利因素。

(2) 战略控制应该采用例外原理。

对战略控制无需事无巨细样样都抓。有标准的事只需适当关注,主要是处理非标准情况下出现的例外事件,抓住战略实施的重点。

(3) 战略控制应该有伸缩性。

战略控制要有较大的回旋余地,有伸缩性,只要能保持正确的方向,便可取得预期的效果。

(4) 战略控制应该考虑组织特征。

不同的组织有不同的经营环境,管理者和职工在战略控制中的作用也有很大的差异,要根据组织的特征采取相应的控制方法。

2. 经营战略控制的要素

经营战略控制有三个基本要素:

(1) 确定战略控制评价标准

战略控制评价标准是用以衡量战略执行效果好坏的尺度,是战略控制的依据。它由定性和定量两大类指标组成。定性评价标准主要包括:① 战略与环境的适应性;② 战略执行中的风险性;③ 战略的稳定性;④ 战略与资源的配套性;⑤ 战略执行的时间性;⑥ 战略与组织的协调性。

定量评价标准可选用下列指标:如经济效益综合指数、产量、产值、销售额、实现利润、资本金利润率、销售利润率、成本利润率、人均净产值、人均利润、市场占有率、物质消耗率、新产品开发等。

(2) 衡量成效

衡量成效是把实际战略实施成效与评价标准比较,找出实际战略实施成效与评价标准的差距,及其产生的原因。要做好这项工作,需要建立和健全管理信息系统,选择正确的控制系统和方法,并应在适当的时间、地点来进行评价。

(3) 纠正偏差

对通过成效衡量发现的问题(负偏差),必须针对其产生的原因采取纠正措施。纠正措施有的是改变战略实施的活动、行为,有的是改变战略的目标、措施和计划。

3. 经营战略控制的方式

战略控制的方式有两类:一类是避免控制,即管理人员采用适当的手段,使不适当的行为没有产生的机会,从而达到不需要直接进行控制的目的。另一类是直接控制,指企业将必须控制的对象纳入控制过程、采取措施并进行控制活动。企业管理人员选择控制方式主要考虑控制要求、控制量、控制成本三个因素,并要权衡这三方面的程度和利弊来选择控制方式,以有效地控制企业战略方案的实施。

4. 经营战略控制的方法

企业常用的经营战略控制方法有以下四种。

(1) 前兆监测控制

前兆监测控制指对战略实施进行监测,用前馈控制方法对事物前兆进行控制。前馈控制是在工作成果尚未实现之前,去发现将来工作的结果可能出现的偏差,采取校正措施,使可能出现的偏差不致发生。前馈控制还可通过对经营战略实施中的趋势进行预测,对其后续工作进行调节,从而可防患于未然。

(2) 现场控制

现场控制指监督实际正在进行的业务,以保证既定目标的实现。现场控制的对象是活动,即人的有意识活动。企业的经营战略要依赖于人的活动,没有人的活动,战略就不能实现。所以对组织成员活动的控制是战略控制的重要组成部分。

(3) 预算分析控制

预算分析控制是企业战略广泛使用的控制手段。它通过会计部门的收支记录、定期报表来查明预算与实际收支两者之间的差额,然后进行偏差分析,找出原因,确定纠正方案。

(4) 统计分析控制

统计分析控制指通过收集反映企业生产经营活动的各种数据,运用统计报表形成统计数据资料,显示实际与标准的差别程度,来确定纠正措施。

案例分析

<h3 style="text-align:center">麦当劳公司的经营战略</h3>

麦当劳公司是全球消费市场上占据领先地位的食品服务零售商,拥有强有力的品牌声誉,每年分公司所有餐馆的销售总额接近350亿美元。在公司所拥有的25000多家餐馆中,80%的餐馆被授权给全世界将近5000名所有者或经营者。从2000年到2010年的10年内,公司所有下属单位的销售总额以平均每年8%的速度增长,每年为投资者带来20%的投资回报。

麦当劳公司对食品质量的规定、设备技术、营销和培训计划、营运须知、店址选择技术,以及供应系统在世界各地都被看作是一种行业标准。

麦当劳公司的战略愿景是成为世界上最好的提供快速服务的餐馆。"成为最好的"的含义就是通过提供卓越的产品质量、服务、清洁和价值,始终比竞争对手更好地满足顾客的需要。

麦当劳公司的战略是保持持续的增长、为客户提供超值的服务、永远做一个高效高质的供应商、提供美味高值的产品、使组织各个层次的职员都能得到发展、使位于世界各地的下属公司都能采用最好的管理实践,并且通过公司在产品名称、设施、营销、运作和技术方面的不断创新而更新快餐概念。

1. 公司的成长战略

业务的拓展。公司每年增加2500家麦当劳分店,它们或自己经营或许可经营,有90%的分店设在美国本土之外,并逐渐渗透到公司尚未进入的地区和市场。麦当劳公司在其他国家的市场上建立起了超越竞争对手的、领先的市场地位,公司还通过增加菜单上的服务项目,提供低价格的特殊服务,增值饮食以及儿童游乐场所等方法,吸引更多的顾客。

市场机会捕捉。麦当劳公司充分利用已经建立起来的供应商网络、齐备的基础设施及其在多层次餐馆的管理经验、精心的店面设计、科学的选址以及产品营销方面所具有的优势，及时捕捉市场机会，提升企业的核心能力。

2. 特许经营战略

麦当劳公司的经营权只授予那些有事业心、有经营天赋，正直、有业务经验的企业家，并且努力把他们培养成积极、有责任心的麦当劳餐馆的所有者。

3. 经营选址与企业形象定位战略

分店地点的选择必须能够为客户提供便利，为公司实现增长和盈利。麦当劳公司的研究表明：顾客有关到麦当劳用餐的决策中，有70％是一时冲动而做出的。所以，公司的目标就是使所选择的分店地点要尽可能地方便客户的光临。所以，麦当劳公司除了在传统的城区繁华地带开设新店之外，还在食品商场、机场、医院、大学、大型的购物中心和服务地点建立经营分支机构。

在店面的设计方面，尽量使用节约成本的标准饭店设计；在设备和材料采购时，通过全球采购寻源系统进行统一采购，从而减少地点选择成本和店面建筑成本。公司对分店环境的基本要求是：确保麦当劳的分店里里外外都有吸引力，令人感到身心舒畅。如果可行的话，麦当劳还可以提供流动车服务，为儿童提供游乐的场所。

4. 产品线战略

（1）有限的菜单服务项目。

（2）提高产品的口味，尤其是三明治产品系列的口味。

（3）扩大产品的种类，进入快餐食品领域，为关心健康的人们提供更多的服务项目。

（4）大量而快速地推出新型的、吸引人的产品，及时淘汰那些不能流行起来的产品，确保产品的高质量以及对顾客有足够的吸引力。

5. 店面经营战略

在食品的质量、饭店和设备的清洁度、饭店的经营运作程序以及友善礼貌的柜台服务方面执行严格的标准；进一步扩展"为您制造"的概念，将其应用于更多餐馆的运作过程。公司所实施的"为您制造"方案包括安装先进设备、高级电脑系统以及使用新的配制方法，从而可以根据顾客订单要求供应食品。

6. 营销战略

通过媒体进行大规模的广告宣传，在店内开展促销活动，根据顾客在每个饭店的消费额为其提供一定比例的回报；通过这些行动提高麦当劳的质量形象，用罗纳尔德·麦当劳的吉祥物提高麦当劳品牌在儿童中的知晓度，利用"麦克"这个称谓使得菜单上的食品同麦当劳公司之间的联系更为密切。公司要通过各种方式以幸福和有兴趣的态度影响儿童。

7. 人力资源战略

公司在每一个分店提供公平、非歧视性的工资；培训员工的工作技能；既奖励个人的优秀业绩又奖励团队的优秀业绩；为员工创造职业机会；为学生雇员提供灵活的工作时间。公司雇佣那些有良好工作习惯和礼貌处世的员工，对他们进行系统培训，使他们的一举一动深深感染顾客；尽快地提升有前途的员工。

公司为麦当劳的特许经营者、管理者和管理助理，在客户满意度和快餐业务经营方面，提供适当到位的培训。通过积极地将在一个分店中所形成的最好的实践做法和新的观点转移到世界其他地区的方式，促进一种全球性的思维模式的形成。

8. 承担社会及社区责任

公司积极承担社区责任支持当地的福利事业和社区项目，创造一种社区邻里精神；促进教育上的卓越；为有严重疾病的无家可归的孩子建立一个家庭，让他们接受附近医院的治疗；提高员工的多样性，提倡自愿的肯定的行动，促进少数者拥有特许经营权；通过提供学生奖金、教师回报和免费的指导战略的方法支持教育事业；采纳和鼓励对环境有利的做法和惯例；通过电脑为顾客提供有关麦当劳公司食品中所包含的营养成分的信息。

第二节 市场调查与预测

一、市场调查

市场调查是指运用科学的方法，有目的、有系统地搜集、记录、整理有关市场营销的信息和资料，分析市场情况，了解市场现状及其发展趋势，为市场预测和营销决策提供客观的、正确的资料。其内容包括市场环境调查、市场状况调查、销售可能性调查，还可对消费者及消费需求、企业产品、产品价格、影响销售的社会和自然因素、销售渠道等开展调查。

（一）市场调查的作用

（1）有助于更好地吸收国内外先进经验和最新技术，改进企业的生产技术，提高管理水平

当今世界，科技发展迅速，新发明、新创造、新技术和新产品层出不穷，日新月异。这种技术的进步自然会在商品市场上以产品的形式反映出来。通过市场调查，可以得到有助于企业及时了解市场经济动态和科技信息的资料信息，为企业提供最新的市场情报和技术生产情报，以便更好地学习和吸取同行业的先进经验和最新技术，改进企业的生产技术，提高员工的技术水平，提高企业的管理水平，从而

提高产品的质量,加速产品的更新换代,增强产品和企业的竞争力,保障企业的生存和发展。

(2) 为企业管理部门和有关负责人提供决策依据

任何一个企业都只有在对市场情况有了实际了解的情况下,才能有针对性地制定市场营销策略和企业经营发展策略。在企业管理部门和有关人员要针对某些问题进行决策时,如进行产品策略、价格策略、分销策略、广告和促销策略的制定,通常要了解的情况和考虑的问题是多方面的,主要有:本企业产品在什么市场上销售较好,是否有发展潜力;在哪个具体的市场上预期可销售数量是多少;如何才能扩大企业产品的销售量;如何掌握产品的销售价格;如何制定产品价格,才能保证在销售和利润两方面都能提升;怎样组织产品推销,销售费用又将是多少等等。这些问题都只有通过具体的市场调查,才可以得到具体的答案,而且只有通过市场调查得来的具体答案才能作为企业决策的依据。否则,就会成为盲目的和脱离实际的决策,而盲目则往往意味着损失和失败。

(3) 增强企业的竞争力和生存能力

商品市场的竞争由于现代化社会大生产的发展和技术水平的进步,而变得日益激烈化。市场情况在不断地发生变化,而促使市场发生变化的原因,不外乎产品、价格、分销、广告、推销等市场因素和有关政治、经济、文化、地理条件等市场环境因素。这两种因素往往又是相互联系和相互影响的,而且不断地发生变化。因此,企业为适应这种变化,就只有通过广泛的市场调查,及时地了解各种市场因素和市场环境因素的变化,从而有针对性地采取措施,通过对市场因素,如价格、产品结构、广告等进行调整,去应付市场竞争。对于企业来说,能否及时了解市场变化情况,并适时适当地采取应变措施,是企业能否取胜的关键。

(二) 市场调查的技术方法

市场调查的技术方法有下列四种。

① 定性营销研究:简单来说就是从受访者的数字回答中去分析,不针对整个人口,也不会做大型的统计。常见的例子有:焦点族群(focus groups)、深度访谈、专案分析等。该方法最常用。

② 定量营销研究:采用假说的形式,使用任意采样,并从样品数来推断结果,这种方法经常用于人口普查、经济力调查等大型的研究。常见的例子有:大型问卷、咨询表系统(questionnaires)等。

③ 观察上的技术:由研究员观察社会现象,并自行设定十字做法,就是水平式比较(通常是指时间性的比较)与垂直式的比较(与同时间不同社会或不同现象比较)。常见的例子有:产品使用分析、浏览器的 cookie 分析。

④ 实验性的技术(experimental techniques):由研究员创造一个半人工的环境

第六章 营销管理

测试使用者。这个半人工的环境能够控制一些研究员想要对照的影响因子,如购买实验室、试销会场等。

市场调查研究员经常都是综合使用上面四种方法,他们可能先从第二手资料(secondary data)获得一些背景知识,然后举办目标消费族群访谈(定性研究设计)来探索更多的问题,最后也许会因客户的具体要求而进一步做大范围的调查(定量)。

(三) 市场调查的常用方法

(1) 观察法(observation)

观察法是社会调查和市场调查研究的最基本的方法,由调查人员根据调查研究的对象,利用眼睛、耳朵等感官以直接观察的方式对其进行考察并搜集资料。例如,市场调查人员到被访问者的销售场所去观察商品的品牌及包装情况。

(2) 实验法(experimental)

实验法是由调查人员根据调查的要求,用实验的方式,将调查的对象控制在特定的环境条件下,对其进行观察以获得相应的信息。控制对象可以是产品的价格、品质、包装等,在可控制的条件下观察市场现象,揭示在自然条件下不易发生的市场规律。这种方法主要用于市场销售实验和消费者使用实验。

(3) 访问法(interview)

访问法可以分为结构式访问、无结构式访问和集体访问。结构式访问是实现设计好的、有一定结构的访问问卷的访问。调查人员要按照事先设计好的调查表或访问提纲进行访问,要以相同的提问方式和记录方式进行访问。提问的语气和态度也要尽可能地保持一致。

无结构式访问是没有统一问卷,由调查人员与被访问者自由交谈的访问。它可以根据调查的内容,进行广泛的交流。如:对商品的价格进行交谈,了解被调查者对价格的看法。

集体访问是通过集体座谈的方式听取被访问者的想法,收集信息资料。它可以分为专家集体访问和消费者集体访问。

(4) 问卷法(survey)

问卷法是通过设计调查问卷,让被调查者填写调查表的方式获得所调查对象的信息。在调查中将调查的资料设计成问卷后,让接受调查者将自己的意见或答案,填入问卷中。在一般的实地调查中,以问答卷这种形式最为常见;同时问卷调查法在网络市场调查中运用得较为普遍。

(四) 市场调查的内容

(1) 市场环境调查

市场环境调查主要包括经济环境、政治环境、社会文化环境、科学环境和自然地理环境等。具体的调查内容可以是市场的购买力水平,经济结构,国家的方针、政策和法律法规,风俗习惯,科学发展动态,气候等各种影响市场营销的因素。

(2) 市场需求调查

市场需求调查主要包括消费者需求量调查、消费者收入调查、消费结构调查、消费者行为调查。具体内容为消费者为什么购买、购买什么、购买数量、购买频率、购买时间、购买方式、购买习惯、购买偏好和购买后的评价等。

(3) 市场供给调查

市场供给调查主要包括产品生产能力调查、产品实体调查等。具体为某一产品市场可以提供的产品数量、质量、功能、型号、品牌等,生产供应企业的情况等。

(4) 市场营销因素调查

市场营销因素调查主要包括产品、价格、渠道和促销的调查。产品的调查主要包括了解市场上新产品开发的情况、设计的情况、消费者使用的情况、消费者的评价、产品生命周期阶段、产品的组合情况等。产品的价格调查主要包括了解消费者对价格的接受情况,对价格策略的反应等。渠道调查主要包括了解渠道的结构、中间商的情况、消费者对中间商的满意情况等。促销活动调查主要包括各种促销活动的效果,如广告实施的效果、人员推销的效果、营业推广的效果和对外宣传的市场反应等。

(5) 市场竞争情况调查

市场竞争情况调查主要包括对竞争企业的调查和分析,了解同类企业的产品、价格等方面的情况,以及他们采取的竞争手段和策略,做到知己知彼,通过调查帮助企业确定企业的竞争策略。

(五) 市场调查的方案

一个完善的市场调查方案一般包括以下几方面内容。

(1) 调查目的要求

根据市场调查目标,在调查方案中列出本次市场调查的具体目的要求。例如:本次市场调查的目的是了解某产品的消费者购买行为和消费偏好情况等。

(2) 调查对象

市场调查的对象一般为消费者、零售商、批发商,零售商和批发商为经销调查产品的商家,消费者一般为使用该产品的消费群体。在以消费者为调查对象时,要注意到有时某一产品的购买者和使用者不一致,如对婴儿食品的调查,其调查对象应为孩子的母亲。此外还应注意到一些产品的消费对象主要针对某一特定消费群体或侧重于某一消费群体,这时调查对象应注意选择产品的主要消费群体,如对于化妆品,调查对象主要选择女性;对于酒类产品,其调查对象主要为男性。

(3) 调查内容

调查内容是收集资料的依据,是为实现调查目标服务的,可根据市场调查的目的确定具体的调查内容。如调查消费者行为时,可按消费者购买、使用,使用后评价三个方面列出调查的具体内容项目。调查内容的确定要全面、具体,条理清晰、简练,避免面面俱到,内容过多,过于烦琐,避免把与调查目的无关的内容列入其中。

(4) 调查表

调查表是市场调查的基本工具,调查表的设计质量直接影响到市场调查的质量。设计调查表要注意以下几点:

① 调查表的设计要与调查主题密切相关,重点突出,避免可有可无的问题。

② 调查表中的问题要容易让被调查者接受,避免出现被调查者不愿回答或令被调查者难堪的问题。

③ 调查表中的问题次序要条理清楚,顺理成章,符合逻辑顺序。一般将容易回答的问题放在前面,较难回答的问题放在中间,敏感性问题放在最后;封闭式问题在前,开放式问题在后。

④ 调查表的内容要简明,尽量使用简单、直接、无偏见的词汇,保证被调查者能在较短的时间内完成调查表。

⑤ 调查地区范围应与企业产品销售范围相一致,当在某一城市做市场调查时,调查范围应为整个城市。但由于调查样本数量有限,调查范围不可能遍及城市的每一个地方,一般可根据城市的人口分布情况,主要考虑人口特征中收入、文化程度等因素,在城市中划定若干个小范围调查区域。划分原则是使各区域内的综合情况与城市的总体情况分布一致,将总样本按比例分配到各个区域,在各个区域内实施访问调查。这样可相对缩小调查范围,减少实地访问工作量,提高调查工作效率,减少费用。

⑥ 样本的抽取。调查样本要在调查对象中抽取,由于调查对象分布范围较广,应制定一个抽样方案,以保证抽取的样本能反映总体情况。样本的抽取数量可根据市场调查的准确程度的要求确定,市场调查结果准确度要求愈高,抽取样本数量应愈多,但调查费用也愈高,一般可根据市场调查结果的用途情况确定适宜的样本数量。实际市场调查中,在一个中等以上规模城市进行市场调查的样本数量,按调查项目的要求不同,可选择200~1000个样本,样本的抽取可采用统计学中的抽样方法。具体抽样时,要注意对抽取样本的人口特征因素的控制,以保证抽取样本的人口特征分布与调查对象总体的人口特征分布相一致。

⑦ 资料的收集和整理方法。市场调查中,常用的资料收集方法有调查法、观察法和实验法。一般来说,前一种方法适合于描述性研究,后两种方法适合于探测性研究。企业做市场调查时,采用调查法较为普遍,调查法又可分为面谈法、电话调查法、邮寄法、留置法等。这几种调查方法各有其优缺点,适用于不同的调查场

合,企业可根据实际调研项目的要求来选择。资料的整理方法一般可采用统计学中的方法,利用 Excel 工作表格,可以很方便地对调查表进行统计处理,获得大量的统计数据。

(六) 市场调查报告

撰写市场调查报告是市场调查的最后一项工作内容,市场调查工作的成果将体现在最后的调查报告中。市场调查报告将提交企业决策者,作为企业制定市场营销策略的依据。市场调查报告要按规范的格式撰写,一个完整的市场调查报告格式由题目、目录、概要、正文、结论和建议、附件等组成。

(七) 市场调查的流程

市场调查的流程如图 6-2 所示。市场研究从两个方面进行,一个方面是一手资料研究,另一个方面是二手资料研究。其中一手资料研究又分为定性研究和定量研究,涉及的面比较广,二手资料研究只侧重于资料检索和专家研究。

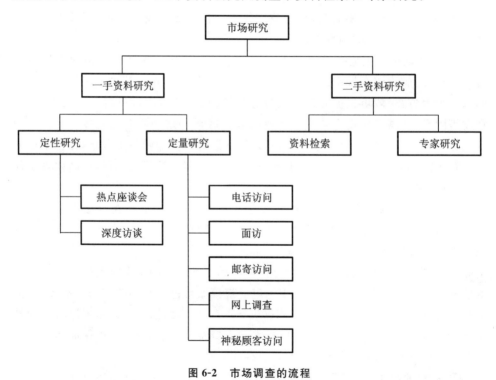

图 6-2 市场调查的流程

二、市场预测

市场预测就是运用科学的方法,对影响市场供求变化的诸多因素进行调查研究,分析和预见其发展趋势,掌握市场供求变化的规律,为经营决策提供可靠的依据。预测是为决策服务的。为了提高管理的科学水平,减少决策的盲目性,需要通过预测来把握经济发展或者未来市场变化的有关动态,减少未来的不确定性,降低决策可能遇到的风险,使决策目标得以顺利实现。

(一) 四大原则

预测本身要借助数学、统计学等方法论,也要借助于先进的手段。先不谈技术和方法,对企业的管理者而言,可能最先关注的是怎样形成一套有效的思维方式来进行市场预测。以下几个原则对此会有启发。

(1) 相关原则

建立在"分类"的思维高度,关注事物(类别)之间的关联性,当了解(或假设)到已知的某个事物发生变化,再推知另一个事物的变化趋势。

最典型的相关有正相关和负相关,从思路上来讲,不完全是数据相关,更多的是"定性"的。

① 正相关是事物之间的"促进",比如:居民平均收入与"百户空调拥有量";有企业认识到"独生子女受到重视"推知玩具、教育相关产品和服务的市场;某地区政府反复询问企业"人民物质文化生活水平提高究竟带来什么机遇",这实际上是目前未知市场面临的一个最大机遇,该地区先后发展的"家电业""厨房革命""保健品"应该是充分认识和细化实施的结果。这都体现了企业的机遇意识。在进行人口普查时,有专家提出有些资料是企业的"宝",就看您怎么认识了。有个大型家具企业把握的一个最大机遇是"在中国第三次生育浪潮中出生的这些人目前到了成家立业的高峰"。

② 负相关是指事物之间相互"制约",一种事物发展导致另一种事物受到限制,特别是"替代品"。比如资源政策、环保政策出台必然导致"一次性资源"替代品的出现,像"代木代钢"发展起来的PVC塑钢;某地强制报废助力车,该地一家"电动自行车"企业敏锐地抓住该机遇也是相同的情况。

(2) 惯性原则

任何事物发展具有一定惯性,即在一定时间、一定条件下保持原来的趋势和状态,这也是大多数传统预测方法的理论基础。比如"线性回归""趋势外推"等。

(3) 类推原则

这个原则也是建立在"分类"的思维高度,关注事物之间的关联性。

① 由小见大,从某个现象推知事物发展的大趋势。例如现在有人开始购买私家汽车,您能预见到什么?运用这一思路时要防止以点代面、以偏概全。

② 由表及里,从表面现象推实质。例如,"统一食品"在昆山兴建,无锡的"中萃面"应意识到什么呢?"海利尔"洗衣粉到苏南大做促销,"加佳"洗衣粉意识到可

能是来抢市场的。换个最简单的例子：一次性液体打火机的出现,真的就有火柴厂没有意识到威胁。

③ 由此及彼,引进国外先进的管理和技术。发达地区被淘汰的东西,在落后地区可能有市场。

④ 由古推今,毛泽东说过一句话：我不是李自成。可见历史的东西对以后的发展是极有指导性的。换句话说：早年间谁敢想象自己家有空调、计算机、电话？我们问：您能不能想象10年后您会拥有自己的飞行器？这种推理对商家是颇具启发。总结一下中国家庭电视机的发展规律,也许从中就能找到商机。

⑤ 由远及近,比如国外的产品、技术、管理模式、营销经验、方法,因为比较进步,可能就代表先进的方向,可能就是"明天要走的路"。

⑥ 自下而上,从典型的局部推知全局。例如,一个规模适中的乡镇,需要3台收割机,这个县有50个类似的乡镇,可以初步估计这个县的收割机可能的市场容量为150台。

⑦ 自上而下,从全局细分,以便认识和推知某个局部。例如,我们想知道一个40万人的城市的女式自行车市场容量,推断方式为40万人⟶20万女性⟶（去掉12岁以下及50岁以上的）还有10万⟶调查一下千名女性骑自行车的比率（假设60%）⟶可能的市场容量为6万。这种方法对大致了解一个市场是很有帮助的。

(4) 概率推断

由于不能完全把握未来,参考历史和经验,一般能预估一个事物发生的概率,根据这种可能性,再采取对应措施。扑克、象棋游戏和企业博弈型决策都在不自觉地使用这个原则。有时可以通过抽样设计和调查等科学方法来确定某种情况发生的可能性。

(二) 四个基本要素

(1) 信息

信息是客观事物特性和变化的表征和反映,存在于各类载体中,是预测的主要工作对象、工作基础和成果反映。

(2) 方法

方法是指在预测的过程中进行质和量的分析时所采用的各种手段。预测的方法按照不同的标准可以分成不同的类别。按照预测结果属性可以分为定性预测和定量预测,按照预测时间长短的不同,可以分为长期预测、中期预测和短期预测。按照方法性质,可以分为众多的类别,最基本的是模型预测和非模型预测。

(3) 分析

分析是根据有关理论所进行的思维研究活动。由预测方法得出预测结论之后,还必须进行两个方面的分析:一是在理论上要分析预测结果是否符合经济理论和统计分析的条件;二是在实践上对预测误差进行精确性分析,并对预测结果的可靠性进行评价。

(4) 判断

对预测结果采用与否,或对预测结果依据相关经济和市场动态所作的修正需要判断,同时,对信息资料、预测方法的选择也需要判断。判断是预测技术中重要的因素。

(三) 基本步骤

预测应该遵循一定的程序和步骤以便统筹规划和协作,使工作有序化。市场预测的过程大致包含以下步骤。

(1) 确定目标

明确目的是开展市场预测工作的第一步。因为预测的目的不同,预测的内容和项目、所需要的资料和所运用的方法都会有所不同。明确预测目标,就是根据经营活动存在的问题,拟定预测的项目,制定预测工作计划,编制预算,调配力量,组织实施,以保证市场预测工作有计划、有节奏地进行。

(2) 收集资料

进行市场预测必须占有充分的资料。有了充分的资料,才能为市场预测提供分析、判断的可靠依据。在市场预测计划的指导下,调查和收集预测有关资料是进行市场预测的重要一环,也是预测的基础性工作。

(3) 选择方法

根据预测的目标以及各种预测方法的适用条件和性能,选择出合适的预测方法。有时可以运用多种预测方法来预测同一目标。预测方法的选用是否恰当,将直接影响到预测的精确性和可靠性。运用预测方法的核心是建立描述、概括研究对象特征和变化规律的模型,根据模型进行计算或者处理,即可得到预测结果。

(4) 分析修正

分析判断是对调查收集的资料进行综合分析,并通过判断、推理,使感性认识上升为理性认识,从事物的现象深入到事物的本质,从而预计市场未来的发展变化趋势。在分析评判的基础上,通常还要根据最新信息对原预测结果进行评估和修正。

(5) 编写报告

预测报告应该概括预测研究的主要活动过程,包括预测目标、预测对象及有关因素的分析结论、主要资料和数据,预测方法的选择和模型的建立,以及对预测结论的评估、分析和修正等等。

(四) 预测方法

市场预测的方法很多,主要有以下三种。

(1) 时间序列

在市场预测中,经常遇到一系列依时间变化的经济指标值,如企业某产品按年(季)的销售量、消费者历年收入、购买力增长统计值等,这些按时间先后排列起来的一组数据称为时间序列。依时间序列进行预测的方法称为时间序列预测。

(2) 回归

① "回归"的含义。回归是指用于分析、研究一个变量(因变量)与一个或几个其他变量(自变量)之间的依存关系的方法,其目的在于根据一组已知的自变量数据值,来估计或预测因变量的总体均值。在经济预测中,人们把预测对象(经济指标)作为因变量,把那些与预测对象密切相关的影响因素作为自变量。根据二者的历史和统计资料,建立回归模型,经过统计检验后用于预测。回归预测有一个自变量的一元回归预测和多个自变量的多元回归预测,这里仅讨论一元线性回归预测法。

② 回归分析的基本条件。应用一组已知的自变量数据去估计、预测一个因变量之值时,这两种变量需要满足以下两个条件:

第一,统计相关关系。统计相关关系是一种不确定的函数关系,即一种因变量(预测变量)的数值与一个或多个自变量的数值明显相关但不能精确且不能唯一确定的函数关系,其中的变量都是随机变量。经济现象中这种相关关系是大量存在的。例如粮食亩产量 y 与施肥量 x 之间的关系,二者明显相关但不存在严格的函数关系,亩产量不仅与施肥量有关,还与土壤、降雨量、气温等多种因素有关,这样亩产量 y 存在着随机性。

第二,因果关系。如果一个或几个自变量 x 变化时,按照一定规律影响另一变量 y,而 y 的变化不能影响 x,即 x 的变化是 y 变化的原因,则称 x 与 y 之间具有因果关系,反映因果关系的模型称为回归模型。

(3) 定性定量

市场预测的分类方法一般可以分为定性预测法和定量预测法两大类。

① 定性预测法。定性预测法也称为直观判断法,是市场预测中经常使用的方法。定性预测主要依靠预测人员所掌握的信息、经验和综合判断能力,来预测市场未来的状况和发展趋势。这类预测方法简单易行,特别适用于那些难以获取全面的资料进行统计分析的问题。因此,定性预测方法在市场预测中得到广泛的应用。定性预测方法又包括专家会议法、德尔菲法、销售人员意见汇集法和顾客需求意向调查法。

② 定量预测法。定量预测是利用比较完备的历史资料,运用数学模型和计量

方法,来预测未来的市场需求。定量预测基本上分为两类,一类是时间序列模式,另一类是因果关系模式。

第三节 销售策略

销售策略是指实施销售计划的各种因素组合,包括:产品、价格、广告、渠道、促销及立地条件,是一种为了达成销售目的所采取的各种手段的最适组合而非最佳组合。销售策略即企业产品或服务投放市场的理念。比如:企业计划怎样在市场上销售产品或服务以实现企业设定的市场目标。

一、产品决策

(一)产品及产品组合

(1)整体产品

现代市场营销理论认为,认识营销中的产品,应着眼于有利于指导企业的营销活动。因此,市场营销中的产品不仅包括产品实体,而且还包括为消费者提供的便利和服务,这是一个整体产品的概念,包括实质产品、形式产品、延伸产品三个层次。

① 实质产品。这是整体产品的核心部分,也称核心产品,指的是产品能够给消费者带来的实际利益,也可以说是指产品的基本功能和效用,是消费者购买商品的目的所在。

② 形式产品。它是指产品出现在市场上时的面貌,包括产品的形态、形状、商标、包装、设计、风格、色调等等,是消费者通过自己的眼、耳、鼻、舌、身等感觉器官可以接触到、感觉到的有形部分。

③ 延伸产品。延伸产品也称为附加产品、引申产品,是指购买者在购买产品时所获得的全部附加服务和利益,包括提供贷款、免费送货、维修、安装、技术指导、售后服务等等。

这三个层次的产品概念,构成了整体产品观念的内涵,实际上,它是随着消费需求的变化而逐渐发展、扩大的。正确把握这一观念,有利于企业全方位做好市场营销工作,有利于企业从消费需求出发,不断创新。

(2)产品组合

产品组合是对企业提供给市场的全部产品线和产品项目的总称,也就是企业生产经营的全部产品的范围。其中,产品线又称产品大类,是指一组相似或相近的产品项目,或者说是一组密切相关产品;产品项目是指产品线中各种不同品种、档次、质量和价格的特定产品。

企业经营的产品大类的总和称为产品组合的广度(宽度);一条产品线中产品项目的多少称为产品组合的深度;各产品线在最终用途、生产条件、分配渠道或其他方面相互关联的程度称为产品组合的密度(或关联性)。扩展产品组合的广度,可充分发挥企业潜力;增加产品组合的深度,可满足更多消费者的不同需求和爱好,吸引更多的顾客;强化产品组合的关联性,可使企业在目标市场上获得更好的信誉,逐步成为同行的领导者。

(二) 产品市场寿命周期理论

产品生命周期是指产品的经济寿命,即一种产品从研制成功投入市场开始,经过成长、成熟阶段,最终到衰退而被市场淘汰为止的整个市场营销时期。

1. 产品市场寿命周期的四个阶段

(1) 投入阶段

投入阶段又称介绍期,是产品刚刚投入市场的试销阶段。其主要特点是生产批量小,品种少,成本高;消费者对产品不熟悉,销售增长缓慢;前期投入的新产品开发费用和产品推销费用较大,企业尚无利可图;竞争者大多也尚未进入。

(2) 成长阶段

成长阶段又称畅销期,是指新产品通过试销效果良好,消费者逐渐认识并接受了该产品。其特点是开始大批量生产,成本大幅下降,企业利润提高;销量上升较快,价格有所提高,销售额迅速上升;生产同类商品的竞争者开始介入。

(3) 成熟阶段

成熟阶段又称饱和期,是指大多数购买者已经接受该产品,产品已经大批量生产并稳定地进入市场销售,商品需求趋向饱和的阶段。其特点是商品普及并日趋标准化;销售数量相对稳定;生产批量大,成本低;生产同类产品企业之间在产品质量、花色、品种、规格、包装、成本和服务等方面的竞争加剧;产品的销售额和利润额趋于下降。

(4) 衰退阶段

衰退阶段指产品在市场上已经老化,不能适应市场需求,市场上已经有其他性能更好、价格更低的新产品足以满足消费者的需求。其特点是产品的销量日趋下降;产品价格也显著下降,利润逐渐趋于零。

2. 产品市场寿命周期理论与企业营销的关系

产品市场寿命周期理论,反映了产品在市场营销中不同阶段的特征,对企业来说,就是要根据自己产品所处的市场寿命周期阶段做出相应的市场营销决策。如在投入期,抓住一个"快"字,制定灵活适宜的营销策略,让消费者尽早接受自己的产品;在成长期,抓住一个"好"字,努力提高产品质量,并开辟新的市场;在成熟期,突出一个"变"字,强化市场细分,改善销售服务,并及早转产或准备替代产品;在衰退期,一般要收缩市场,采取集中或撤退策略,或收缩,或转移。

(三) 新产品开发决策

(1) 新产品的概念和类型

从市场营销的角度来讲,新产品不一定都是企业初次试制成功的产品,凡是整体产品概念中任何一个部分的创新、改革,都属于新产品的范围。

① 技术新产品,指应用新原理、新技术、新材料制造出的具有新结构、新功能的前所未有的产品。其市场寿命周期长,但发明难度大、时间长,市场风险大。

② 换代新产品,指采用新材料、新元件、新技术,制造出相对原有产品的性能有重大突破的产品。其研制时间和过程比全新产品短,消费者接受和普及的过程也短。

(2) 市场新产品

① 改进型新产品,指对原有产品的结构、质量、性能、外形等方面做某些局部改进而形成的改进型变异产品。由于它不必以新的科学技术为基础,只是在现有科技条件下对原有产品的改进,所以,这种新产品的研制比较容易,多数企业都能生产,但竞争也比较激烈。

② 仿制型新产品,指将市场上已有的某种新产品稍加改变,或模仿某种畅销产品,只是标出自己的新牌子。这类新产品的研制时间最短,消费者也能很快接受,但竞争激烈,市场寿命周期极短。

(3) 新产品开发的重要性

① 新产品开发是满足不断变化的消费需求的必然要求。现代市场营销观念是以消费需求为中心的,认为企业应通过消费需求的满足而获取利润。但随着科学技术的发展和人们生活水平的提高,消费需求的变化越来越快,要求越来越高,企业要满足消费者的这些需求,就必须不断推出高质量的新产品,不断开拓新的消费服务项目。

② 新产品开发是提高企业竞争能力的主要手段。不断创新是现代市场营销观念的要点之一,它不仅能满足消费者的新需求,而且能增加企业的竞争能力,使企业在激烈的市场竞争中得以生存和发展。因为企业之间的竞争主要表现为产品和技术的竞争,谁能够掌握新技术,谁能够不断进行产品的创新和改良,谁就能够拥有更多的消费者。所以,开发新产品有利于增强企业的实力,巩固企业的市场地位,维护企业的声誉和形象。

二、价格决策

(一) 影响价格决策的因素

(1) 商品本身的特点

企业定价必须首先考虑商品的成本费用,使产品单价不低于平均成本费用,使总成本得到补偿。其次,还要考虑商品标准化程度的高低、商品易腐易毁程度以及商品的季节性和时尚性。标准化程度高的商品,企业定价的变化会受到限制;商品新鲜程度高、完整无损时可定高价;应季、时尚的产品价格也较高。再次,要考虑商品需求的价格弹性 Ep:当 $Ep=1$ 时,价格变化对企业销售收入影响不大;当 $Ep>1$ 时,需求量的变化幅度大于价格变动的幅度,企业可制定较低的价格;当 $Ep<1$ 时,需求量变动的幅度小于价格变动的幅度,企业可制定较高的价格。最后,考虑产品所处生命周期的阶段,投入期,价格较高;成长期,价格应有条件地下调;成熟期,采用竞争性的低水平价格;衰退期,价格大幅度降低。

(2) 市场供求状况

企业制定的每一种价格,都将导致一个不同水平的市场需求和市场供给以及由此产生的对企业营销目标的不同影响。在正常情况下,价格越高,供给也越多,而需求却越少,企业制定价格时必须充分考虑供求与产销价格之间的关系。

(3) 企业竞争状况

竞争状况与企业价格水平关系密切,一般来说,竞争越激烈,对价格的影响越大。在自由竞争状况下,企业只能是市场价格的接受者;企业的产品为新产品或特殊品,能够垄断市场时,可以高价出售;企业向市场销售具有一定差异性的产品时,则是对价格起积极作用的决定者。

(4) 政府的政策法规

企业的价格决策,必须充分考虑政府的方针政策和宏观规划,要在规定的权限范围内定价和调价。

(5) 企业状况

当企业的规模和实力足够大时,可以发动降价或提价的是领导者;当企业要控制渠道时,就必须选择销量少、成本高的短而窄的渠道,因而会导致高价;如果企业的信息沟通系统健全,且活动效率高,企业会经常调整自己产品的价格,保持价格的科学性,适应消费者的接受能力。

(二) 企业定价的目标

定价目标是企业在产品价格实现以后应达到的目的。

(1) 投资收益率目标

企业期望所投入的资金能在预定的时间内分批回报,因此,定价时主要考虑成本费用和期望利润,在产品成本费用不变的条件下,价格高低就取决于投资收益率的大小。

(2) 市场占有率目标

这是企业普遍采用的定价目标,因为较高的市场占有率可以保证企业产品的销路,便于企业掌握消费需求变化,易于形成企业长期控制市场和价格的垄断地位,为保证企业盈利创造条件。一般做法是以低价打入市场,开拓销路,逐步占领市场,提高市场占有率。

(3) 稳定价格目标

稳定价格又称为领导者价格,或价格领袖制,通常是由一种工业生产或经营的领导者企业起决定作用。当企业拥有充分的资源,欲长期经营,巩固市场阵地时,常采用这一目标。

(4) 适当竞争价格目标

处于激烈市场竞争环境的企业经常采用这一目标。一般在定价之前要广泛收集资料,将本企业的产品规格、品质与竞争者类似的产品做审慎的比较,然后再对自己的产品价格进行选择,或高于竞争者,或与竞争者保持一致,或低于竞争者。

(5) 利润最大化目标

此目标要以良好的市场环境为前提。由于市场是变化的,任何企业都不能永远保持其绝对垄断优势。因此,许多企业把追求利润最大化作为一个长期定价目标,同时选择一个能适应特定环境的短期目标来制定价格。

(6) 维持营业目标

维持营业目标指以保持企业能够继续营业为定价目标,这是企业处于不利环境的一种缓兵之计。这种定价目标,只能作为特定时期内的过渡性目标,一旦企业出现转机,应尽快用其他目标取而代之。

(7) 塑造企业形象目标

以塑造企业形象为目标,即企业定价时首先要考虑价格水平是否与目标顾客的需求相符,是否有利于企业整体策略的稳定实施;其次,还要考虑协作企业和中间商的利益;此外,还要遵循社会和职业道德规范,遵守法律、法规和有关政策,服从国家宏观经济发展目标。

(三) 企业定价的基本方法

(1) 成本导向定价法

① 成本加成法,即在单位产品成本的基础上加一定比例的毛利率,计算公式为

$$单价 = 单位成本 \times (1 + 加成率)$$

这是一种最普遍的定价方法,尤其适用于商业企业。

② 目标收益率法,即根据企业总成本和预期销售量确定一个目标收益率,以此作为定价的标准。计算公式为

$$单价 = \frac{总成本 \times (1 + 目标收益率)}{销量}$$

这一方法广泛应用于工业企业。

③ 边际成本法,企业在销售最后增产的产品时,以边际成本为基础制定价格。边际成本是企业在原有基础上多生产一个单位的产品所支出的追加成本。计算公式为

$$边际成本 = \frac{总成本增加量}{产品增加量}$$

④ 损益平衡法,即保本点价格,计算公式为

$$单价 = 单位产品应摊固定成本 + 单位产品变动成本$$

这类以产品成本为中心的定价方法,不论以何种成本为依据,以何种利润为目标,都是从企业的角度出发,且具有资料丰富、容易获取、计算简单、简便易行的特点,依此类方法定价,可使企业获取利润,且盈亏明晰。其缺点是忽视市场竞争和供求状况的影响,缺乏灵活性,难以适应市场竞争的形势。这种方法一般限于卖方市场条件下使用。

(2) 需求导向定价法

这是以消费者需求为中心的定价方法,主要包括理解价值定价法和需求差异定价法。其定价基本依据是市场需求变化和消费者的心理作用,它要求的条件比较多:市场能够根据需求强度的不同进行细分;细分后的市场在一定时期内相对独立,互不干扰;市场中不存在低价竞争者;价格差异适度,不会引起消费者反感。

(3) 竞争导向定价法

这是以市场上相互竞争的同类产品价格为定价基本依据,随竞争状况的变化确定和调整价格水平的定价方法,主要有随行就市定价法、价格竞争定价法、密封投标定价法等。在市场竞争十分激烈时,如果用这种方法竞相压价,会造成竞争者两败俱伤,甚至抑制生产,因此,运用时应慎重。

(四) 价格决策的策略

(1) 新产品价格策略

① 撇脂价格策略。这是一种高价策略,即在新产品上市初期高价出售,以便在较短时间内获得最大利润。其优点是:在预期价格范围内,利用求新心理,以高价刺激需求,由于新产品的独特性和优越性冲淡了人们对价格的敏感,有助于开拓市场;由于价格本身留有余地,可依据消费者的购买力水平,对不同细分市场区别

定价;可为价格修改和调低提供条件;可增加盈利,获得开拓市场所必需的资金;如果因条件限制无力扩大生产规模,高价可限制需求过快增长,避免产品供不应求。该价格策略的缺点是:价格远高于成本,损害了消费者利益;当新产品的信誉尚未建立时,不利于开拓和站稳市场;若销路好,极易诱发竞争,使价格大跌。

② 渗透定价策略。即将产品的价格定得低于正常同类产品,以易于为市场所接受,特别是吸引收入低、但喜欢新产品的消费者,同时,排斥竞争者,使企业能长期地占领市场。其优点主要是具有较强的竞争性,低价极易吸引消费者,易于开拓和占领市场;有助于树立企业和产品形象。缺点是只有在产品多销时企业才能获利,否则,企业就会亏损,长期亏损则难以维持;不利于潜在市场小、需求弹性小的产品为企业迅速积累资金。

③ 满意价格策略。满意价格策略又称中间价格策略,即采用撇脂(高价)和渗透(低价)之间的价格策略,以适中的价格吸引顾客购买,并赢得顾客好评。其优点是有利于扩大市场,价格比较稳定;能保证弥补投入期的高成本,保证盈利目标;能保证顾客和企业双方都满意。其缺点是难以产生轰动性效果,难以产生新的感觉,比较保守,与复杂多变或竞争激烈的市场环境不适应;难以树立个性形象。

可见,以上三种新产品价格策略各有利弊。如果企业生产能力大,能大量投放新产品于市场,宜采用渗透价格策略,反之,则采用撇脂价格策略;如果新产品的生产技术尚未公开,或新产品不易仿制,宜采用撇脂价格策略,反之,则采用渗透价格策略;如果产品需求弹性大,宜采用渗透和满意价格策略,反之,则采用撇脂价格策略;关系民生的重要商品,应采取满意价格策略。

(2) 心理定价策略

心理定价策略主要是零售商针对顾客的消费心理所采用的价格策略,其定价基础是消费者的心理需求,但对收入不同的顾客来说,其作用程度不同。具体策略有:

① 尾数定价策略。即根据消费者心理,把商品的价格定为小数,给人一种准确度高、便宜的感觉,或把价格的尾数定为顾客认为吉庆的数字,这可以增进销售,还能使消费者在找零钱时发现和选购其他商品。

② 整数定价策略。即将高档、高级耐用消费品的价格定为整数,并以此作为商品质量的指示器,这样还能减少许多交换过程中的不便。

③ 声望定价。即针对消费者仰慕名店、名牌的心理所采用的一种高价策略。

④ 招徕定价。即为了招徕顾客,故意将几种商品定为极低的价格,以此引起消费者注意,使消费者同时选购其他正常价格的商品。这一策略要求的条件是:减价的商品应是经常使用的商品;商品经营的品种多,能给顾客较多的选择机会;减价品数量适当;减价品不是残次品;真正货真价廉,能取信于顾客。

三、渠道策略

商品流通过程是商品所有权转移与商品实体运动相统一的过程。营销渠道属于商品所有权转移中的问题,物流或实体分配属于商品实体运动中的问题。这里主要研究营销渠道,物流则不再专门探讨。

(一) 营销渠道的概念与作用

(1) 营销渠道的概念

市场营销渠道又称分销渠道,简称营销渠道或渠道,指产品的所有权由制造商(生产者)向最终消费者或用户转移所经由的途径或通道。在渠道中设置的中间环节(市场机构)即中间商。渠道由中间商组成,是中间商构成了商品所有权转移的通道。

(2) 营销渠道的基本模式与类型

营销渠道的基本模式有以下两种:一是生活消费品营销渠道,二是生产资料营销渠道。

生活消费品营销渠道有以下 5 种形式:

① 制造商→消费者;
② 制造商→零售商→消费者;
③ 制造商→批发商→零售商→消费者;
④ 制造商→代理商→零售商→消费者;
⑤ 制造商→代理商→批发商→零售商→消费者。

生产资料营销渠道有以下 4 种形式:

① 制造商→用户;
② 制造商→批发商→用户;
③ 制造商→代理商→用户;
④ 制造商→代理商→批发商→用户。

(3) 营销渠道中间商的职能与作用

中间商在商品流通过程中承担着订货、购进、储存、分级、搭配、加工改制、包装、运送、价格形成、销售、融资、分担风险、提供信息等职能,在市场营销中占有很重要的地位,起着十分重要的作用。

营销渠道中间商的基本作用是调节生产与消费在品种、数量、时间、地点等方面的矛盾,适时地把一定品种和数量的商品送到潜在消费者或用户需要购买的地点,实现产品由制造商向最终消费者或用户的转移。其具体作用主要是:

① 连接制造商和消费者。营销渠道(中间商),一头连接制造商,另一头连接最终消费者,起着纽带和桥梁的作用。

② 减少交易次数,节约流通费用。制造商和消费者越多,中间商减少交易次数、节约流通费用的作用就越明显。

③ 开拓销售市场。中间商的出现,使销售和生产分工,销售成为一个专门化部门。中间商大多都是市场营销的专家,他们承担市场营销工作,不仅使销售成本降低,而且还可扩大商品流通,开拓销售市场,加速再生产过程。

④ 收集和提供市场信息。中间商直接面对消费者,因此,他们最了解消费者的需求及其变化趋势,从而可以把市场信息及时反馈给制造商。

(二) 中间商

中间商是指专门从事商品流通的行业或商业,它是社会分工的产物。随着商品经济的不断发展,中间商的内部分工也不断发展,零售商与批发商不断相互分离,而且在零售商、批发商内部也不断分离,而形成多种多样的中间商。中间商种类繁多,若从总体来看,可按下列标志来划分:按是否拥有商品所有权可分为经销商和代理商;按其买方的购买目的可分为批发商与零售商。

1. 代理商

代理商是接受制造商的委托而从事批发购销活动,不拥有商品的所有权,只是通过为制造商寻找顾客和代表制造商进行购销活动,赚取佣金或手续费的中间商。他与企业的关系不是买卖关系,是委托人与被委托人之间的关系,双方的合作关系由代理合同确定,经营的利润和风险仍由制造商享有和承担。代理商都是独立的经营者,多从事批发业务。代理商大致有以下几种:

① 制造商代理商。这是代理商的主要形式,这种代理商代表一家或数家非相互竞争的制造商,承接订单、推销商品、办理运输等。

② 销售代理商。这种代理商不仅代制造商销售商品,还执行制造商销售部门的一切职能。

③ 进货代理商。这种代理商代制造商采购、验收、储运货物。

④ 经纪人。这种代理商只是介绍买卖双方,为双方提供信息,帮助买卖双方磋商交易,但不参与交易谈判,不储存商品,不代表任何一方,也不承担任何风险。

2. 经销商

经销商指拥有商品所有权,直接从事商品流通活动的中间商。它购进并再售出商品,主要从购销差价中获利,并承担购销风险。经销商又可分为批发商和零售商。

(1) 批发商

批发商指供买方再转售或供其他商业用途而出售商品的中间商。批发商处于商品流通过程的中间,是连接制造商与零售商、制造商与制造商的纽带,是制造商的销售中心和零售商的采购中心。

批发商的种类很多,若按经营商品和方式可分为综合批发商(一般商品批发商)、专业批发商、工业经销商以及卡车(兼营运输)批发商、货架(托售)批发商、邮购批发商等等。若按商品流通所处地域可分为生产地批发商、接收地批发商、中转地批发商、销售地批发商等。

批发商(对零售商和制造商)的作用主要是:集聚商品、组织货源、进货备销,减轻零售商进货和制造商销货的业务负担;储备商品、调节供需,减轻零售商和制造商的存货负担;分组商品,便利选择、购买、销售和使用;销售商品,配合促销;资金融通,分担风险;提供市场信息,协助经营,帮助改善经营管理。

(2) 零售商

零售商指供买方最终消费而出售商品的中间商。零售商是连接批发商与最终消费者的主要纽带。零售商交易结束时,商品脱离流通领域而进入消费领域。

零售商的种类非常多,若按经营商品类别不同,零售商可分为专业商店、百货商店、超级市场和方便商店等;按价格竞争的出发点不同,零售商可分为折扣商店、仓库商店和样本售货商店;按是否设有铺面,零售商可分为邮购商店和购物服务商店等;按管理系统不同,零售商可分为连锁商店、联合商店、特许代营组织和协同营业百货商店等。

零售商的主要作用是:向消费者提供商品信息;吸引、便于消费者挑选、购买;向消费者提供各种服务;承担风险,保障消费者的合法权益;向制造商、批发商提供市场信息,协助他们经营、改善管理。

(三) 营销渠道策略的选择

营销渠道策略的选择是市场营销决策的重要内容,它对企业市场营销的成败有着重要的影响。营销渠道的选择包括营销渠道类型的选择与中间商类型及具体中间商的选择两方面。

(1) 营销渠道类型的选择

① 按是否使用中间商划分:直接渠道,即不使用中间商,由制造商直接将产品销售给最终消费者或用户;间接渠道,即使用中间商,通过中间商来销售制造商产品。

② 按不同层次上中间商的种数划分:长渠道,即使用中间商的种数不少于2种;短渠道,即使用中间商的种数少于2种。

③ 按每一层次上同种中间商的数目(市场展露度)划分:宽渠道,即每一层次上使用中间商的数目较多,它又可进一步分为广泛型营销渠道,即使用较多批发商和大量零售商,选择型营销渠道,即仅使用有限的批发商和零售商;窄渠道,即在每一层次上仅使用一家批发商、零售商,又称封闭型营销渠道或独家经销。

(2) 因素分析

营销渠道类型及营销渠道的长度与宽度应依据下列因素,经综合权衡后做出选择。

① 市场因素。目标市场性质:对于消费者市场,一般渠道需长和宽,产业市场则可短和窄。市场容量:顾客数目多,需使用中间商,渠道需长和宽,顾客数目少,可直接销售,渠道可短和窄。市场地域分布:范围大、较分散,需使用多层次的大量中间商,渠道需长和宽,反之,则可直销或只用少数中间商,渠道可短和窄。购买数量:小者需通过中间商供货,渠道需长;大者可直接供货,渠道可短。竞争商品渠道:可以相同,以便顾客选购;也可相异,各具特色。

② 产品因素。单位价值:小者宜长和宽,大者宜短和窄。耐久(储存)性:强者可长和窄,差者宜短和宽。体积、重量:小和轻者可长,大和重者宜短。使用范围:广者(如便利品、标准品等)可长和宽,狭者(如专用品、大宗原材料等)宜短和窄。时尚性:强者宜短和宽,弱差者可长和窄。技术性:高科技工业品需直销,以便提供各种配套服务,一般生活品则宜使用中间商。

③ 制造商本身因素。经营规模与能力:大和强者可短或直销,小和弱者需依靠中间商。管理能力和经验:管理能力弱,缺乏经验者,需依靠中间商,渠道长;反之可短或直销。声誉:声誉大、好者选择余地大;反之则小。控制渠道的愿望:强者渠道应短和窄,反之可长和宽。

④ 政策、法律因素。政府有关商品流通的政策、法规是制造商在选择渠道时必须遵循的限制性因素。

(3) 中间商类型与具体中间商的选择

制造商选择中间商类型的主要标准是:经济性,即销售量大、费用省;可控性,即有利于对整个渠道的控制;适应性,即能密切配合,兼顾双方利益,适应制造商的营销目标要求。选择具体中间商时应考虑的主要因素是各家中间商的经营信誉、能力、管理水平及对制造产品的熟悉程度等。

四、促销策略

过去传统的销售只是将商品卖给消费者,销售过程即算结束,而现代销售,必须要沟通信息。由企业把商品信息,通过一定的途径传递给消费者,引起消费者的购买兴趣,以达到实现和扩大销售的目的。因此,现代销售过程,是"信息流"与"商品流"高度统一的过程。没有信息的沟通,买卖双方相互隔阂,企业就难以实现和扩大销售。

(一) 促销的概念和作用

促销是促进销售的简称。它是指卖方向消费者或用户传递产品信息,并说服其购买的活动,其目的是实现或扩大销售。促销承担着两个任务:一是要广泛地搜集消费者需求和爱好的信息;二是要根据消费者或用户的需求和爱好,将商品的信息传递给消费者,引起他们的注意和兴趣,激发他们的购买欲望和购买行为。由此可知,促销的作用主要有以下几个方面:

① 提供信息。在商品尚未进入市场以前或进入市场以后,企业都必须及时地向消费者、中间商提供商品信息,以引起他们的注意。

② 激发购买欲望,扩大产品需求。通过促销向消费者介绍产品,可以诱发潜在顾客的购买欲望,从而创造和增加市场需求。

③ 突出特点,树立产品形象。在同类商品竞争激烈的情况下,通过各种促销活动,宣传介绍产品的特点,使自己的产品有别于竞争对手的产品,可以激发更多的消费者对自己的产品产生偏爱。

④ 稳定销售。在激烈的市场竞争中,由于各种原因,某一产品的销售量可能波动很大,这是市场地位不稳定的表现。此时,通过促销活动,使消费者偏爱该产品,从而达到稳定销售和稳定市场地位的目的。

(二)促销的方式

促销方式主要有人员推销和非人员推销两类。在非人员推销中,有广告、营业推广、销售服务、公共关系方式等多种促销方式。

1. 人员推销

人员推销,就是推销员以谈话方式,面对面地向顾客介绍、宣传、推广和销售商品的一种促销方式。这种最古老的促销方式,在现代营销观念指导下,被赋予新的内涵,即不仅是推销商品,而且要配合企业整体营销活动来满足顾客需求,树立良好的企业形象。人员推销在现代营销过程中仍占有重要地位,是一种不可替代的促销方式。

(1) 人员推销的特点和适用范围

同其他促销方式相比,人员推销的主要优点是:灵活性大,即可依据不同潜在顾客的需求和购买动机,有针对性地进行推销,并可立即获知顾客的反应,调整推销行为,化解反面意见,解答顾客的疑问,获得顾客的信任;选择性强,即可选择购买可能性大的顾客进行推销,并事先做好准备;完整性好,即人员推销承担了整个销售工作,比分散进行更为有效;具有公关作用,即可使买卖双方建立友谊,彼此信任、谅解。总之,人员推销交易成功率高,是一种有效的促销方式。人员推销的主要缺点是:比广告要承担更长期的义务;促销费用大;人员推销队伍的组建和调整均比较困难。因此,人员推销主要适用于市场密集度高、买主集中的市场和技术性强的产品,而不适用于范围广阔、买主分散的市场和一般产品。

(2) 推销人员的职能

推销人员的职能：实现销售，通过与顾客直接联系，即时推荐产品，解答问题，指导消费，实现交易；沟通信息，推销员是连接企业与顾客的桥梁，他一方面要向现有顾客和潜在顾客提供产品信息，另一方面还要将顾客对产品的意见和相关的市场信息带回企业；销售服务，推销的同时，还要提供技术咨询和技术指导，帮助顾客挑选，精通技术的推销人员还可帮助顾客决定选型设计；开拓市场，注意发现潜在顾客，开辟新市场。

(3) 推销人员的基本素质

推销人员的基本素质：对企业、产品和消费者高度热忱，富有进取心和扎实的工作作风。既要维护企业的利益，又要想到消费者的需求和利益；在困难面前，有坚定的信心，积极发掘销售机会，有强烈的完成销售任务的责任心；有丰富的知识，这主要包括有关企业的知识、产品的知识、消费者知识和市场知识；有良好的个性，掌握一定的推销技巧。推销人员要待人热诚，思维敏捷，谈吐文雅，绝对避免与消费者争吵，此外，还要善于接近和说服消费者，克服价格的障碍，掌握成交的良好机会。

(4) 推销人员的组织模式

推销人员的组织模式：区域结构式，即每个推销员负责一个地区内本企业各种产品的推销业务，适用于企业产品品种不多的情况；产品结构式，即每个推销员负责本企业一个或几个产品的推销工作，不受地区限制。当企业产品种类繁多、差异性较大、技术复杂时，就应采取这种组织方式；顾客结构式，根据产业类型、业务类型、重要程度等不同特点分派推销人员，针对某类顾客群开展工作，如按产业可分为冶金、纺织、建筑等顾客群，按业务规模可分为特大型、大型、中型、小型企业等顾客群，按重要程度可分为重点顾客、一般顾客、现有顾客、潜在顾客等顾客群；综合结构式，是指上述三种模式的综合运用，如区域产品式、区域顾客式、产品顾客式。

2. 广告

(1) 广告的概念

广告是一种由商业组织或个人通过一定的媒体向目标市场和社会公众进行广为传播的支付费用的一种促销方式。它具有以下特点：必须支付费用；有明确的广告主；必须通过一定的传播媒体；必须有特定的传播对象；必须有明确的主题。

广告直接的具体目标有以下几种：提高企业产品知名度；使顾客认识产品；建立需求偏好；促进购买、增加销售等。

(2) 广告的类型

广告多种多样，对广告进行分类是正确运用广告，增强广告效果的前提。按广告对象划分，有消费者或用户广告、经销商广告、专业广告等；按广告目的划分，有报道性广告、倡(劝)导性广告、提示(醒)性广告、比较(竞争)性广告、提高公司声誉广告等;按广告内容划分,有产品广告、企业广告、企业产品广告等;按诉求方法划分,有感情广告、理由广告等。

(3) 广告媒体的选择

广告媒体即传播信息的载体。企业要把企业及其产品的有关信息广泛而有效地传送给目标市场的顾客及社会公众,实现广告目标,就必须选择最恰当的广告媒体。广告媒体的选择包括广告媒体类型、广告媒体的具体载体、广告媒体使用时机的选择。广告媒体的类型主要有报刊媒体、视听媒体、户外媒体、邮寄媒体等。这些媒体各有其优缺点和适用范围,主要根据目标受众的媒体习惯、产品性质、产品销售范围(受众面)、广告内容、媒体的效率与成本等来选择。

每一类广告媒体又有多种不同的具体载体,如报刊就有各种各样的报纸和刊物。选择具体载体时主要考虑的因素有受众的规模及组成,载体成本与效果等。此外,为获得良好的广告效果,还必须对使用广告媒体的时机做出正确的选择。

3. 营业推广

营业推广指在比较大的目标市场上,为刺激购买者需求而采取的能迅速产生购买行为,以扩大销售的一种促销方式。它多属短期诱导性、刺激性的战术促销方式,是人员推销和广告的一个补充。营业推广的突出特点是见效快,但使用时间不宜太长,有时会损害企业及其产品的声誉,并增加费用。

营业推广的方式主要有:

① 以消费者或用户为对象的营业推广。其目的是鼓励现有的使用者大量、重复地购买其产品;争取潜在的消费者或用户;吸引竞争者的顾客。

② 以中间商为对象的营业推广。其目的是鼓励中间商多进货、多存货、多销货,并巩固长期关系。具体方式包括有奖销售、折扣销售、消费信贷、样品赠送、中彩销售等。

4. 销售服务

企业对顾客提供的各种技术服务,既是产品整体概念的一个组成部分,又对企业产品的声誉和巩固、扩大销售有重要影响。销售服务的方式有售前服务、售后服务、定点服务、巡回服务等。

(三) 促销组合策略

促销组合策略是企业灵活地将各种促销方式组合起来,使之相互配合,综合运作,从而达到促进产品销售,实现营销目标的一种策略。促销组合如同市场营销组合(4Ps)那样,就是把广告、人员促销、营业推广和公共关系有机地结合起来,形成整体的促销策略。

1.促销策略的类型

(1)拉式策略

拉式策略是通过宣传使消费者对产品或劳务产生兴趣,以达到消费者会自行去商店购买该商品的目的。这类促销策略的主要实现形式是广告。

(2)推式策略

推式策略是通过买卖双方直接接触,将产品推荐给买方,以达到促进销售的目的。这类促销策略的主要实现形式是人员推销。

通常,生活资料销售主要采取拉式策略;生产资料销售主要采取推式策略。

2.影响促销组合策略制定的因素

(1)产品因素

顾客对于不同性质的产品具有不同的购买动机和购买行为,因此必须采用不同的促销组合策略。一般来说,由于消费品的顾客众多、分布面广、购买频率高,而每一次的购买量又比较少,使用人员推销的工作量大、费用高,因此广告的效果更为显著。而工业品购买者是为卖而买,订货量大,注重的是产品的技术性能,购买程序复杂,所以对他们的促销应以人员促销为主。

(2)产品所处寿命周期的阶段

促销目标在产品寿命周期的不同阶段各不相同,必须实行相应的促销组合。一般来说,在投入期应以报道性广告为主,诱导中间商进货和消费者试用;在成长期仍以广告为主,重点是宣传产品品牌;在成熟期以广告为主,同时辅之以营业推广;在衰退期则以提示性广告与营业推广相结合,维持尽可能多的销售量。可见,就消费品来说,主要是针对不同产品寿命周期阶段的顾客购买心理采取不同的促销策略。

(3)市场因素

对于不同的市场应当采用不同的促销策略。比如同是工业品,煤矿机械的买主在地理位置上比较集中、交易额大,应以人员推销为主。而低压电器的顾客比较分散,购买次数多,应以广告为主,辅之以向大型用户和物资购销部门的人员促销。在这一方面,企业应当注意各种顾客的不同需要和购买目的。

(4)价格因素

价格因素是影响促销的最敏感的因素。采用降价的手段,在迅速提高销售量上虽然见效很快,但同时也是利润消耗最严重的一种促销方式,可以使用,但不能作为常规手段使用。作为企业管理者,应该努力将价格因素转变为其他方面的因素予以解决,并通过提高每笔销售成交价实现企业更大的利润。

(5)营销渠道因素

产品以直销为主时,宜采取宣传企业名称和产品品牌为主的促销策略;产品销售以中间商为主时,宜采取与中间商联合的促销策略。

总之,任何管理方式的运用都是有条件的,促销也不例外。所以,企业必须根据自己的需要选择适当的促销组合,并和其他营销方式结合使用,才能事半功倍。

(四) 价格策略

银行通过降低信用卡的使用成本来吸引顾客。顾客用于购买信用卡服务的价格构成包括发卡费、信用卡年费、转账手续费、透支利息、资金沉淀及挂失补卡费等。在激烈的市场竞争中,各银行都纷纷降低甚至免交各种手续费用来争取客源,最典型的是免费办卡、豁免年费、免费转账等,因此,这部分收入在银行信用卡业务利润构成中的比例有减少的趋势。而降低价格的策略成为最基本的信用卡营销策略。为鼓励消费者的长期消费行为,各银行又推出低透支利息和优惠积分计划等措施,以便获得长期稳定的利息收入。更重要的是,借此可增加顾客在特约商户的消费,提高商户佣金这部分收入。这样,商户佣金在银行信用卡业务的利润构成中所占的比重将会增大,成为银行信用卡业务的利润增长点。因此企业在对产品进行营销时可以借鉴银行的免费方式。

1. 服务策略

服务策略的制定主要在服务项目、服务水平、服务形式等三个方面。

(1) 服务项目

各种服务项目,对不同行业的消费者来说,其相对重要性是不同的。如家用电器、电子计算机等产品,消费者对维修服务的要求十分强烈,而对家具等体积较大的产品,消费者更注意是否送货上门。企业应通过调查,了解消费者对不同产品要求的服务项目,按重要性的大小加以排列,然后作出决定,至少应在本行业消费者认为最重要的服务项目上使消费者得到最大限度的满足。

确定服务项目,不仅要根据其重要性,而且还要判断其关键性。例如,某企业研究了若干家同行业企业的主要服务工作,发现消费者对这些企业在免费运送、及时提供零配件等方面的服务都很满意,但在技术指导方面感觉做得不够,这样,技术指导对该企业来说就是关键性的服务项目,抓住了这个服务项目,就可胜出其他企业一筹。

(2) 服务水平

在一般情况下,较高的服务水平会使消费者获得较大的满足,因此,就有较大的可能使消费者重复购买,但这并不是绝对的,所以提高服务水平不能笼统地指全部服务项目,需要根据消费者的要求与各服务项目已经达到的水平,加以分类,才能明确应着重提高服务水平的服务项目。

(3) 服务形式

产品服务有两种不同的形式,即固定服务和流动服务。固定服务就是根据产

品销售的分布情况,按区域或在产品销售比较集中的地区,设立固定的服务网点,开展服务工作。这可以采取以下不同的做法:

① 企业培训一批修理服务人员,派到分布在各地的修理服务站;
② 维修服务工作委托经销商提供;
③ 委托专业修理店为特约修理点。

流动服务就是企业的销售服务部门根据销售档案的记载,定期或不定期地派人走访各用户,检查、修理本厂产品,或根据消费者的要求,上门为顾客提供修理服务。

以上服务形式的选择,在很大程度上取决于消费者的需求和竞争者的策略,企业应根据实际情况灵活地作出选择。

2. 产品策略

产品最基本的层次是核心利益,即向消费者提供的产品基本效用和利益,也是消费者真正要购买的利益和服务。消费者购买某种产品并非是为了拥有该产品实体,而是为了获得能满足自身某种需要的效用和利益。如洗衣机的核心利益体现在它能让消费者方便、省力、省时地清洗衣物。产品核心功能需依附一定的实体来实现,产品实体称为一般产品,即产品的基本形式,主要包括产品的构造外形等。期望产品是消费者购买产品时期望的一整套属性和条件,如对于购买洗衣机的人来说,期望该机器能省时省力地清洗衣物,同时不损坏衣物,洗衣时噪声小,方便进排水,外形美观,使用安全可靠等。附加产品是产品的第四个层次,即产品包含的附加服务和利益,主要包括运送、安装、调试、维修、产品保证、零配件供应、技术人员培训等。附加产品来源于对消费者需求的综合性和多层次性的深入研究,要求营销人员必须正视消费者的整体消费体系,但同时必须注意消费者是否愿意承担因附加产品的增加而增加的成本的问题。产品的第五个层次是潜在产品,潜在产品预示着该产品最终可能有的增加和改变。

第四节 市场营销观念与方式

一、市场营销观念的概念

市场营销观念,是企业从事市场营销活动的指导思想和行为准则。它概括地反映了企业对于市场及市场活动中各种关系的认识和态度,因而也是一种企业哲学或思维方法。市场活动中的基本关系——买卖(供求)关系,其核心是以什么导向来开展企业的经营活动,由此形成不同的市场营销观念。一种市场营销观念的形成是一个复杂的社会过程。一定的市场营销观念是一定社会经济发展的产物。而一定的市场营销观念一旦产生,又会反过来对企业的经营管理活动产生能动的指导作用,推动或阻碍企业的经营管理活动。

随着资本主义经济的发展和市场营销学的建立及其内容的演变,市场营销观念也相应地有了一个变化过程,一般认为按时间顺序而依次出现的有以下几种市场经营观。

1. 生产观念

生产观念也称生产导向。这种观念存在于资本主义工业产业革命时期至20世纪初。当时资本主义生产力相对落后,市场的基本状况是求大于供,只要是市场需要的产品,就不愁卖不出去,市场属卖方市场。市场竞争主要是买方之间争夺货源的竞争,用户期求的只是能够方便地购到有用和价廉的产品,并不计较产品的特色;销售也只不过是将生产出的产品及时分配、送到市场。企业的市场经营观是"我生产什么,就卖什么"。因此,企业的中心任务是努力增加产量、降低成本和提高销售效率,以从增产节约中获利,并及时收回垫支资本,实现利润。相应地,企业的中心活动是生产。企业组织机构的核心部门是生产部门,其次是财务部门,销售部门不独立,处于从属地位。

2. 产品观念

产品观念也称产品导向。它是一种大体上比生产观念稍后,但同时存在的一种市场经营观。此时供给已开始不太紧张或稍有宽裕;用户已经开始喜欢质量高、性能好、有特色的产品,并愿为之付出更高的代价。在此种环境条件下,企业的基本任务是要生产出质高价实的产品,并尽快销售出去。在此种经营哲学思想的指导下,企业组织机构的设置仍然是以生产、技术、财务部门为核心,其他部门处于次要或从属的地位。

3. 推销观念

推销观念又称贩卖观念、兜售观念或推销导向。这种观念大体存在于20世纪20年代末至50年代中期(其中第二次世界大战期间是一段特殊时期)。随着资本主义社会生产力的发展,社会产品日益丰富(品种增多和产量增加)。20世纪初,资本主义市场的供求趋势就开始有了变化,到1920年后,这种变化就日益明显,许多即使是物美价廉的产品也卖不出去了。在这种形势下,企业不得不开始重视运用各种市场营销术,以招徕顾客,兜售自己的产品。此时,虽然市场仍然是卖方市场,但卖方主宰市场的地位被动摇了。企业的市场经营观表现为推销观念,即"我生产什么,就兜售什么,人们就买什么"。在这种市场经营观的指导下,企业的中心任务就不仅是要生产出物美价廉的产品,而且还要大力推销出去,从推销中获利。这时,企业已从只重视生产到同时注意推销,企业的销售部门开始独立出来,并不断加强,但整体上仍处于从属、被动地位(生产什么,推销什么,先生产再推销)。

4. 市场营销观念

市场营销观念也称市场营销导向。这是指企业营销的出发点与中心是满足消费者的需求。即"顾客需要什么,就卖什么;能卖什么,才生产什么",这种观念是在20世纪50年代以后产生的。第二次世界大战以后,随着第三次科技革命的出现,资本主义的生产力迅速发展,产品数量剧增,产品花色品种多样化,在发达资本主义国家中产品已由局部的供大于求变成了总量产品的供大于求,形成了名副其实的买方市场,消费者选择产品的余地不断扩大。与此同时,个人收入与消费水平也不断提高,消费需求更加复杂多变。在这种形势下,许多企业意识到,若再先生产出来再去努力推销,已经不行了,而必须改变经营观念,只有从顾客的需求出发来组织自身的经营活动,才能求得生存和发展。在这种市场经营观念的指导下,企业的中心任务就是不断发现和千方百计地适应和满足那些尚未被满足的市场需求,从满足用户需求中获利。与此同时,企业的组织机构也发生了重大变化,市场营销部门成了企业中的核心部门,并设置专门的市场调研、产品开发机构。市场营销观念的出现,使市场营销活动性质发生了巨大的变化,它成为现代资本主义企业管理思想的重要内容之一,也是现代市场学的核心。

5. 社会营销观念

社会营销观念也称社会营销导向。市场营销观念的广泛运用,强调满足用户需求,一方面推动了企业和社会的进步,但又同时产生了某些消费者需求和愿望的短期满足与长远的社会整体利益间的矛盾(资源浪费、环境污染等)、企业的不正当经营行为等,引起了公众的不满、担忧和反抗。在此情况下,于20世纪70年代出现了综合考虑消费者需求、企业利润、社会利益,并使消费者需求得到满足、企业获得利润、社会利益得到保护的社会市场营销观念。它是市场营销观念的进一步发展。社会市场营销观念强调满足消费需求、保护社会利益和获取利润都是企业营销的目的和责任,危害社会利益的消费需求应被阻止、危害社会利益和消费者利益的营销行为也必须被制止、放弃。

6. 大市场营销观念

大市场营销观念是美国营销管理学教授菲利普·科特勒(Philip Kotler)近年提出的一个新概念。所谓大市场营销是指"为了成功地进入特定市场,并在那里从事业务经营,在策略上协调地使用经济的、心理的、政治的和公共关系等手段,以博得外国或地方的各有关方面的合作和支持。"市场营销观念认为,企业的工作在于通过满足目标顾客的需要获取利润。而大市场营销观念则认为,除了向目标市场的顾客提供具有吸引力的产品和服务,并满足其需要以外,还应该为这一范围之外的第三方面服务。这第三方面通常是指政府、劳工组织和其他团体等。为取得第三方面的支持与合作,便需要协调地使用各种策略,才能打通关节。这样,在市场营销组合的内容上,除了原有的四个 P(即产品、价格、分销渠道和促销)以外,还需要增加另外两个 P,即政治力量或权力(political power)和公共关系(public relation),这种策略思想即为大市场营销观念。大市场营销是鉴于封闭型市场或保护型市场的存在,使企业在进入目标市场时遇到障碍而产生的。这种障碍往往不是来自顾客和最终用户,而是来自其他方面。例如,某个既得利益集团,这些人力图使市场成为一个封闭系统,实行保护政策,防止他人进入。而这些利益集团往往又得到政府及其他组织机构的支持,会设立各种各样的有形或无形的壁垒,如课税、关税、规定进口限额和其他限制性条件等。为了打破这些壁垒就需要运用政治力量或权力、公共关系等其他策略。这样,大市场营销观念就应运而生了。

大市场营销观念的产生具有十分重要的意义:

① 扩展了市场营销观念。在以前,企业营销管理人员将注意力主要集中在顾客需求与欲望的满足上,而大市场营销概念产生以后,企业营销管理人员的视野扩大了,他必须同时注意来自各方面的可能的阻力,并对其进行分析研究,制订出相应的策略,以打破壁垒,克服阻力,争取对立面的支持与合作。

② 打破了可控因素与不可控因素之间的界限。在以前,企业营销管理人员通常认为,企业的外部环境因素是无法控制的。但大市场营销认为,企业外部的某些环境因素,通过努力,采取相应的策略是可以改变的,应积极、主动地改变和影响外部环境,才能打入和占领目标市场。

③ 加深了人们对市场营销活动的理解。在以前,人们通常认为,市场营销活动是以消费需求为导向的,企业一旦发现了市场上存在着尚未满足的需求,就会立即去满足它。但现实情况是,在通往满足目标市场顾客需求的道路上存在着障碍,这样,仅仅以需求为导向,企业的营销活动就不一定能取得理想的成绩。为了使企业取得成功,还需要辅之以其他内容的营销活动。

二、市场营销方式

营销方式指营销过程中可以使用的方法。营销方式包括:服务营销,知识营销,情感营销,教育营销,绿色营销,直销,网络营销等。

(一)服务营销

服务是用于出售或者是同产品连在一起出售的活动、利益和满足感。例如,美容企业不仅是在为消费者提供美容产品,更是在为消费者提供能够使消费者变得更"美"的一种服务。这原本就不应该是口头上的宣传,也不仅仅是单纯的一种策略,而是实实在在为消费者做出的一种承诺、一种接触、一种享受、一种理所应当的付出。

(二) 知识营销

在知识经济时代,企业管理的重点将从生产转向研究开发,从对有形资产的管理转向对知识的管理。与此同时,企业营销方式也必然会转向更高层次,即知识营销将成为企业获得市场的一种重要的营销方式。知识营销使客户在消费的同时学到新知识、增加营销活动的知识含量;挖掘产品文化内涵,注重与消费者形成共鸣的观念价值;形成与消费者结构层次上的营销关系;培训顾客,进行有针对性的销售。知识营销更注重知识的实用与创新,不足之处在于方式比较单一,并且需要专家的介入。

(三) 情感营销

情感营销是把消费者的个人情感差异和需求作为企业品牌营销战略的核心,通过借助情感包装、情感促销、情感广告、情感口碑、情感设计等策略来实现企业的经营目标。它注重和顾客、消费者之间的感情互动,例如,在美容院终端通过各种沙龙、联谊会等形式,增强和客户的沟通。在一些中型企业想迅速提高企业形象的时候,这样做是非常有必要的。

情感营销的销售力比较强,对于增进与顾客的心理沟通,做好与客户情感维系等都起着很大的作用。情感营销以情感诉求的方式销售产品,能抓住消费者的心理,适用于一对一的诉求。市场认可度不错,不足之处在于需要动用的人员多,费用大。

(四) 教育营销

美容行业的营销其实一直都和教育培训息息相关。从 20 世纪 90 年代初期美容技术培训的兴起,90 年代末期美容概念培训的流行,到如今美容文化教育的膨胀,这种以培训和讲座为主要形式的营销模式所涉及的对象和内容也发生了较大的转变和提升。从最初对美容师的技能培训到如今对代理商、终端美容院的素质以及营销管理能力的培训,形式越来越活,内容也越来越多,逐渐走向多层次、全方位。众多企业更是不遗余力地试图站在教育原点上对客户进行营销服务,一方面借助这种形式大力推介企业文化、产品知识,另一方面更重要的是通过满足客户的学习需求,从而激发他们的签单热情,拉动销售。

教育营销不断向受众传播产品知识、经营管理知识,增强了企业营销的冲击力和销售力,也提升了行业人员的素质。所以从出发点和受众心理上看,它具有得天独厚的优势。但如果真正想将该营销模式运用到位,需要花费较长时间,企业必须具有长久发展的规划和决心,以及实施企业良性循环长线发展战略的魄力,同时还必须保证这种教育名副其实,体现引导的科学性、权威性。

(五) 绿色营销

绿色营销指企业在整个营销过程中充分体现环保意识和社会意识,向消费者提供科学的、无污染的、有利于节约资源和符合良好社会道德准则的商品和服务,并采用无污染或少污染的生产和销售方式,引导并满足消费者有利于环境保护及身心健康的需求。其主要目标是通过营销实现生态环境和社会环境的保护及改善,保护和节约自然资源,实行养护式经营,确保消费者使用产品的安全、卫生、方便,以提高人们的生活质量,优化人类的生存空间。

实施绿色营销战略,需要贯彻"5R"管理原则,即研究(research):重视研究企业对环境污染的对策。减少(reduce):减少或消除有害废弃物的排放。循环(recycle):对废旧物进行回收处理和再利用。再开发(rediscover):变普通产品为绿色产品。保护(reserve):积极参与社区的环保活动,树立环保意识。实施绿色营销是国际营销战略的大趋势,我国企业在这方面应该有一个清醒的认识,并积极付诸行动。据有关方面统计,我国有数百个品种、价值50多亿美元的出口产品将因臭氧层的有关国际公约而被禁止生产和销售,有40多亿美元的出口产品将因主要贸易对象国实施环境标志而面临市场准入问题。针对这种情况,企业要以绿色营销组合的观念和方式去组织生产和销售活动,采用ISO4000系列标准组织生产,并及时了解目标市场的有关绿色信息、发展动向、新技术和新方法,不断调整企业活动加以适应。

(六) 直销

保健品业、日化线到美容专业线,人们无不给予直销以极大的关注。安利、玫琳凯是国内直销典型的成功案例,它们通过面对面的沟通加上专业服务和利润倍增的模式,取得了惊人的成绩。如今不少美容企业也在尝试效仿这种模式,但真正做得成功的并不多,甚至有人对直销是否适合中国美容专业市场提出了疑问。

直销是一种分销模式,它有明确的目标客户群体,没有中间销售环节或尽量减少了中间环节,可以度量销售效果,企业利用销售人员可以把产品直接销售出去。可以说,还没有哪一种模式能像直销那样,把员工的创业激情与产品消费结合得那么紧密;也没有哪一种营销模式能像直销一样,把传播效率做到极致。但是从市场现状来看,直销还没有形成气候,很多消费者容易将其和非法传销混淆,产生抵触情绪。随着国家《直销法》的出台,在未来10年内,直销将有可能真正成为催生新财富的点金术。

(七) 网络营销

网络营销(on-line marketing 或 e-marketing)就是以国际互联网络为基础,利用数字化的信息和网络媒体的交互性来辅助营销目标实现的一种新型的市场营销方式。简单地说,网络营销就是以互联网为主要手段进行的,为达到一定营销目的的营销活动。

网络营销师也称网络营销工程师,特指经中国电子商会网络营销师认证专家委员会评审、工业和信息化部下属执行单位"网络营销学院"项目组考核通过的复合型人才,他们能以互联网为平台,收集、查询产品营销所需的各相关信息,加以筛选、分析和研究,进而优化设计、架构出自身企业产品的网络营销体系,并能依据市场因素变化对网络营销体系内容做相应调整。

本 章 小 结

营销管理是为了实现企业或组织目标,建立和保持与目标市场之间的互利的交换关系,而对设计项目的分析、规划、实施和控制。营销管理的实质是需求管理,即对需求的水平、时机和性质进行有效的调解。在营销管理实践中,企业通常需要预先设定一个预期的市场需求水平,然而,实际的市场需求水平可能与预期的市场需求水平并不一致。营销管理的设立是为了达到更好的营销效果。营销管理是在市场行为中,以盈利为目标,把组织、架构、人员、培训、绩效、考评、薪资等众多要素综合制定、优化实施的行为。在具体管理过程中,需要分析市场机会、选择目标市场、拟定市场营销组合以及组织、执行和控制市场营销,同时需要加强对市场营销观念的认识和发展。

案例分析

日本丰田的市场策略

在 20 世纪 60 年代以前,"日本制造"往往是"质量差的劣等货"的代名词,此间首次进军美国市场的丰田车,同样难逃美国人的冷眼。丰田公司不得不卧薪尝胆,重新制定市场规划,投入大量人力和资金,有组织地收集市场信息,然后通过市场细分和对消费者行为的深入研究,去捕捉打入市场的机会。其根据市场调研确定的具体策略有二。

一是钻对手的空子。要进入几乎是"通用"、"福特"独霸的美国汽车市场,对初出茅庐的丰田公司来说,无疑是以卵击石。但通过调查,丰田发现美国的汽车市场并不是铁板一块。随着经济的发展和国民生活水平的提高,美国人的消费观念、消费方式正在发生变化。在汽车的消费上,已经摆脱了那种把汽车作为身份象征的旧意识,而是逐渐把它视为一种纯交通工具;许多移居郊外的富裕家庭开始考虑购买第二辆车作为辅助;石油危机着实给千千万万个美国家庭上了一堂节能课,美国车的大马力并不能提高其本身的实用价值,再加上交通阻塞、停车困难,从而引发出对低价、节能车型的需求,而美国汽车业继续生产以往的高能耗、宽车体的豪华大型车,无形中给一些潜在的对手制造了机会。

二是找对手的缺点。丰田定位于美国小型车市场。即便小型车市场也并非是没有对手的赛场,德国的大众牌小型车在美国就很畅销。丰田雇用美国的调查公司对大众牌汽车的用户进行了详细的调查,充分掌握了大众牌汽车的长处与缺点。除了车型满足消费者需求之外,大众牌高效、优质的服务网打消了美国人对外国车维修困难的疑虑;而暖气设备不好、后座空间小、内部装饰差是众多用户对大众牌汽车的抱怨,对手的"空子"就是自己的机会;对手的缺点就是自己的目标。于是,丰田把市场定位于生产适合美国人需要的小型车,以国民化汽车为目标,吸收其长处而克服其缺点,如按"美国车"进行改良的"光冠"小型车,性能比大众牌汽车高两倍,车内装饰也高出一截,连美国人个子高、手臂长、需要的驾驶室大等因素都考虑进去了。

丰田汽车以无足轻重的无名小卒跃居为强大的垄断性厂商,成功地进入并占领美国市场,其重要原因之一,就是成功地识别市场机会并制定行之有效的进入策略。其次,要开拓市场,必须先熟悉市场,解决好"生产什么和为谁生产"的问题。所谓"知己知彼,百战不殆"。市场定位不准或不了解目标市场范围内的消费需求和竞争对手情况的盲目出口,只能是自酿苦果。试想,丰田进军美国市场之初,如果不是在市场调查基础上将自己与对手比高低,必定会落个头破血流的下场。再次,要占领市场,必须先赢得顾客。围着市场转,实际上就是围着顾客转。让顾客放心的质量才是最好的质量,被顾客接受的产品才是好产品。丰田的成功就在于把产品的花色、质量、成本都以顾客的需要为尺度,汽车生产技术的革新也是为了生产出让顾客无可挑剔的产品,而不是为革新而革新。从丰田的经验可以看出,我国有些企业置顾客的需要于不顾,企图靠"部优""国优"赢得市场的做法是不可取的。最后,战略与策略应配套实施。丰田之所以能在较短的时间内迅速打开国际市场,是成功地运用了战略管理这件利器,并自始至终坚持了战略上的坚定性和策略上的灵活性,从生产到销售有成套的战略和策略。其中,独特的"精益生产方式"为营销战略的实施提供了价廉物美的产品,灵活的营销策略又为丰田在产品与用户之间架起了桥梁。同时,在正确处理眼前利益和长远利益上,丰田以长期占领市场为目标,而不以一时的盈利为目的的做法也是值得称道的。

习　　题

1. 经营战略的特征有哪些?
2. 如何制定经营战略?

第六章 营销管理

3. 市场调查的技术方法有哪几个?
4. 一个完善的市场调查方案包括哪几个方面?
5. 市场预测的四大原则分别是什么?
6. 产品市场寿命周期理论包括哪几个阶段?
7. 价格决策的影响因素有哪些?
8. 企业以什么作为定价目标?
9. 营销渠道中间商的具体作用是什么?
10. 促销策略制定的影响因素有哪些?
11. 简述市场营销观念发展的几个阶段及其所处地位。
12. 营销方式有哪些?

第七章 "互联网+"信息系统管理

学习目标

1. 了解"互联网+"的内涵、特征和应用实例。
2. 了解信息系统技术的发展历程。
3. 掌握一般 ERP 企业管理的功能模块组成和实施流程,以及"互联网+云 ERP"的功能、特点和优势。

第一节 概 述

一、"互联网+"

(一) 内涵

通俗来说,"互联网+"就是"互联网+各个传统行业",但这并不是简单的两者相加,而是利用新一代信息通信技术以及互联网平台,让互联网与传统行业进行深度融合,创造新的发展生态。它代表一种新的社会形态,即充分发挥互联网在社会资源配置中的优化和集成作用,将互联网的创新成果深度融合于经济、社会各领域之中,提升全社会的创新力和生产力,形成更广泛的以互联网为基础设施和实现工具的经济发展新形态。

"互联网+"的本质是传统产业的数据化和信息化,也是"互联网 2.0+创新 2.0"的经济创新模式。这种业务模式改变了信息流通仅仅局限于部门或企业内部的传统模式,使信息可以随时在产业上下游、协作主体之间进行流动和交换。"互联网+"是数据化和信息化融合的升级版,它将互联网作为当前信息化发展的核心特征提取出来,并与工业、商业、金融业等服务业全面融合。这其中关键就是创新,只有创新才能让这个"+"真正有价值、有意义。正因为如此,"互联网+"被认为是创新 2.0 下的互联网发展新形态、新业态,是知识社会创新 2.0 推动下的经济社会发展新形态的演进。

(二)"互联网＋"行动计划

1. 提出背景

国内"互联网＋"理念的提出,最早可以追溯到 2012 年 11 月于扬在易观第五届移动互联网博览会的发言。易观国际董事长兼首席执行官于扬首次提出"互联网＋"理念。他认为在未来,"互联网＋"公式应该是我们所在的行业的产品和服务。我们可以按照这样一个思路找到若干这样的想法。而怎么找到你所在行业的"互联网＋",则是企业需要思考的问题。

在 2015 年 3 月 5 日上午的十二届全国人大第三次会议上,李克强总理在政府工作报告中首次提出"互联网＋"行动计划。李克强在政府工作报告中提出:制定"互联网＋"行动计划,推动移动互联网、云计算、大数据、物联网等与现代制造业结合,促进电子商务、工业互联网和互联网金融(ITFIN)健康发展,引导互联网企业拓展国际市场。

当代社会,新一轮信息技术创新如惊涛骇浪般迅猛发展,以云计算、大数据和物联网为代表的新一代信息技术创新不断取得巨大突破,新兴产业得以快速发展,产业转型升级也得以快速进行,人类生产生活方式发生了剧变。为了鼓励信息技术和应用模式创新,发达国家提出并实施了一系列战略,美国的《网络空间国际战略》和英国的《信息经济战略 2013》等都在此列,这一系列的战略旨在尽可能发挥信息技术领域的领先优势,以达到抢夺制高点、强化新优势的目的。

我国幅员辽阔,资源丰富,但人均占有量相对不足,环境承载量有限,传统粗放型发展方式带来的结构性矛盾依然是制约我国产业进一步发展的主要问题。因此,我们必须发挥先发优势,抓住机遇,发展以互联网和物联网为主要载体的信息经济。面对互联网、云计算、大数据和物联网等新一代信息技术迅猛发展的新时代,面对信息技术加速对各行各业渗透、融合和发展的新形势,面对中高速发展的中国经济的新挑战,我们必须适应新常态,必须坚持发展理念、发展模式创新,以信息化和工业化深度融合为主要目标,打造升级版的现代化强国。

2. 主要特征

"互联网＋"有六大特征:

① 跨界融合。"＋"就是跨界,就是变革,就是开放,就是重塑融合。敢于跨界了,创新的基础就更坚实;融合协同了,群体智能才会实现,从研发到产业化的路径才会更垂直。融合本身也指代身份的融合,客户消费转化为投资,伙伴参与创新等,不一而足。

② 创新驱动。中国粗放的资源驱动型增长方式早就难以为继,必须转变到创

新驱动发展这条正确的道路上来。这正是互联网的特质,用所谓的互联网思维来求变、自我革命,也更能发挥创新的力量。

③ 重塑结构。信息革命、全球化、互联网业已打破了原有的社会结构、经济结构、地缘结构、文化结构。权力、议事规则、话语权不断在发生变化。"互联网＋"社会治理、虚拟社会治理会是很大的不同。

④ 尊重人性。人性的光辉是推动科技进步、经济增长、社会进步、文化繁荣的最根本的力量,互联网的力量之强大最根本地也来源于对人性的最大限度的尊重、对人的创造性发挥的重视。例如 UGC,例如卷入式营销,例如分享经济。

⑤ 开放生态。关于"互联网＋",生态是非常重要的特征,而生态的本身就是开放的。我们推进"互联网＋",其中一个重要的方向就是要把过去制约创新的环节化解掉,把孤岛式创新连接起来,让研发工作由人性决定的市场驱动,让努力创业者有机会实现价值。

⑥ 连接一切。连接是有层次的,可连接性是有差异的,连接的价值是相差很大的,但是连接一切是"互联网＋"的目标。

3. 实施思路

抓住新一轮科技和产业变革的历史机遇即为实施"互联网＋"行动计划的总体思路,用深化改革和万众创新创业激发全社会发展新常态经济的积极性,使互联网和物联网等新一代信息技术与传统产业深度融合。

首先,要深入贯彻党的十八大和习近平总书记系列重要讲话精神,全面深化改革,着力激发"大众创业、万众创新"精神,研发新技术、创造新产品、开发新服务、改造旧产业、发展新产业,推动我国经济全面转型升级。

其次,要确立行动计划目标。依据中国现有的基础和条件,到 2020 年亦即我国全面建成小康社会之际,初步确立互联网经济在中国经济中的主导作用,信息经济发展水平名列前茅。在大数据应用领域,应建成若干个国内领先的大数据营运中心,引进和培育一批大数据应用企业,基本建成政府信息和公共信息共享机制。

最后,基于上述战略定位和战略发展目标,行动计划应着力于以下方面:一是着力做好存量,推动现有的传统行业提高质量和增大效率;二是着力做大增量,开发新增长点,培育新产业;三是要推动优质资源开放,增强公共服务能力。

4. 主要内容

(1) 做好存量,推动传统产业转型升级

推动互联网与传统制造业的深度融合,依据需求推动智能制造发展,积极开发智能网络化新产品;大力发展"互联网＋农业",促进农业现代化和农业机械现代化;大力发展"互联网＋服务",加快推进服务产业现代化。

(2) 探索新模式，打造新增长点

发展新型电子商务产业；发展"互联网＋金融"；加快"互联网＋物流"发展。

(3) 推动优质资源开放，提升服务监管理念

提升电子政务服务功能，构建相互连通的电子政务公共服务平台；推进信息惠民和信息城市建设；推进优质教育资源的共享机制；大力发展"互联网＋公共服务体系"。

5. 实际应用

(1) 工业

"互联网＋工业"即传统制造业企业采用移动互联网、云计算、大数据、物联网等信息通信技术，改造原有产品及研发生产方式，与"工业互联网"、"工业4.0"的内涵一致。"移动互联网＋工业"，借助移动互联网技术，传统制造厂商可以在汽车、家电、配饰等工业产品上增加网络软硬件模块，实现用户远程操控、数据自动采集分析等功能，极大地改善了工业产品的使用体验。"云计算＋工业"，基于云计算技术，一些互联网企业打造了统一的智能产品软件服务平台，为不同厂商生产的智能硬件设备提供统一的软件服务和技术支持，优化用户的使用体验，并实现各产品的互联互通，产生协同价值。"物联网＋工业"，运用物联网技术，工业企业可以将机器等生产设施接入互联网，构建网络化物理设备系统（CPS），进而使各生产设备能够自动交换信息、触发动作和实施控制。物联网技术有助于加快生产制造实时数据信息的感知、传送和分析，加快生产资源的优化配置。"网络众包＋工业"，在互联网的帮助下，企业通过自建或借助现有的"众包"平台，可以发布研发创意需求，广泛收集客户和外部人员的想法与智慧，大大扩展了创意来源。工业和信息化部信息中心搭建了"创客中国"创新创业服务平台，链接创客的创新能力与工业企业的创新需求，为企业开展网络众包提供了可靠的第三方平台。

(2) 金融

在金融领域，余额宝横空出世的时候，银行觉得不可控，也有人怀疑二维码支付存在安全隐患，但随着国家对互联网金融（ITFIN）的研究越来越透彻，银联对二维码支付也出了标准，互联网金融得到了较为有序的发展，也得到了国家相关政策的支持和鼓励。"互联网＋金融"从组织形式上看，至少有三种结合方式。第一种是互联网公司做金融；如果这种现象大范围发生，并且取代原有的金融企业，那就是互联网金融颠覆论。第二种是金融机构的互联网化。第三种是互联网公司和金融机构合作。

(3) 商贸

在零售、电子商务等领域，过去这几年都可以看到和互联网的结合，正如马化腾所言，"它是对传统行业的升级换代，不是颠覆掉传统行业。"这其中，又可以看到移动互联网对原有的传统行业起到了很大的升级换代的作用。2015年5月18日，

2015中国化妆品零售大会在上海召开,600位化妆品连锁店店主,百余位化妆品代理商,数十位国内外主流品牌代表与会。面对实体零售渠道变革,会议提出了"零售业＋互联网"的概念,建议以产业链最终环节零售为切入点,结合国家战略发展思维,发扬"＋"时代精神,回归渠道本质,以变革来推进整个产业提升。

除了以上介绍的三个方面以外,还有智慧城市、通信、交通、民生、旅游、医疗、教育、农业、政务等等与"互联网＋"相结合的具体运用,这里不一一展开介绍。

二、信 息

(一) 内涵

信息,从字面上看,就是消息、通知的意思,是主观和客观的一种特殊的联系。但是信息并没有一个标准的定义,不同的人从不同的角度会得出不同的结论。常见的几种定义如下:信息不是物质更不是能量;信息是通知;信息是消息;信息可以用来传递和处理。根据对信息的研究成果,科学的信息概念可以概括为:信息是对客观世界中各种事物的运动状态和变化的反映,是客观事物之间相互联系和相互作用的表征,表现的是客观事物运动状态和变化的实质内容。信息的功能是反映事物内部属性、状态、结构、相互联系以及与外部环境的互动关系,减少事物的不确定性。

(二) 产生和发展

有研究发现,生物体出现时信息也随之产生。人类对信息的利用也经过很长时间,大致分为以下三个阶段,即个体信息阶段、社会信息阶段和现代信息阶段。

个体信息阶段指的是人类在与自然相处的过程中不自觉地利用信息的阶段。我国最早储存信息的形式有结绳和刻木。最古老的信息传递方式有利用烽火台传递信息,周幽王烽火戏诸侯就是最典型的例子。

社会信息阶段是指随着人类的发展信息不断地传递和利用的阶段。我国从奴隶社会向封建社会转变的过程中,出现了广告这种新的信息传递方式,包括招牌、店面装饰等;在政治方面,有驿站这种专门用来传递公文的场所,君主用诏书的形式来表达自己的意图。同时,传递信息的手段也在不断发展,从手工刻字到雕版印刷再到活字印刷,信息传递的社会化越发明显。

现代信息阶段指的是随着世界信息资源迅猛发展,信息技术的巨大变革和飞跃发展使得人类进入了信息时代。信息传递手段向多样化和全球化方向发展。

(三) 革命

在人类的发展过程中,信息发生了四次革命,即语言革命、文字革命、印刷革命

第七章 "互联网+"信息系统管理

和电子通信革命。

语言革命是指在人类的发展历程中出现了各种各样的语言。中国人用汉语,英国人用英语,韩国人用韩语等,不同的国家和不同的民族甚至不同的地域都有属于自己的语言。

文字革命是指文字作为承载历史和信息的工具能够超越时间和空间的限制。语言和文字结合出现了多种多样的语言形式,如数学语言、计算机语言等。

印刷革命指的是由于发明了印刷术而带来的革命,使得信息的传输变得更加方便。

电子通信革命的实质在于人类劳动的智能化和信息化。由于在集成电路方面取得了巨大的突破,信息处理与传输得到了质的提升。

三、信息技术

信息技术是管理信息系统的技术基础,只有将信息技术和管理技术真正结合起来,才能发挥管理信息系统的作用。信息技术(information technology,IT)是主要用于管理和处理信息所采用的各种技术的总称。它主要通过计算机科学和通信技术来设计、开发、安装和实施信息系统及应用软件,也常被称为信息和通信技术(information and communications technology,ICT),主要包括传感技术、计算机与智能技术、通信技术和控制技术。

计算机发展经过以下发展阶段:1946年,世界上第一台电子计算机产生;20世纪50年代出现了真空电子管计算机;20世纪50年代至60年代中期产生了晶体管计算机;集成电路计算机产生并发展于20世纪60年代中期至70年代;如今,大规模集成电路和超大规模集成电路计算机正在进入第五代,包括生物计算机、量子计算机等。

软件技术就是研究计算机系统软件、应用软件及其所依赖的基础理论和基本方法。

数据通信系统是以计算机为中心,结合分散在远程的终端装置或其他计算机,通过通信线路彼此连接起来,进行数据的传输、交换、存储和处理的设备总称。

四、管理信息系统

(一)信息系统

信息系统是由计算机硬件、网络和通信设备、计算机软件、信息资源、信息用户和规章制度组成的以处理信息流为目的的人机一体化系统。它具有五个基本功能:输入、存储、处理、输出和控制。信息系统的输入功能取决于系统所要达到的目的及系统的能力和信息环境的许可;存储功能指的是系统存储各种信息资料和数据的能力;数据处理工具是基于数据仓库技术的联机分析处理(OLAP)和数据挖掘(DM)技术;信息系统的各种功能都是为了保证最终实现最佳的输出功能;控制功能指对构成系统的各种信息处理设备进行控制和管理,对整个信息加工、处理、传输、输出等环节通过各种程序进行控制。

信息系统的具体实施涉及以下四个环节。

(1) 信息源

信息源是被系统采集和录入的原始数据来源。从企业的角度可以分为内部信息源和外部信息源。内部信息源主要由企业内部自身的系列活动决定,如人事、销售、财务等方面的信息;外部信息源主要产生于企业的外部环境,如国家经济政策、市场需求、同行业竞争等方面的信息。

(2) 信息处理器

广义的信息处理器是指获取数据并将它们转换成信息,向信息接收器提供这些信息的一套完整的装置。具体地讲它是由数据采集、录入、变换、存储和检索等一系列硬件和软件组成的。

(3) 信息接收器

信息接收器是信息系统输出信息的接收装置。总的来说信息系统的输出有两大去向:一是用户,一是存储介质,如磁盘、光盘、U盘等。

(4) 信息管理者

信息管理者是指负责信息系统本身分析、设计、实施、维护、操作和管理的人员。

(二) 管理信息

管理信息是对反映企业生产经营活动及相关因素状况,并对企业管理的决策产生影响的信息资源的总称。

(三) 管理信息系统

管理信息系统是指运用系统的理论方法,以现代通信技术为工具和手段的,具有进行信息的收集、存储、加工处理、传递等功能的,能为管理决策提供信息化服务的人机一体系统。它涉及经济学、管理学、运筹学、统计学、计算机科学等很多学科,是各学科紧密相连综合交叉的一门新学科。该系统具有数据处理、预测、计划、控制、辅助决策等功能。

管理信息系统及其发展经历了以下阶段:电子数据处理系统(EDP)阶段(1953—1965年),数据综合处理阶段(1965—1970年),管理信息系统(MIS)阶段

(1970—1980年),决策支持系统(DSS)阶段(1980—1990年),大规模发展阶段(1990年至今)。

管理信息系统开发的特点是投入资金大,开发周期长,技术要求高。管理信息系统开发必须具备的条件有:符合客观实际的需要,领导的重视与支持,管理基础较好,资金到位,必要的人员配备,项目管理的加强。

管理信息系统的目标是支持完成管理任务,而管理任务是分层的,因而管理信息系统可以按照管理任务的层次进行分层。管理信息系统从用户的角度看,具有多种功(职)能,各种功(职)能之间又有各种联系,构成一个有机整体,形成一个功能结构。支持管理信息系统各种功能的软件系统或软件模块所组成的系统结构,是管理信息系统的软件结构。

第二节 "互联网+"信息管理技术

一、"互联网+"管理信息系统

互联网信息技术在企业管理学上的应用可分为以下四个发展阶段。

(一) MIS(management information system)阶段

该阶段企业的管理信息系统主要是记录大量数据、支持查询和汇总等方面的工作。MIS是一个以人为主导,利用计算机硬件、软件进行信息的收集、传输、更新和拓展的系统。

信息管理由信息的采集、传递、储存、加工、维护和使用共六个方面组成。完善的管理信息系统具有以下几个标准:确定的信息资源需求、信息的可采集与加工、提供信息的渠道可靠、信息的管理有效。具有统一规划的数据库是MIS走向成熟的重要标志。信息技术是企业管理上的极为重要的资源,能否做出有效的决策决定了管理工作的成败,而决策的正确程度在很大程度上由信息的质量决定,所以企业的首要问题是能否有效地管理信息。管理信息系统在现代社会中越来越得到普及,作用十分重要。首先,管理信息是重要的资源;其次,管理信息是决策的基础;再次,管理信息是联系组织内外的纽带。

大量的研究与实践表明,管理信息系统在我国应用的成败不仅仅取决于技术、资金、应用软件等硬环境,还取决于企业的软实力,且软实力往往起着更加重要的作用。管理信息系统是一个综合的人机管理系统,只有在信息流通顺畅、管理规范的企业中才能更好地发挥作用。

（二）MRP（material requirement planning）阶段

MRP（物料需求计划）即是指根据产品结构各层次物品的从属关系和数量关系，以各个物品为计划对象，以完工时期为基准整理计划，按提前期长短区别各个物品下达计划时间的先后顺序，是一种制造企业内物资计划管理模式。MRP 是根据市场需求预测制定物料的生产计划，然后基于产品生产进度计划，组成产品的材料结构表和库存状况，通过计算机计算所需物料的需求量和需求时间，从而确定材料的加工进度和订货日程的一种实用技术。它被设计并用于制造业库存管理信息处理的系统，解决了如何实现制造业库存管理目标——在正确的时间按正确的数量得到所需的物料这一难题。MRP 是当今众所周知的 ERP 的雏形，MRP 与 ERP 的库存管理思想又源于求解制造业基本方程。MRP 的主要内容包括客户需求管理、产品生产、原材料预定以及库存记录。其中客户需求管理包括订单管理和销售预测，将实际的客户订单数与科学的客户需求预测数相结合，将有利于得出较完整的结论。

MRP 根据市场预测和客户订单来安排生产计划。因此，MRP 是基于不精确的预测体系推动物料生产流程的。传统 MRP 依靠物料运动经过功能导向的工作中心或生产线，而非精益单元，这种方法是为最大化效率和大规模生产来降低成本而设计的。

企业的管理信息系统对产品进行管理规划，借助计算机强大的运算能力，可以实现依据客户要求进行下单，按照产品结构清单展开物料需求计划，实现减少库存、优化库存的管理优化目标。即：及时取得生产所需的原材料；保证及时供应所需产品；保证较低的库存水平；计划企业的生产与采购活动，使各部门的要求在时间和数量上完成精确对接。

MRP 主要用于生产组装型产品的企业。实施 MRP 时，MRP 成功的最基本的要素取决于与市场需求相互适应的销售计划。但其也存在不足，即资源仅仅局限于企业内部，决策的结构化倾向越发明显。

MRP 可分为再生式 MRP 和净变式 MRP。再生式 MRP 表示每次计算时，覆盖原有的 MRP 数据，生成全新的 MRP 数据。再生式 MRP 是周期性运算 MRP，运算周期一般是一周。净变式 MRP 会根据指定约束条件而进行变化，经过局部运算更新原来 MRP 的部分原始数据。净变式 MRP 包含连续性操作，当指定数据改变时就需要立刻运行。

MRP 的运行步骤如下：根据市场预测和客户实际订单，正确编制可靠的生产和作业计划，在计划中规定生产的品种、数量和交货日期，同时，生产计划必须与现有生产能力相互适应；正确编制产品三维或二维机构图和各种用料的明细表；正确掌握各种用料的实际库存量；正确规定各种物料和零件的采购交货日期，以及订货周期和订购批量;通过 MRP 逻辑运算确定各种物料和零件的总需要量和实际需要量;向采购部门及时发出采购通知或向本企业生产车间及时发出生产指令。

(三) MRP-Ⅱ(manufacture resource planning)阶段

在 MRP 系统的基础上,MRP-Ⅱ系统增加了对企业加工工时、生产中心、生产能力等方面的管理,以实现计算机自主进行生产安排的能力,同时也纳入财务功能,在企业中形成以计算机为核心的闭环管理系统,这种管理系统可以动态监察到全部的生产过程。

MRP-Ⅱ是对制造企业的生产资源进行有效计划的一整套生产经营管理计划体系,是一种计划主导型的管理模式体系。MRP-Ⅱ是闭环 MRP 的延伸和扩展,是一个全面生产管理集成化系统。

自 20 世纪 90 年代后,世界经济格局发生剧变,制造企业所面临的是更加激烈的市场竞争,在竞争中信息技术因素变得越来越重要,若企业丧失了信息技术优势,就必定会丧失其在激烈的竞争压力下的生存能力。因此,谋求技术优势是现代制造企业生存的需要。一方面,制造企业发现仅靠本身的资源不可能有效地参与市场竞争,而必须把制造过程的有关各方都纳入一个紧密的供应链中,这样才能有效地安排企业的生产、供应和销售;另一方面,一些企业以多品种小批量生产为主,大批量生产也同时进行,需要利用不同的方式来制订计划。许多制造企业已察觉到现有的企业经营管理模式需要得到进一步改革,传统的 MRP-Ⅱ已经无法满足企业利用市场资源快速高效地进行生产经营的要求,需要新一代的 MRP-Ⅱ才能满足他们的需求。

MRP-Ⅱ的发展方向大致有五种,一是 MRP-Ⅲ,它是由 MRP-Ⅱ与 JIT(just in time,准时制生产)混合加上专家系统(ES)、并行工程(CE)和承担该系统运行的管理人员融为一体而成的系统。二是分布式 DMRP-Ⅱ,采用一种自下而上的生产管理方式。传统的 MRP-Ⅱ是一种自上而下的过程,其重大的缺陷之一是提前期处于静止状态。DMRP-Ⅱ将企业划分为拥有高度自主权的各个单元,各单元和数据库建立属于各自的 MRP-Ⅱ系统,并有一个 MRP-Ⅱ负责把订单分派给各个单元,每个单元可以动态地根据其现有条件进行安排,而系统整体的提前期则由各生产单元的负荷情况动态地确定,因此负荷分担均衡,灵活性增强,有效地解决了传统 MRP-Ⅱ中提前期静态和对能力变化的不敏感等问题。三是 LP(lean production,精益生产),它在 MRP-Ⅱ基础上融入先进的制造技术,如 JIT、TQM(全面质量管理)和按客户要求制造等,是美国麻省理工学院在研究和归纳总结后提出的一种新型的企业生产组织与管理模式。其特点是除去企业各生产过程中一切无用的环节,大大提高了生产效率。四是 ERP(enterprise resource planning,企业资源计划),它是在 MRP-Ⅱ 的基础上扩展了管理范围,给出了新的结构,把客户需求和企业内部的制造活动以及供应商的制造资源整合在一起,体现了完全按用户需求制造的思想。五是 GT(group technology,成组技术)和 MRP-Ⅱ 一体化,它主要针对解决提高多品种小批量生产中的生产效率问题。基本思想是用 GT 解决 MRP-Ⅱ 中未考虑作业如何分配、未考虑按零件或按工序分组进行生产的问题。同时,用 MRP-Ⅱ 弥补了 GT 无法直接满足的生产上的一些实际问题,起到取长补短的作用,它是一个适用于多品种小批量生产的有效的生产计划和控制系统。

CIMS(computer integrated manufacturing system,计算机集成制造系统)是由美国哈林顿博士首次提出的,它是一种未来制造企业的生产管理模式。它把以往企业相互分离的自动化孤岛和人员通过计算机有机地结合起来,使企业各项业务相互协调和促进,以提高企业对多变竞争环境的适应能力。它汇合了离散型生产和流程型生产两种生产的共同特点,面向全球市场,包罗了供应链上所有的主导力量,协调企业各管理部门围绕市场导向,更加灵活地开展业务活动,实时地响应市场需求。CIMS 重新定义制造商、供应商和分销商相互之间的业务关系,重新构建企业的业务和信息流程的组织结构,使企业在市场竞争中有更大的主动性。

(四) ERP(enterprise resource planning)阶段

ERP 是一种主要面向制造行业进行物资资源、资金资源和信息资源集成一体化管理的企业信息管理系统。ERP 是一个以管理为核心,可以跨地区、跨部门甚至跨公司整合实时信息的企业管理软件,是针对物流、人流、财流、信息流集成一体化的企业管理软件。ERP 系统包括以下主要功能模块:销售与市场、供应链管理、分销、客户服务、财务管理、制造执行系统、制造管理、库存管理、工厂与设备维护、人力资源、报表、工作流服务和企业信息系统等。此外,还包括金融投资管理、质量管理、项目管理、运输管理、法规与标准和过程控制等补充功能。

ERP 将企业所有资源进行整合并进行集成管理,简而言之,它是一种将企业的三大流:物流、资金流和信息流进行全面一体化管理的系统。它的功能模块已不同于以往的 MRP 或 MRP-Ⅱ 模块,不仅可用于管理生产型企业,而且一些非生产型的公益事业企业也可导入 ERP 系统进行资源计划和管理。

ERP 的优点主要体现在:周转时间的缩短;物流、资金流和信息流的集成;物料和生产计划的加强;不同市场状况对生产计划、能力需求计划、物料采购计划等工作的影响模拟;企业对经营环境改变的快速响应能力的增强;管理层对信息的实时和在线查询的实现;为企业决策提供更加准确和及时的财务报告;及时提供各种管理报告和分析数据;系统本身具有严格的内部控制功能和体系。

二、中国企业的信息系统发展

自 20 世纪 80 年代改革开放到现在,我国企业的信息系统发展经历了三个主要阶段:电算化阶段;ERP 阶段;全面信息架构阶段。

企业电算化阶段的信息系统的优点主要表现为用计算机代替手工操作,使得效率提高,劳动强度下降,数据存储和检索较为方便,不同部门可以对信息进行共享;缺点表现为部门或分公司是独立信息系统,信息数据重叠,数据不统一。

企业 ERP 阶段的信息系统是当前我国大多数企业运用的信息管理系统,从推广到运用已有 20 年。ERP 系统优点众多,总体来说 ERP 在我国的发展加速了我国企业管理现代化进程,越来越多的企业认识到只有实现企业管理信息化、现代化,企业才有活力和竞争力,并渴望采用这种先进的管理模式和拥有这种先进的管理工具。缺点主要是不具有通用性,各个企业需要根据自身的实际情况进行自主设计开发和运行,费用较大。

全面信息架构阶段正在出现,此系统具体表现为信息系统全面集成,数据仓库(综合评价系统)、客户关系管理系统、人力资源管理系统等全面互联互通,如图 7-1 所示,图中有 7 个模块相互联系、相互交叉影响。

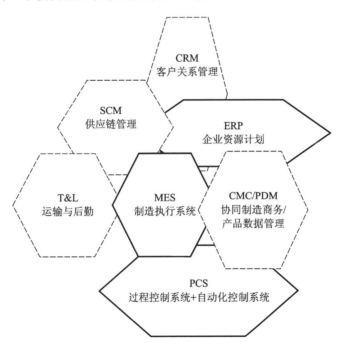

图 7-1 企业全面信息架构的模型简图

第三节　企业 ERP 运用

一、ERP 的概念

（一）内涵

ERP 是 enterprise resource planning 的缩写，指的是企业资源计划。它是目前全球范围内应用最广泛和最有效的一种企业管理方法，这种管理方法已经通过计算机辅助软件实现了价值。ERP 也指企业管理软件系统，每个公司的 EPR 系统都会不一样，所以也没有统一的 ERP 系统教程，对于不同的 ERP 可以统一到中国云应用平台上查看。ERP 是把企业的物流、人流、资金流、信息流进行统一管理，以求最大限度地利用企业现有的资源，实现企业经济效益最大化的管理手段。国内的 ERP 厂商有金蝶、天思、新蓝图、速达、道讯等，每个 ERP 软件的侧重点也略有不同，以符合不同规模不同类型企业的要求。

据美国生产与库存控制学会（APICS）统计，使用 ERP 系统，平均可以为企业带来如下经济效益：

① 库存下降 30%～50%。这是人们常说的效益，也是说得最多的。因为它可使一般用户的库存投资减少 40%～50%，库存周转率提高 50%。

② 延期交货减少 80%。当库存减少并稳定的时候，用户服务水平提高了，令使用 ERP 企业的准时交货率平均提高 55%，误期率平均降低 35%，这就使销售部门的信誉大大提高。

③ 采购提前期缩短 50%。采购人员有了及时的生产计划信息，就能集中精力进行价值分析，货源选择，研究谈判策略，了解生产问题，缩短了采购时间和节省了采购费用。

④ 停工待料减少 60%。由于零件需求的透明度提高，计划也作了改进，能够做到及时与准确，零件也能以更合理的速度准时到达，因此，生产线的停工待料现象将会大大减少。

⑤ 制造成本降低 12%。由于库存费用下降，劳力的节约，采购费用的节省等一系列人、财、物的效应，必然会引起生产成本的降低。

⑥ 管理水平提高，管理人员减少 10%，生产能力提高 10%～15%。

（二）系统组成

ERP 系统是一套将财会、分销、制造和其他业务功能合理集成的应用软件系

统,该系统的价值表现在:
① 建立企业的管理信息系统,支持大量原始数据的查询、汇总。
② 借助计算机的运算能力及系统对客户订单、在库物料、产品构成的管理能力,实现依据客户订单,按照产品结构清单展开并计算物料需求计划,实现减少库存、优化库存的管理目标。
③ 在企业中形成以计算机为核心的闭环管理系统,使企业的人、财、物、供、产、销全面结合、全面受控、实时反馈、动态协调,以销定产,以产求供,降低成本。

ERP 系统的主要功能模块有八个,分别是项目管理、生产管理、订单管理、销售管理、库存管理、财务管理、人员管理和客服管理,如图 7-2 所示。

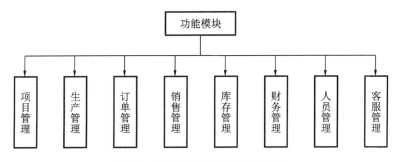

图 7-2　ERP 系统的主要功能模块

（三）实施流程

(1) 前期工作

采用 ERP 系统的前期工作主要有四个方面,分别是系统设计原理培训、企业诊断、需求分析、软件选型。

(2) 实施前的资料准备

ERP 系统包含了所有的销售、生产、采购行为,同时所有的业务合同的核算数据、物料设备的成本、采购物料的价格等数据均从系统中提取,也就是说财务核算的数据来源是 ERP 系统,所以财务部的参与尤为必要。系统实施前首要的事情是与财务部门确认核算的方式、需要哪些数据源并确认其组成内容,以便制定更加有效的实施方案,避免了因为与财务部门的要求有出入而产生的调整变更。ERP 系统的基础是物料主文件与产品 BOM 结构,这两部分数据的准确性将直接影响到系统的使用质量,而产品 BOM 结构的基础是图纸。虽然最终使用的 BOM 结构可能与设计的 BOM 结构存在一些差异,但是设计 BOM 结构是灵魂,所以对研发人员有较高的设计要求。

系统初始化时应准备的数据分为两大块:财务数据和业务数据。这两大块数据分别包括以下内容:

① 财务数据,包括应收款核对、应付款核对、明细科目设置、固定资产清查、存

货数量、单价、金额以及资产负债表里面的其他科目余额。

② 业务数据，包括存货的编码、名称、条码、单位、类别、主供应商、默认仓库、规格及其他货品属性，客户的编码、名称、联系人、地址、电话、地区、跟进业务员等，供应商的编码、名称、联系人、地址、电话、地区、物流等。另外还包括其他一些辅助资料，比如地区、部门、职员、单位、货品类别、往来单位类别等，如果是生产型企业，还要准备好 BOM（物料清单）、工序工价、成本分摊方法等。

（3）运行阶段

实施的第一步是建立网络。网络的建立通常是由企业自身的 MIS 人员完成。咨询人员则着重于检测该网络环境是否支持用户所选的系统，网络结构是否达到优化，可以使系统稳定、高效地运行。实施的第二步是系统的安装。系统安装的复杂程度因系统本身的复杂性而异。一些小型财务软件的安装只需要十几分钟，而大型系统，如 SAP、JDEdwards、Baan 等，其安装需要事先周密计划，各单位统一安装、协调进行。当系统安装、调试完成，参数设置校验无误后，咨询人员将安排所有最终用户（end-user）的培训，培训将根据用户在系统中的权限定义及责任范围分批分组进行。支持维护系统实施完毕，要有几个月的试运行，这是一个发现问题和解决问题的反复过程。咨询人员也将在此过程中对系统的设置进行进一步考核，同时对用户进行进一步的培训。最后根据运行中出现的一些问题或新情况再进行二次开发。ERP 实施流程如图 7-3 所示，每个阶段都有为软件开发运用做铺垫的相关工作。

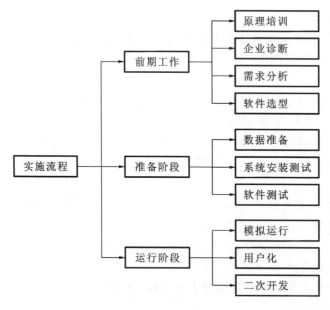

图 7-3　ERP 实施流程

二、ERP 的行业运用

(1) 制造业 ERP 系统

制造业的进销存一直是其应用 ERP 系统的核心目的,不过随着制造业信息化的进展,传统的 ERP 系统已不能满足其需求。新型的可定制的、支持二次开发的,并可对接企业内部其他信息系统的 ERP 解决方案才是现代制造业所需要的。越来越多的企业倾向于选择 navision 作为其 ERP 解决方案,尤其是跨国的全球性企业,navision 的本地财务化功能极大地方便了全球数据的整合。通过将产品研发与制造、核算、采购、供应集成在一起,缩短了开发周期,极大地降低了制造业的营运成本;通过从"按单设计"向"按单配置"的转型,能够快速响应不断变化的客户设计要求;在服务、质保、维护和备件控制等交付后,能够与财务和制造系统集成在一起。

(2) 食品行业 ERP

食品、饮料行业最大的特点就是产品种类繁多、对客户的响应时间要求非常高,以及愈演愈烈的安全问题,这也成为食品、饮料行业信息化的最大挑战。一方面,企业亟须信息化的系统帮助其提高各个制造环节的效率,比如 ERP 系统,另一方面,真正适合其行业特点的 ERP 系统又需要特别长的二次开发周期来为其实现量身定制。同时,针对安全问题,还需要提供集成售后服务的解决方案。基于这几个方面,很多大型的食品、饮料行业公司都选择了 navision——微软 dynamics 系列的 ERP 解决方案,它可灵活定制的特点极大地满足了食品、饮料行业的客户需求,同时它可提供更多的利于发现问题并解决问题的方案。如利用预测实时销售信息发现市场趋势并开发新产品、对产品的规格和产品质量进行监控、检查产品状态等,这些都是食品行业和饮料行业非常看重的。

(3) 物流运输业 ERP

物流运输由于其行业的特殊性,对订货信息处理、合同管理、运送管理、运输管理、退货管理、服务质量管理、报表管理、费用结算和应收应付款管理等方面有着较高要求,尤其是配送业务的集中调度和数据集中处理。如何完成整个物流配送业务过程从订单受理、配送货物的在途监控、运输分送等各环节的过程控制,等等,都是 ERP 系统方案商需要解决的行业难点。目前国内物流运输行业的信息化解决方案大多数都使用了 myERP。作为物流运输行业应用最广泛的解决方案,myERP 以财务为核心,集物流、资金流和信息流为一体,实现全程控制,实时数据共享;并通过业务策略、控制策略、管理策略扩展满足用户业务创新的需求。myERP 实现了企业内外、上下、前后信息整合,很好地满足了物流运输行业在不同规模,不同运营管理模式下的多元化管理需求。

三、ERP 产品比较

(一) 国外 ERP 产品的应用比较

国外的 ERP 软件如 SAP 等，在行业版本、软件功能完善、实施能力方面占有明显优势，但在软件与中国国情结合度上比较薄弱。其功能客户化修改、接口的开放度、客户数据转换支持、软件价格和实施费用等方面不容易被国内企业认同与接受。国外 ERP 产品适合于已与国际接轨、信息化基础较好、人员素质较高的大型企业，而不适合于我国生产(经营)规模较小，信息化管理程度低的中小型企业。

(二) 中国 ERP 产品的应用比较

对于具有自主知识产权的国内 ERP 软件，品牌效应比较大。此类 ERP 系统基于升级的客户群与强大的市场渗透力，在中国大陆 ERP 市场上占有比较大的份额。国内 ERP 产品在分步实施、软件结构及其接口的开放度、数据转换等方面容易使客户接受。软件价格和实施费用较低，但在软件功能完善性、广泛性、成熟性方面与国外知名 ERP 软件还存在差距。

台湾 ERP 软件的功能在制造业方面比较成熟，在软件与国情结合度上比国外软件有优势，本地化服务与支持也比较好。软件的价格、接口的开放度、数据转换等容易使国内中小型企业认同。但在软件的行业版本方面有较大局限，比较适合于生产模式不复杂的，行业较为明晰的企业。

四、互联网＋云 ERP

(一) 概念

云 ERP 指的是云计算开发的 ERP 系统，系统部署于云端服务器，用户可通过 PC、平板电脑、智能手机等终端设备接入互联网获得 ERP 应用服务。

随着电子商务技术的发展，企业对外的业务活动也已经延伸到了互联网。新一代的 ERP 系统应当支持互联网的信息获取及网上交易的实现。作为互联网和 ERP 技术结合的产物，云 ERP 具有双重作用：一方面为电商的运行提供了实时传递信息的平台，它为公司建立了详细的产品信息库，包括产品的库存和价格等，可以迅速查找和提供产品情况；另一方面云 ERP 具有强大的外部沟通交互能力，它把外部信息和企业内部信息完美结合，共享数据，降低资源浪费。因此云 ERP 是一种新型的开拓企业市场的有效渠道。

(二) 功能

(1) 多样化

实现多平台运行,云 ERP 系统可以不受操作系统限制,以便企业根据业务需要和投资能力自主选择最佳平台,并且可以帮助企业顺利实现不同应用水平阶段的平滑过渡。

(2) 集成化

围绕核心企业,通过客户关系管理、生产制造、国际贸易和财务等应用模块整合企业的物流、信息流、资金流等,将制造商、供应商、分销商、零售商以及用户连成一个整体的功能网链模式,提升企业间的数据交换,帮助企业提高整体竞争力。

(3) 数据高度整合化

进入系统的数据能根据业务流程、管理工作的内在规律以及各应用功能之间的相互关系,经过转换、整合再传递到相关的功能模块中,使数据和信息能够在应用系统之间畅通流动,使得各应用系统能协同运作,达到数据高度共享和系统高度集成。

(4) 高度模块化

云 ERP 系统在设计和开发过程中能够保证系统高度模块化,实现对系统的自由配置。这不仅是对各模块的取舍,还包括对各模块内部功能的取舍,这样可以达到根据用户的需求配置不同系统的目的。

(5) 电子商务化

云 ERP 大大缩短了供应链上采购信息的传递时间,信息流动时间的缩短提高了物流、信息流和资金流的流动速度。物流、信息流和资金流流动速度的加快,使得供应链能够在更短的时间内实现价值的增值。

(三) 特点

与传统 ERP 系统相比,云 ERP 具有以下四个特点。

(1) 服务水平更加优质

云 ERP 提供了系统运行所需的服务器、操作系统数据备份以及网络信息安全环境,而这些在传统 ERP 系统中都需要用户自行配置;在系统维护方面,云 ERP 服务提供商提供不间断服务器及系统运行维护服务,无须用户再通过其他方式进行专业维护,这样可以节约资源,同时可以让用户更加专注于自身的业务运营。

(2) 数据信息更加安全

云 ERP 厂商将服务器托管于可靠的云平台,同时将应用程序和数据部署于金融安全级别高的云主机和云数据库上,配备强大的防火墙系统,可以有效防止网络恶性攻击。

(3) 更新换代更加高效

由于是系统集中部署,升级系统只需要在云服务器端完成,云 ERP 厂商很快就可以对系统进行修改或升级,比传统的分散部署下需要下载升级程序或打补丁的方式要快捷和方便得多。

(4) 服务响应更加快速

传统 ERP 用户遇到系统问题或应用问题,往往要通过电话、邮件等方式,才能得到厂家的服务响应,这个过程相对烦琐缓慢;而云 ERP 用户则可以通过在线沟通的方式反映问题,客服人员很快可以确认用户反馈的问题,并给予及时的解决。

(四) 优势

(1) 安全

将应用程序和数据部署在安全等级高的云数据库上,保证数据的独立性,可有效防止网络恶性攻击。

(2) 简单高效

即开即用,无须培训。客户不用安装硬件服务器,不用安装软件,不用建立数据中心机房,不用支付升级费用。

(3) 先进实用

多平台数据相互连通,精细化运营,是一个全方位的企业信息化平台。多系统集成,IT 资源支持弹性伸缩,保证了数据的及时和完整。

(4) 成本减少

云 ERP 在避免用户一次性 IT 投入过大的同时,也避免了更换 ERP 系统的昂贵成本,将主动权交给了用户,用户即使不满意,更换系统的代价也相对较小,且用户不需要支付版本升级的费用。有了云 ERP 软件,用户可以在他们自己的服务器上安装、托管软件,且只需负担购买和组织所有硬件的费用。这有助于进一步减少企业初始投资成本和后续软件维护成本。

(5) 成本可预测

应用云 ERP,只需支付相同的实现成本,但软件许可费可以按月支付,相当于是租赁了软件,而非直接购买许可。这意味着需要支付的月费用可预测,使得预算成本更简单,有效地改善了现金流。

(6) 新用户添加快速

在云 ERP 的帮助下,企业可以添加个人用户到系统中,且添加更简单。每次有新成员添加进来时,系统将会自动添加到月费用中,使得对新进成员的费用预算更轻松。

第七章 "互联网+"信息系统管理

本 章 小 结

互联网+是创新2.0下的互联网发展的新业态,是知识社会在创新2.0推动下的互联网形态演进及其催生的经济社会发展新形态。互联网+是互联网思维的进一步实践成果,可推动经济形态不断地发生演变,从而带给社会经济实体新的生命力,为改革、创新、发展提供广阔的网络平台。针对企业管理,利用信息通信技术以及互联网平台,让互联网+与企业管理进行深度融合,创造新的发展生态。互联网+与ERP相结合,是当前企业管理中运用最广泛和最成功的实例。

案例分析一

国美的成功

(一) 国美公司简介

国美电器控股有限公司是在香港证券交易所上市的大型公司。公司创始人是黄光裕,现任董事会主席为张大中。

国美电器的空调销售一直保持行业领先水平,并持续多年稳居空调销售市场份额第一,是中国空调销售市场的龙头老大。国美电器坚持"薄利多销,服务当先"的经营理念,依靠准确的市场定位和不断创新的经营策略,引领家电销售潮流,为消费者提供个性化、多样化和高品质化的服务,国美品牌得到中国众多消费者的青睐。本着"商者无域,相融共生"的发展理念,国美电器与全球知名家电制造企业保持友好、互助的战略合作伙伴关系,成为众多知名家电企业在中国的最大的经销商。

(二) ERP系统的实施背景

为了能在日益激烈的竞争环境中生存下去,对市场的需求和变化做出更快的响应决定了国美公司生存的空间与活力。国美公司于2003年花巨资请武汉金力软件有限公司为国美量身定制了适合本公司的ERP系统,以便更好地应对市场的挑战。经过了一年的建立和改进,国美公司于2004年6月正式启用"金力供应链系统"。然而随着企业对市场反应速度的要求越来越高,国美公司领导人员对彻底改造其信息系统的愿望愈发强烈。

经过两年马拉松式的选型工作,国美最终敲定上线SAP最新版本的系统。2010年,国美宣布启动ERP Leader领航者工程,总指挥由集团总裁王俊洲亲自出任,并从全国各业务体系精挑细选人才,组成一个特别实施团队,共同打造这套国内最领先的"高效神经系统"。经过近16个月的奋战,国美的新ERP系统完成了全面上线工作,实现了新旧系统的彻底改换。

(三) ERP 系统的构成

该 ERP 系统采用分布式管理模式,包含 49 个一级分部,181 个二级分部。900 多家门店全部统一使用一套 ERP 系统,其最大特点是透明、开放、共享。

该系统被命名为导航者 ERP 信息系统,采用了 SAP 和目前业内最高版本的 ERP 解决方案,也就是 ECC6.0。其应用系统中心设在北京总部,由这个中心进行统一的货物采购和产品营销。在全国范围内设立 7 个分部,每个分部负责一定数量专卖店的采购、销售、客户服务等业务;每个专卖店通过各自系统进行销售、统计、调货、配送等过程。这样,形成总部、分部、专卖店的三层网络构建体系,数据和信息的采集便捷而且及时。

该系统构建了真正的联合供应体,实现订单协同、库存协同、促销协同、收入及结算协同、商品推广协同、促销员管理协同、市场信息协同和服务协同八大供应链协同。

订单协同方面,通过 ERP 系统的补货信息,国美可以每周向供应商发布准确的订单信息。通过订单协同机制,国美能够控制一定的缺货率和存货率。

库存协同方面,国美每月向供应商提供一次精确的库存分析数据,可针对需要双方共同协作处理的问题做出解释。国美首次实现了全国库存共享,加上自动补货系统,确保了高达 100% 的有货率。

促销协同方面,每月开展一次大型促销对接会,目的是为了协同国美及供应商旗下的各分公司,回顾前月的合作情况,分享经验和不足。另外,每周组织一次的小型对接会,跟踪促销执行结果,并根据各地的情况,对月计划做出微调,ERP 系统还可以准确地管理供应商的赠品。

收入及结算协同方面,对于到账期的款项或代销需结算的款项,供应商通过 ERP 系统进行账目核对,核对无误后即可开具发票;国美确保账目一致后予以结算,这样可以节省双方的人力和财力,并有效地保持账目一致。

商品推广协同方面,国美定期与供应商一起确认新品,以产品群的形式进行推广,确定产品的供货价格、阶段销量。

促销员管理协同方面,通过该 ERP 系统,可以向供应商提供全国各个促销员精准的绩效信息,国美也可以对促销员的业绩做出精准的评价。

市场信息协同方面,国美每月向供应商提供一次内部的销售信息;同时,供应商将整体销售量、整体需货量等数据提供给国美,双方通过信息共享找出不足并寻求今后合作可提升的空间。

服务协同方面,国美每月通过 ERP 系统,了解供应商产品的质量问题,达到服务上的协同合作。购买国美产品后,消费者可以直观地了解到近期送货的整体状况,结合整体运行情况,支持消费者自主选择送货、安装时间,做到充分配合消费者,在消费者方便的时间进行产品送装。

第七章 "互联网+"信息系统管理

(四) ERP 系统的效果

该 ERP 系统的成功可以确保国美全面的领先优势,并将加快国美稳健发展的步伐。实现"物资流、资金流、信息流、服务流"四流合一,充分体现了集中管理、分散经营、库存共用、统一配送、规范服务、核算一致,实现低成本扩张的企业生存发展战略。管理上由售后反应变成了售前和过程控制,极大地优化了资源并降低了成本,使消费者获得更加低廉的商品及更加优质的服务。该系统产生的效果如下。

(1) 经营效率提高

由于该系统实现了资金流和信息流的高度融合,减少了生产经营过程中的无效环节,通过使用互联网来处理和传输信息,使经营效率得到了巨大的提高。应用了该 ERP 系统后,产品数据化管理得以实现,系统中含有商品的各种信息、数据和文档,方便业务员查询,方便配送人员了解送货安装信息,减少了庞大的纸面数据管理和统计工作量,提高了企业的整体效率。

(2) 规范了企业的各项管理

该 ERP 系统定义了其标准流程,如采购、销售、生产和财务流程等。公司各部门使用该 ERP 系统必须严格按照标准流程工作,避免公司内部各个部门职能交叉混淆。另外,通过该系统的规范管理可以实现企业的人员、业务与管理间的集成融合,也可使 ERP 的功能扩展到办公自动化和业务流程控制等各个方面。

(3) 商品冗余库存消除

该 ERP 系统让公司各级领导可以随时掌握库存,使库存得到了最佳的控制,国美也达到了"最优库存"的有利局面,为公司产生了巨大的效益。无效管理环节的去除、库存的降低、劳动生产率的提高,带来了流动资金周转率的提高。

(4) 数据统计周期缩短

ERP 的数据可以实现实时更新,使管理人员能及时掌握各类生产经营数据,使绝大部分问题可以在事情发生的过程中得以处理。

(5) 公司与客户管理极大整合

ERP 通过综合业务、售后管理等面向市场和面向顾客的措施,基于自身的市场预测和约束调度功能,进一步提高企业在市场竞争环境下的优化能力;并进一步与客户关系管理结合,实现市场、销售、服务的一体化,使公司对客户的前台服务与 ERP 后台处理过程集成,提供多样化的客户服务,让顾客对企业的满意度更佳。

(6) 公司与其他厂商伙伴协作关系更加紧密

ERP 面向协同商务,支持企业与其他厂商以及客户之间的协作,支持数字化的业务交流过程。ERP 供应管理功能得到进一步加强,可通过电子商务进行企业供需协作。该 ERP 系统支持企业面向全球化市场,基于价值链共享,可以建立制造商、供应商与经销商间的新伙伴协作关系,并使企业在协同中做到计划准确、过程优化和管理协调。

(五) 成功原因

(1) 人才的培养

为了解决人才的问题,国美与南开大学管理学院合作成立了国美管理学院,对其公司中层管理干部进行分批培训。不仅如此,国美还调动了全员参与升级工程。国美也充分征集了一线员工的意见与建议,斥巨资从全国各地抽调大量精英进行ERP系统的开发与人员的培训工作,并由他们组成ERP项目组协助全国各地的上线工作。

(2) 领导层的执行力

该系统的顺利上线和执行,依赖于领导层高效的执行力。该ERP系统得到了集团高层领导的全力支持,ERP系统建设项目不仅是集团的战略项目,而且由国美电器高级副总裁牟贵先担任该项目实施负责人。有了国美高层领导的亲自督战,国美便快速启动了全员参与"领航者工程"的ERP升级项目,重重艰难险阻也无法阻挡。

(3) 数据的转移

在对原有系统的更新替换过程中,庞大的"数据转移"工程是面临的巨大挑战,国美调动各个部门的工作代表,聚集在天津进行了充分的论证和计算。参与到该系统建设的员工有数万之多,刷新了零售业在ERP信息系统建设中的纪录。

案例分析二

长虹的失败

(一) 长虹公司简介

长虹公司始创于1958年,拥有四川长虹、华意压缩、合肥美菱、长虹佳华共四家上市公司,构建了完整的"黑+白"产业链,家电产品覆盖电视、冰箱、空调等。

长虹总部设在四川绵阳,公司的前身国营长虹机器厂是我国"一五"期间的重点工程,是当时国内唯一的机载火控雷达生产基地,现已成为集军工、核心部件研发与制造为一体的综合型跨国企业,并向具有全球竞争力的家电提供商挺进。历经多年的发展改革,长虹现已由单一的军品生产转变为军民结合生产,成为集电视、空调、冰箱等各类电子产业研发、生产、销售、服务为一体的综合型跨国企业。

(二) ERP系统的实施背景

长虹在建立之初就在我国的市场占有率较高,扩张的规模也越来越大,信息系统的建立势必成为其进军全球市场的有力工具。在听了近9个小时的汇报后,长虹领导层决定把ERP作为长虹第一代信息管理系统。随后项目实施正式启动,ERP一期上线也随之进行。

自长虹ERP一期正式上线之后,来自各方面的不和谐之音便不绝于耳。有传言项目上线之后,长虹的IT人员后继不足;有传言ERP项目实施期恰逢长虹领导层人员换届,使IT人员在需求把握上有较大的偏差;甚至有传言长虹在上线两年期间没有进行过任何的系统升级。面对这些传言,长虹领导层坚称一切都在一步步落实,并且对谣言进行反击。

最后事实证明长虹的ERP系统的实施的确没有达到预期效果,并且在实施的过程中出现了很多技术性问题。

(三) ERP系统的实施情况

在长虹的第一期项目中上线了财务管理、销售与分销、物料管理和售后服务管理共四个模块。初始阶段,长虹通过ERP系统将所有的销售业务都连接起来。

2001年初,ERP应用上出现了一些问题。当时,每天从各地的销售公司传回来的销售单多达几千张,业务量非常大,而系统反应比较慢,输入数据后反应不足,速度的极度缓慢严重地阻碍了正常工作,经过分析发现主要是系统本身的问题。系统正式上线时,财务部和销售部等部门将原有系统完全替换,但物资部仍依靠原有系统,在规划ERP供货标准时对此问题考虑不周,ERP系统的标准流程就与原来的管理方式发生了冲突。长虹的决策系统也存在漏洞,报表不足是影响最大的一部分,最初的ERP项目中并不包含报表这部分,这导致了许多问题。大量报表都要通过长虹自己的开发程序调出来,导致运算速度很慢,有些报表无法导出。

(四) 失败原因

(1) 对系统功能的了解不够透彻

引入的模块不够完整,影响了整个系统的运作。长虹选择了难度最大的销售模块先行,当时他们对销售的了解甚微,不清楚销售的复杂程度。最后各种原因汇聚在一起,导致每月发票总是不能及时导出,影响销售环节。

(2) 公司领导层的频繁变更

领导人员的频繁变动导致领导系统植入改革的核心力量缺失,系统实施的资金不能及时到位。

(3) 员工培训不及时

长虹公司引入该项目后没有及时对员工进行必要的培训,导致许多员工都无法操作该系统,在系统的使用过程中也产生了很多不应出现的错误。

(4) 系统更新缓慢

由于各种原因的聚集,使得该系统的更新换代没有跟上步伐,并致使其无法满足业务的需求。

案例分析总结

经过对比以上两个案例可以知道,ERP系统的实施是一项复杂的工程。系统方面要求:首先要了解企业实现数字化、信息化管理的目的,了解企业的实际需求,然后选择适合本企业的ERP系统实施。其次要与合作公司签订长期条约,对系统进行不断地更新换代,使其适应业务变化。

企业方面的要求：实施系统初期，要保证强有力的领导力量和充足的资金供应，对企业的员工进行及时的培训；实施的过程当中要根据实施的实际情况及时进行反馈，及时更正出现的问题并做出调整。

习　　题

1. 叙述"互联网＋"的含义。
2. "互联网＋"的提出背景、实施思路和主要内容分别是什么？
3. 信息技术主要包括哪些方面？
4. 互联网信息技术在企业管理学上经历了哪些发展阶段？
5. 简述 MIS、MRP、MRP-Ⅱ 和 ERP 的特点。

第八章　企业成本管理

学习目标
1. 了解成本的内涵及成本管理的发展历程。
2. 掌握成本管理的主要内容、分类方法和要求。
3. 掌握企业成本费用的具体项目组成。
4. 掌握成本管理的常用方法和步骤。

第一节　概　　述

企业成本管理是企业生产经营管理的重要内容,涉及企业各部门及环节,是一项综合性的管理工作。企业的生产效率、能源消耗、机器设备、产品质量、库存等,都会直接或间接地通过成本指标得到反映。随着市场经济发展和竞争程度的不断加剧,企业降低成本对提高盈利水平,增强产品的竞争力,扩大市场占有率,提升企业竞争优势起着至关重要的作用。成本控制是一门花钱的艺术,而不是节约的艺术。如何将每一分钱花得恰到好处,将企业的每一种资源用到最需要它的地方,这是中国企业在新的商业竞争时代共同面临的难题。目前产品利润趋向于零,强调成本管理的时代已经到来。

一、成本的内涵

成本需要从产品的设计到报废回收的整个循环过程加以考量,有狭义和广义之分。狭义的成本是企业生产产品的直接耗费,如可口可乐的直接生产成本是"浓缩液+水+气+装瓶费"。广义上的成本是指企业经营运行中所发生的全部耗费。

产品的生产过程也是价值的形成过程。产品价值包括三个部分:产品生产过程中所消耗的生产资料价值(C),即生产中消耗的原材料、燃料和动力等物资消耗以及折旧费;劳动者为个人需要创造的价值(V),即支付给员工的工资和工资附加费;劳动者为社会创造的价值(M),即产生的利润和税金。前两部分(C+V)构成产品成本,是产品价值的主要组成部分。成本是体现企业生产经营管理水平高低的一个综合指标。因此,成本管理不能仅局限于生产耗费活动,应扩展到产品设计、工艺安排、设备利用、原材料采购、人力分配等产品生产、技术、销售、储备和经营等各个领域。参与成本管理的人员也不能仅仅是专职成本管理人员,应包括各部门的生产和经营管理人员,并要发动广大职工群众,调动全体员工的积极性,实行全面成本管理,只有这样,才能最大限度地挖掘企业降低成本的潜力,提高企业整体成本管理水平。

随着市场经济的发展和经济体制改革的推进,成本的含义也在不断的扩展和完善之中。

二、成本管理的发展历程

(一)以事后分析利用成本信息为主的成本管理阶段

这一阶段时间跨度较大,大约从19世纪初到20世纪初。现代成本管理系统的起源在19世纪英国的工业革命完成以后。由于当时的机器作业替代了手工劳动,工厂制造替代了手工制作,企业规模逐渐扩大,出现了竞争,生产成本得到普遍重视。在工业革命以前,会计主要是记录企业与企业之间的业务往来,在工业革命之后,伴随大规模生产经营的到来,制造业为了降低每一单位产品所耗费的资源,一方面开始重视成本信息的生成,将成本记录与普通会计记录融合在一起,出现了记录型成本会计;另一方面开始利用成本信息对企业内部各管理层及生产工人的工作业绩进行考评。

早期成本管理系统发展的最大动力来自于19世纪中叶铁路业的产生和发展。铁路业是当时规模最大的企业组织,其生产经营管理比19世纪初的其他工业要复杂得多。铁路业的管理者们为了更好地管理经营成本,发明了许多与成本相关的经济计量指标,如每吨千米成本,这些管理方法被随后发展起来的钢铁企业所运用。19世纪末,管理人员利用成本资料对大规模制造企业进行管理,取得了良好效果,因而使企业管理界认识到,拥有一个良好的成本管理系统对企业发展是非常重要的。

(二)以事中控制成本为主的成本管理阶段

这一阶段大约从20世纪初到40年代末,其主要标志是标准成本管理方法的形成和发展。20世纪初发展起来的从事多种经营的综合性企业和科学管理理论,为成本管理系统的进一步创新提供了机会。被誉为"科学管理之父"的美国管理学家、经济学家泰勒在1911年发表了《科学管理原理》一书,该书系统地阐明了产品标准操作程序及操作时间的确定方法,建立了详细、准确的原材料和劳动力的使用标准,并以按科学方法确定的工作量为标准来支付工人的劳动报酬。同时以此为基础,他发明了许多新的成本计量指标,如材料标准成本、人工标准成本等。这些内容为标准成本会计的形成奠定了坚实的理论基础。1911年美国会计师卡特·哈里逊第一次设计出了一套完整的标准成本会计制度。他在1918年发表的一篇论文中,对成本差异分析公式及有关账务处理叙述得非常详细。从此,标准成本会计就脱离了试验阶段而进入实施阶段。

标准成本制度的出现使得成本管理的重点从事后的核算与分析转向了事中的控制,这是成本管理观念的一次重大突破,它对于成本管理理论与方法的进一步发展具有极为重要的意义。标准成本制度作为一种行之有效的成本管理方法被企业管理界接受以后,人们开始对标准成本制度的一些关键环节做进一步的探讨。

(三) 以事前控制成本为主的成本管理阶段

这一阶段大约从20世纪50年代初到80年代末。第二次世界大战后,科学技术迅速发展,生产自动化程度大大提高,企业规模越来越大,市场竞争十分激烈。为了适应社会经济出现的新情况,考虑现代化大生产的客观要求,成本管理也要现代化。一方面,高等数学、运筹学、数理统计学中许多科学的数量方法开始被引进到现代成本管理工作中;另一方面,以计算机为代表的信息处理技术的飞速发展也基本满足了人们对成本数据进行快速处理的需要。在这一阶段,成本管理的重点已经由如何事中控制成本、事后计算和分析成本转移到如何预测、决策和规划成本,出现了以事前控制成本为主的成本管理新阶段。

(四) 战略成本管理阶段

这一阶段是从20世纪90年代初至今。应该说,90年代以来,由于市场竞争的进一步加剧,人们期望新的成本管理方法出现,实务界和学术界也开始致力于成本管理创新理论和新方法的研究,以适应科学技术迅速发展和全球竞争带来的挑战,特别是企业战略管理理论与方法的迅速成长,使得这种愿望和要求更加强烈。国内学者多局限于纯粹理论层面的分析而没有将理论分析与实证研究结合起来进行综合考察,真正有理论根据的定性研究和规范的实证研究为数甚少,而且对企业战略成本管理的研究严重滞后于国内战略成本管理的实践。例如,邯郸钢铁集团面对内外忧患的局面,为了摆脱困境,进行了战略定位分析,以主要竞争对手的产品成本为目标,推行了"模拟市场核算,实现成本否决,走集约化经营的道路"的管理体制,结果企业成本连年下降,并且保持了持久的低成本优势,但这一成功的经验一直不能上升到理论层面,用于指导战略成本管理实践。造成这一问题的主要原因之一是,对战略成本管理中的信息结构体系建设、战略定位,以及与供应链、战略联盟、外包等之间的关系问题缺乏长期深入的研究。当前,企业战略决策者迫切需要一套新的成本管理理论与方法为其进行战略管理提供强有力的信息支持。如何通过对传统成本管理理论与方法体系的再造,使成本管理能够在战略管理这一大的企业环境下更好地发挥作用,为企业战略管理服务,仍需要成本管理学术界与实务界进一步探讨研究。

学术界中关于成本管理的企业运营方式的发展阶段,如图8-1所示,可以看出成本管理发展经历了三个阶段。

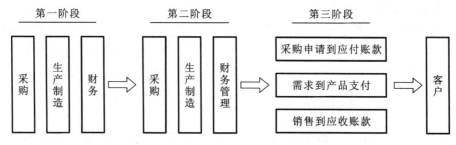

图8-1 成本管理理论发展阶段

三、成本管理的内容

成本管理是指企业生产经营过程中的各项成本核算、成本分析、成本决策和成本控制等一系列科学管理行为的总称。成本管理包括成本预测、成本决策、成本计划、成本核算、成本控制、成本分析和成本考核等职能。目的是充分动员和组织企业全体人员,在保证产品质量的前提下,对企业生产经营过程的各个环节进行科学合理的管理,力求以最少的生产耗费取得最大的生产成果。

(一) 成本预测

成本预测是根据企业现有的生产技术条件和经营状况的分析,以及计划期可能采取的技术组织措施,对成本可能降低的程度和达到的技术水平进行预计和测算。成本预测是成本管理的首要环节,它为提出合理的备选方案,正确地进行成本决策,科学地编制成本计划提供可靠的依据。成本预测是有效地进行成本控制,降低产品成本的重要措施,也是增强企业竞争力和提高企业经济效益的主要手段。

(二) 成本决策

成本决策是根据决策理论,运用定性与定量的方法,对各种备选方案进行分析比较,从中选择最佳方案的过程。成本决策以成本预测为依据,以有效降低成本、提高经济效益为原则,贯穿于整个生产经营过程,涉及面广,因此,只有在每个环节都采用最优的成本决策方案,才能达到总体的最优。成本决策的基本程序为提出问题、确定决策目标、拟订方案、分析评价、优化选择、纳入计划。在实际的成本决策中,往往会出现可计算与不可计算的量等复杂的情况,需要权衡利弊,择优定案。

做出最优化的成本决策,是制定成本计划的前提,也是降低企业成本、提高经济效益的重要途径。

(三) 成本计划

成本计划是企业生产经营总预算的一部分,是根据成本管理的方针、目标和资料,以货币的形式,预先规定企业在计划期内对人力、物理耗费的水平,以及相应的成本降低程度和为此采取的主要措施的书面方案。成本计划是达到目标成本的一种程序,使企业领导和职工明确成本方面的奋斗目标,推动企业节约人力、物力,降低产品成本。根据成本计划可对企业生产经营活动进行监督、考核和评价。成本计划对控制生产费用支出,挖掘降低成本的潜力,提高经济效益,都有着重要的意义。

(四) 成本核算

成本核算是将企业生产经营过程中所产生的费用进行分类归集、汇总、核算,计算出生产经营费用发生总额,并分别计算出每种产品的实际成本和单位成本的管理活动。成本核算为企业经营决策提供科学依据,为成本管理提供真实的成本资料,并借助对成本计划的执行情况进行考核,综合反映企业的生产经营管理水平。成本核算是成本管理的重要组成部分,成本核算的正确与否,直接影响企业的成本预测、计划、分析和考核等工作,同时也对企业成本决策的正确性产生重大影响。

(五) 成本控制

成本控制是对产品生产和销售过程中的各种费用,根据有关的标准、定额、计划和目标进行控制和监督,并采取有效措施及时纠正脱离标准的偏差,使实际成本的各种费用支出或劳动耗费限定在计划标准范围之内,以保证达到企业降低成本的目标。成本控制贯穿于企业生产经营的全过程,是指导和调节生产费用的重要手段,是成本管理转入预防性管理的重要标志,也是发挥成本管理作用的中心环节。

(六) 成本分析

成本分析是按照一定的原则,采用一定的方法,结合成本计划、成本核算和其他有关资料,对成本计划的完成情况进行评价,分析成本升降的原因,提出进一步降低成本的方案,达到以最少劳动消耗获取最大经济效益的目的。成本分析为企业制定目标成本并防止实际成本超过目标成本范围提供可靠的依据。通过成本分析,可对成本实际执行结果进行评价,分析问题产生的原因,总结减少成本的经验,为下一期成本控制活动的开展提供有利条件。

(七)成本考核

成本考核是以成本分析为基础,定期通过成本指标的对比分析,对目标成本的实现情况和成本计划指标的完成结果进行的全面审核、评价,促使各责任中心对所控制的成本承担责任,并借以控制和降低成本。通过成本考核,企业能够对各部门、各单位的成本计划完成情况,财经纪律和管理制度的执行情况,以及各部门、各单位的业绩进行评价,为企业内部分配和确定奖惩提供可靠的依据。成本考核是成本管理的最后一个环节,对提高成本管理水平,降低成本具有重要的意义。

四、成本的分类方法

成本分类是指根据成本核算和成本管理的不同要求,按不同的标准对成本所作的划分。成本分类主要分以下三种:

(1) 根据成本与业务量之间的关系所划分的变动成本和固定成本

变动成本是指成本的发生总额在相关范围内随着业务量的变动而呈线性变动的成本。直接人工、直接材料均属于变动成本,在一定期间内,它们的发生总额与业务量的增减成正比例关系,而单位产品的耗费保持不变。

固定成本相对于变动成本,是指成本总额在一定时期和一定业务量范围内,不受业务量增减变动影响、能保持不变的成本。

(2) 根据成本与产品之间的关系所划分的产品成本和期间费用

产品成本是企业为生产和管理而支出的各种耗费,主要包括原材料、燃料和动力,员工工资和各项制造费用等。

期间费用是企业本期发生的、不直接或间接归入营业成本,而是计入当期损益的费用,包括销售费用、管理费用和财务费用等。

(3) 根据成本与产品生产工艺的关系所划分的直接生产成本和间接生产成本

直接生产成本是直接由该产品的生产过程所引起的各项费用,包括原材料、燃料、外购半成品、生产工人工资、设备折旧等。

间接生产成本是与生产过程的总体条件有关,为组织生产和进行经营管理发生的各项费用。包括企业管理费、财务费、税金等。

此外,还有其他的分类方法,如根据成本与决策的关系所划分的相关成本与非相关成本,根据成本是否可以控制所划分的可控成本与不可控成本,根据决策方案变动时成本是否可避免所划分的可避免成本和不可避免成本,根据费用的发生是否需要支付现金等流动资产所划分的付现成本和沉没成本等。

五、成本管理要求

提高企业经济效益是企业的主旋律,企业的一切经营活动都要围绕增加经济效益这个轴心去转。而降低成本是提高经济效益的主要途径,怎样对成本进行有效的管理呢?财务部门不可能时时刻刻都深入到各环节去控制每一项费用支出,只能从总量上去核算管理。而成本费用发生于生产经营活动的过程中,每个经营单位、每个生产环节、每个工作岗位既是成本费用的支出者又是成本费用的有效控制者。这里从三个主要方面来明确成本管理的基本要求和性质。

(1) 全员性成本管理

成本支出涉及企业生产经营活动的各个方面,因此,降低成本与企业每个部门、每个职工都有着密切的关系。只有每个部门、每个职工在自己的工作范围内都关心完成降低成本的任务,成本管理的目的才能达到。为了调动全体员工对成本控制的积极性,应注意以下问题:① 需要有客观的、准确的和适用的控制标准;② 鼓励员工参与制定标准;③ 让员工了解企业的困难和实际情况,采用压力和生硬的控制,常会导致不满,而了解实情会激发员工的士气;④ 建立适当的激励措施;⑤ 冷静地处理成本超支和过失。

(2) 全面性成本管理

现代工业企业的生产过程是一个复杂的过程,它要经过一系列的生产环节,而产品成本也是在这一系列的生产环节中逐步形成的。因此要实行全面性的管理也就是实行从产品研究设计到生产销售全过程的管理,只有各个环节的成本都有所降低,企业产品成本的降低目标才能实现。

(3) 预防性成本管理

为了改变以往成本管理只是单纯的反映记录、事后核算和分析的弊病,必须实行预防性的成本管理,对产品成本形成的各个环节、各个方面的费用支出,进行事前分析和控制。为此要加强成本管理的基础工作,如定额、计量、原始记录等工作,并制定出各项费用支出的标准或计划成本。当发现偏差时及时进行分析和纠正,避免造成损失和浪费。

六、成本管理的意义

(1) 成本是补偿生产消耗的尺度

企业为了保证再生产过程的不断进行,必须利用销售收入来补偿生产经营中的各种耗费,而成本是用来衡量补偿耗费数额大小的尺度,为企业维持再生产提出相应的资金补偿标准。企业取得销售收入后,必须从中划分出等同于成本的数额,用于补偿生产过程中消耗的资金,以保证企业的资金以原有数量实现周转,从而保证再生产的顺利进行。当企业的销售收入不足以补偿生产耗费,企业将无法回收生产中耗费的资金,将面临资金短缺的困难。

(2) 成本是反映企业工作质量的综合指标

企业经营管理中各方面的工作质量,都可以直接或间接地反映在成本指标上。企业产品质量、设计与工艺水平、产量、费用开支、材料能源消耗、各部门工作的协调情况等,均会对成本的高低产生一定的影响。因此,企业可通过定期分析、考核成本指标,及时发现生产经营工作中存在的失误,并采取合理有效的措施进行更正,合理调配企业人力、物力、财力,降低生产耗费,提高企业的经营管理水平。

(3) 成本是制定产品价格的重要依据

从理论上讲,产品价格是产品价值的货币表现。制定产品价格需考虑多方面的因素,其中最重要的因素是符合经济规律的要求,使产品价格基本上符合产品价值。但在实际中,产品的价值难以直接计算,只能通过对产品生产所耗费的劳动量进行评估,大体上掌握产品的价值,并以产品成本为基础,确定产品的价格。因此,成本是制定产品价格的重要依据。企业在制定产品价格时,一般不低于产品的平均成本。通常在成本的基础上,增加一定的利润和税金作为产品的价格,用于补偿生产过程中的消耗,并获取一定的盈利。

(4) 成本是企业进行决策的重要因素

生产经营决策是现代工业企业管理的重要职能。正确地进行生产经营决策,是决定企业能否在激烈的市场竞争中获胜的关键所在。生产经营决策是指在不同的生产经营方案中选择经济效益最佳的方案。在产品价格相同时,经济效益的大小取决于成本的高低,企业可根据成本的高低对不同的方案进行分析、比较,从中选取最佳的生产经营方案,使生产耗费降低到最低程度,以取得最好的经济效果。所以,成本是企业进行决策的重要因素。

第二节 企业成本费用的组成

一、企业成本的组成

工业企业的成本主要是指工业企业为生产产品而发生的各种耗费。它是企业经营费用的一部分,是企业费用的重要组成部分。

企业成本由直接材料成本、直接人工成本、制造费用三大部分组成。

(一) 直接材料成本

(1) 原材料成本:是指直接用于产品生产,从外部购入的构成产品主要实体的原料。

(2)燃料动力成本:是指直接用于产品生产,从外部购入的各种燃料和动力。

(3)外购半成品成本:是指为生产产品而耗用的从外部购入的各种半成品。

(4)修理用备件:是指生产设备在正常运行的情况下,为保证安全生产必须储备的设备、部件、材料和配件。

(5)包装物料成本:是指在流通领域为包装物品而发生的直接材料、直接人工和其他间接费用的总和。

(6)其他辅助材料成本:是指生产过程中起辅助作用,但不构成产品主要实体的消耗性材料。

(二)直接人工成本

(1)生产人员的工资:是指在生产产品的过程中,直接从事一线生产的工人的工资、奖金等。

(2)生产人员的福利费:是指为生产人员提供的除工资、奖金、津贴、纳入工资总额管理的补贴、职工教育经费、社会保险费、补充医疗保险费及住房公积金以外的福利待遇支出,包括发放给生产人员或为生产人员支付的各项现金补贴和非货币性集体福利。

(3)生产人员的社会保险:是指为生产人员提供的养老保险、医疗保险、失业保险、工伤保险、生育保险等。

(三)制造费用

(1)管理人员的工资、福利费:是指企业管理人员的工资、加班费、福利等。

(2)折旧费:是指生产车间的各项固定资产,按照规定计提的折旧费。

(3)办公费:是指生产车间发生的各项办公经费支出。

(4)保险费:是指生产车间支付的财产物资保险费。

(5)水电费、取暖费:是指生产车间支付的水电费、取暖费。

(6)劳动保护费:是指生产车间为工人购买劳动保护用品所发生的费用。

(7)劳务费:是指生产车间支付给临时生产人员的、不属于直接人工成本的劳务费等。

(8)外部加工费:是指企业委托外单位加工而支付的费用。

(9)机物料消耗:是指生产车间为维护生产设备所消耗的各种材料。

二、企业费用的组成

工业企业的费用是指企业在销售商品、提供劳务等日常活动中发生的、会导致所有者权益减少的、与向所有者分配利润无关的经济利益的总流出。企业费用的分类方式如下。

(一) 根据费用的经济内容分类

费用按照经济内容一般可分为采购成本费用、研发技术费用、设备管理费用、质量管理成本费用、安全生产费用、物流成本费用、日常管理费用、人事管理费用。

根据费用的经济内容分类,可以反映企业在一定时期内发生费用的具体数额,用于分析企业在该时期内各项费用的支出水平。

(二) 根据费用的经济用途分类

(1) 产品成本

产品成本包括材料成本、人工成本、制造费用等。

(2) 期间费用

企业生产经营过程中发生的管理费用和财务费用,以及为销售产品和提供劳务而发生的销售费用,都属于期间费用,不计入产品制造成本之内,而直接计入当期损益,从销售收入中扣除。

① 管理费用。管理费用是指企业行政管理部门为管理和组织企业的生产经营活动而发生的各项费用。它包括公司经费、工会经费、职工教育经费、劳保费、董事会会费、咨询费、审计费、诉讼费、排污费、待业保险费、税金、土地使用费、技术转让费、技术开发费、无形资产摊销、业务招待费、坏账损失以及其他管理费用。

② 财务费用。财务费用是指企业为筹集资金而发生的各项费用。包括企业生产经营期间发生的利息净支出、汇兑净损失、金融手续费以及筹资发生的其他财务费用。

③ 销售费用。销售费用是指企业在销售产品、自制半成品和提供劳务过程中发生的各项费用以及专设销售机构的各项费用。它包括应由企业负担的运输费、装卸费、包装费、广告费、展览费、销售部门人员工资、差旅费以及其他经费。

根据费用的经济用途进行分类,可以明确地反映出直接用于产品生产上的材料费用、工人工资、用于组织和管理生产经营活动上的各项支出,从而有利于企业控制成本费用和支出,提高成本管理水平。

(三) 根据费用同产量之间的关系分类

(1) 固定费用

短期内不随企业产量的变化而变化的费用,如折旧费等。

(2) 可变费用

短期内随企业产量的变化而变化的费用,如原材料费用等。

(四) 根据费用计入产品成本的方法分类

(1) 直接费用

直接费用是指直接用于产品生产而发生的各项费用,包括直接材料成本、直接人工成本、其他直接费用等,直接费用可直接计入产品的生产成本。

(2) 间接费用

间接费用是指为管理生产经营活动而发生的各项费用以及不能直接计入产品成本的各项费用。间接费用在发生后可根据一定的分配标准计入产品的生产成本。

三、成本与费用的关系

成本与费用是一组既有紧密联系又有一定区别的概念。区分成本与费用是非常重要的。成本是指生产某种产品、完成某个项目或者说做成某件事情的代价,也是发生的耗费总和,是对象化的费用。费用是指企业在获取当期收入的过程中,对企业所拥有或控制的资产的耗费,是会计期间与收入相配比的成本。成本代表经济源的牺牲,而费用是会计期间为获得收益而发生的成本。

(1) 计入成本的费用

计入成本的费用包括直接材料费用、直接人工费用、制造费用以及其他直接费用。

(2) 不计入成本的费用

不计入成本的费用包括期间费用,固定资产的购置、建造支出,无形资产的购入支出,对外投资费用,各类罚款、赞助、捐赠等支出以及被没收的财产,归还固定资产投资借款的本金和固定资产投产前发生的借款利息及外币折合差额,在职工福利基金中开支的福利费,对股东发放的股利,国家法律、法规规定以外的各种付费以及国家规定不得列入成本费用的其他支出等。

四、目标成本

(一) 目标成本的含义

目标成本指未来一定时期应努力达到的成本水平,是保证目标利润实现的一个成本限额。它是在企业确定的产品品种、产量和质量的基础上,以产品的销售价格、税金和目标利润为依据,经过预测而确定的,是成本费用管理工作的奋斗目标。

(二) 目标成本管理的内容

首先,根据企业的战略目标预测产品的目标成本,再对目标成本按产品结构,或产品形成过程,或产品成本内容进行分解,最后根据这些分解目标的要求去组织生产设备、材料供应以及日常生产管理和技术管理,以保证目标成本管理的实现。

(三) 目标成本管理的作用

(1) 深化企业改革,转换经营机制,建立现代企业制度

转换经营机制,建立现代企业制度要求企业做到产权清晰、权责明确、政企分开、管理科学,其实质就是要落实责任制。加强目标成本管理、实行成本否决,即贯彻目标成本责任制。为了生存和发展,企业只有在保证产品质量、不断完善产品功能的前提下,进一步提升目标成本管理水平,才能在激烈的竞争中获得优势,站稳脚跟。可见,企业经营管理以目标成本管理为中心,是深化经济体制改革、转换经营机制和经济增长方式的客观要求,也是企业经营管理日趋完善的必然趋势。

(2) 降低企业成本,提高经济效益

目标成本管理的直接作用和立足点是加强成本管理。经济效益是人们在生产经营中所耗和所得的对比关系,因而经济效益不是一个单独的指标,而是一个综合的指标体系。企业在生产经营中的各项费用大部分要计入产品成本,企业的经营管理质量对成本也会造成影响,因此,成本是企业全部经营管理工作的总体反映。同时,目标成本管理也是以经济效益为中心,以提高资本增值为目的的成本管理。它的实行可降低企业的各种耗费和费用支出,增强企业对外部不利因素的调节能力。在降低产品成本的同时,提高产品质量,增加产量、产值和盈利,从而大大提高企业的经济效益。

(3) 提高企业成本管理的水平

目标成本管理作为一种全面、系统、综合的成本管理方法,它要求发挥好各级管理人员和各种管理职能的作用,要求企业整个管理水平同步提高,以保证目标成本的实现,达到提高经济效益的目的。因此,目标成本管理的实行,必然会提高企业生产、技术、管理等方面的水平,促进和带动整个企业的管理水平、管理质量和经济效益的提高,从而提高企业的市场竞争力。

五、成本费用的预测与计划

(一) 成本费用预测

随着生产日益社会化和现代化,企业规模不断扩大,工艺过程愈加复杂,生产过程中某一环节或者某一短暂时期内的生产耗费一旦失去控制,都有可能给企业造成无可挽回的经济损失。鉴于此,为了防止成本费用管理的失控现象,首先必须科学地预见生产耗费的趋势和程度,以便在此基础上采取有效措施,从而搞好成本管理工作。现代成本管理中,成本预测采用了一系列科学缜密的程序与方法,基本

上能够把握成本变化的规律性。因此,成本预测的结果是比较可靠的。但是,由于是根据历史资料来推测未来,成本预测就具有不可避免的局限性,这种局限性主要体现在不准确,即近似这一点上。可靠性与近似性的对立统一是成本预测的显著特点。

(1) 预测的分类

① 按预测的期限分,成本预测可以分为长期预测和短期预测。长期预测指对一年以上期间进行的预测如三年或五年;短期预测指对一年以下期间的预测,如按月,按季或按年。

② 按预测的内容分,成本预测可分为制订计划或方案阶段的成本预测和在计划实施过程中的成本预测。

(2) 预测的程序

① 根据企业总体目标提出初步成本目标。

② 初步预测在目前情况下成本可能达到的水平,找出达到成本目标的差距。其中初步预测,就是不考虑任何特殊的降低成本的措施,按目前主客观条件的变化情况,预计未来时期成本可能达到的水平。

③ 考虑各种降低成本的方案,预计实施各种方案后成本可能达到的水平。

④ 选取最优成本方案,预计实施后的成本水平,正式确定成本目标。

以上成本预测程序表示的只是单个成本预测过程,而要达到最终确定的正式成本目标,这种过程必须反复多次。也就是说,只有经过多次的预测、比较以及对初步成本目标的不断修改、完善,才能最终确定正式成本目标,并依据本目标组织实施成本管理。

(3) 预测的作用

① 成本预测是组织成本决策和编制成本计划的前提。通过成本预测,掌握未来的成本水平及其变动趋势,有助于把未知因素转化为已知因素,帮助管理者提高自觉性,减少盲目性;做出生产经营活动中所可能出现的有利与不利情况的全面和系统分析,还可避免成本决策的片面性和局限性。

② 成本预测是加强企业全面成本管理的首要环节。伴随市场经济的进一步发展,企业的成本管理工作也在不断提高。单靠事后的计算分析已经远远不能适应客观的需要,成本工作的重点必须相应地转到事前控制上。这一观念的形成将对促进企业合理地降低成本、提高经济效益具有非常重要的作用。成本预测为降低产品成本指明方向和奋斗目标。企业在做好市场预测、利润预测之后,能否提高经济效益以及提高多少,完全取决于成本降低多少。为了降低成本,必须根据企业实际情况组织全面预测,寻找方向和途径,并由此力求实现预期的奋斗目标。

(二) 成本费用计划

成本费用计划是在预测的基础上,预先规定企业在计划期内成本费用耗费水平的降低总目标的措施方案。成本费用计划是企业实现目标成本费用的基础计划,为企业成本费用的控制、生产经营计划的编制提供重要依据。

(1) 成本费用计划的构成

成本费用计划是企业一定时期内生产费用耗费的一个规划体系,主要包括以下三个方面：

① 主要产品单位制造成本计划

单位制造成本计划是对企业的主要产品编制的一个成本计划,其目的在于促进对主要产品的成本管理,加强单位产品成本的控制。

② 商品产品制造成本计划

商品产品制造成本计划是反映企业在一定时期内,为完成一定的生产任务而预计发生的全部制造成本水平。包括全部商品产品制造成本总额,各类可比产品的单位制造成本和制造成本总额,可比产品的成本降低额和降低率,以及不可比产品制造成本总额及单位制造成本等。

③ 期间费用计划

期间费用计划包括销售费用、管理费用、财务费用三部分,反映企业在计划期内发生的各项费用的控制总额。

(2) 成本费用计划的编制要求

编制成本费用计划时,应满足以下三点要求：

① 成本费用计划的编制,应以先进的技术经济定额为基础,并有具体的措施作保证。

② 成本费用计划的编制,必须同其他有关计划密切衔接,相互促进,保证企业经营目标的实现。

③ 成本费用计划的编制,要遵循统一领导、分级管理的原则,尽量吸收计划执行者参加。

(3) 成本费用计划的编制程序和方法

① 收集并整理资料。在编制成本费用计划之前,企业应收集并整理生产计划、消耗定额、费用开支标准等方面的资料,为成本费用计划的编制提供依据。

② 确定目标成本费用控制限额。根据成本预测和成本决策的结果,确定计划期的目标成本费用控制限额。

③ 各部门分编成本计划和费用预算。在实行分级归口责任制的企业,厂部将成本费用目标下达给相关职能部门和生产单位,由各部门和生产单位结合本部门和本单位的具体情况加以修正。

④ 正式编制企业成本费用计划。在各职能部门、各生产单位反馈的成本费用计划和预算的基础上,企业财务部门应从全局出发对计划数和预算数进行综合平衡,并尽量考虑局部的要求,动员企业员工深入挖掘降低成本费用的潜力,使成本

第八章　企业成本管理

计划与费用预算切实可行,进而有利于贯彻执行。

第三节　成本管理方法

一、成本管理的日常工作

成本管理的日常工作是指企业为降低产品成本而进行各项管理工作的总称,对提高成本管理水平,降低成本有着十分重要的意义。成本管理在遵循财务管理的一般原则的基础上,还应遵循以下原则:

(1) 严格遵守成本开支范围和开支标准

企业在进行成本管理时,首先应该分清各项开支,并严格遵守国家有关财经制度的规定,不允许任意挤占成本,把不属于成本开支范围的开支计入成本。否则会造成企业成本信息失真,侵占应该上缴国家的税金。严格遵守成本开支范围和开支标准也起到促进企业改善经营管理的作用。

(2) 降低产品成本,减少不必要的开支

企业在进行成本管理时,应积极采取各种措施,减少不必要的费用开支,使企业的总体成本水平和单位产品成本不断下降。

(3) 树立成本观念,实施全面成本管理

全面成本管理,是全员性和全过程的管理。不仅要在企业高层管理者、基层管理者和生产人员中贯彻成本思想,而且要将成本管理任务分配到生产经营过程的各个环节,将降低成本与职工经济利益挂钩,调动全体职工进行成本管理的积极性。具体的成本管理涉及的相关方面信息如图8-2所示。

二、成本管理分类

(一) 标准成本法

标准成本法是指以预先制定的标准成本为基础,用标准成本与实际成本进行比较,核算和分析成本差异的一种产品成本计算方法,也是加强成本控制、评价经济业绩的一种成本控制制度。它的核心是按标准成本记录和反映产品成本的形成过程和结果,并借以实现对成本的控制。

1. 标准成本法的内容

标准成本法的内容包括标准成本的制定、成本差异的计算、成本差异的处理三个部分。标准成本的制定是指根据已经达到的生产技术水平,通过充分的调查、分

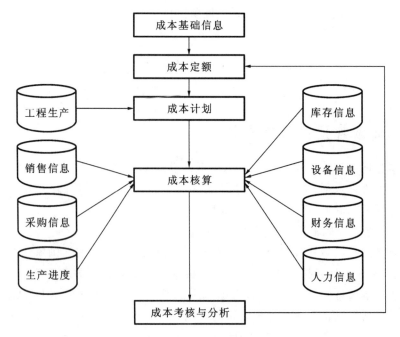

图 8-2 成本管理信息环节

析和技术测定,科学地为每一个成本项目制定标准支出;计算和分析成本差异是指在生产过程中,将记录的实际成本与标准成本进行比较,确定各成本项目的差异及产品成本的总差异,分析差异形成的原因,明确经济责任;成本差异的处理是指对各成本项目的差异及产品成本的总差异,按照一定原则和程序进行账务处理,总结经验,并进一步明确降低成本的举措。

标准成本的制定、成本差异的计算、成本差异的处理三个部分构成了一个完整体系,能够较好地实现成本的事前控制、事中控制和事后分析,从而使成本管理与核算达到协调统一。标准成本的制定实现了事前控制,为后面提供了客观依据;成本差异的计算使标准成本的制定得到了进一步落实,实现了事中控制,为成本差异的处理提供了客观依据;成本差异的处理实现了事后分析,并对标准成本的制定、成本差异的计算进行总结,为后期加强成本控制与管理打下坚实的基础。

2. 标准成本法的作用

标准成本法在西方工业企业中得到广泛应用,并成为日常成本管理中应用最为普遍和有效的一种成本控制手段。企业实行标准成本法的作用主要有以下几个方面:

(1) 有利于进行成本控制

标准成本是衡量实际成本水平的尺度。通过事前制定标准成本,可事前限制各种消耗和费用的发生,使成本水平得到事前控制;在成本形成的过程中,通过实际成本与标准成本的差异分析,及时发现问题,采取措施加以改进和纠正,从而达到降低成本的目标;产品成本形成之后,分析差异原因,总结经验,为未来降低成本指明方向。

(2) 有利于简化会计工作

在标准成本制度下,对原材料、在产品、产成品及销售成本等均以标准成本计价,成本差异另行记录,可以大大简化成本计算中的日常工作,加速成本计算。在需要编制以实际成本为基础的对外财务报表时,可以将标准成本与成本差异相结合,把相关成本账户调整到实际水平上,为会计报表的编制提供资料。

(3) 有利于进行预算控制,便于企业经营决策

标准成本资料可以直接作为编制预算的基础,为预算的编制提供了极大的方便,并提高了预算的有效性。同时,标准成本剔除了低效率或浪费及偶然性因素的影响,从而避免了由于实际成本波动而造成价格波动的后果,因此比实际成本更符合客观真实情况,可为企业管理者的相关决策提供有力的信息支持。

(4) 有利于正确评价工作业绩

在实际生产过程中,通过实际成本与标准成本的比较,进行差异分析,明确经济责任,能正确评价责任中心的工作业绩。另外,各成本中心之间的半成品内部转移价的确定以标准成本为依据,可以避免各成本中心的责任成本受外界因素的影响,从而有利于正确评价它们的业绩。

(二) 作业成本法

作业成本法是指以作业为制造费用的归集对象,通过资源动因的确认、计算,归集资源费用到作业上,再通过作业动因的确认计量,归集作业成本到产品上去的制造费用分配方法。作业成本法为作业、经营管理、产品、服务、客户等提供了一个更精确的制造费用和辅助资源的分配方法。作业成本法的目标就是把所有为不同产品提供作业耗费的资源价值测量和计算出来,并恰当地把它们分配给每种产品。

作业成本法有别于传统成本法,其涉及的相关概念主要有:资源、作业、作业中心、作业成本库、成本动因等。

(1) 资源

资源是指支持作业的成本和费用的来源,是企业生产耗费的最原始状态。如果把整个企业看成是一个与外界进行物质交换的投入产出系统,则所有进入该系统的人力、物力、财力等都属于资源范畴。一个企业的资源包括原材料、辅助材料、燃料及动力费用、工资及福利费、折旧费、修理费、运输费等。如果某一项资源耗费可以直接确认是哪一项作业耗费的,则直接将其计入该作业;如果某项资源从最初消耗上呈混合性耗费状态,即支持多种作业的发生,则需要选择合适的量化依据将资源消耗分解到各作业,这个量化依据就是资源动因。

(2) 作业、作业链和价值链

作业成本法的首要工作就是作业的认定。作业是企业为了提供一定产量的产品或劳务所消耗的人力、技术、原材料、方法和环境的集合体。通俗地说,作业就是为了达到某种目的而消耗资源的各种活动或行为。企业的生产经营过程无不是一系列资源投入和效果产出的实实在在的过程,而作业则构成了沟通企业资源与企业产出的桥梁,它贯穿于企业生产经营的全过程。作业具有三个方面的特征。

① 作业的本质是交易。在经营过程中的每次活动或行为,都是一种资源的投入和另一种结果的产出,投入与产出的因果关系本质上是一种交易。比如,销货收款行为,所销售的货物是投入的一种资源,收到的货款是一种产出。再比如,人操纵机器,人的操纵行为投入的是人力资源,机器生产的产品就是产出的结果。

② 作业贯穿于经营过程的全部,包括企业内部和企业外部。投入产出的交易贯穿于经营过程的全部,包括企业内部的交易关系,如投入材料、加工、检验等,以及企业外部的交易关系,如购买原材料、销售、运输等。

③ 作业可以量化。作业作为一种成本分配的基准或尺度,一定具备量的属性。按照计量作业发生数量的方法不同,可以将作业分为以下四类。

• 单位作业,即每生产一单位产品都要发生的作业,此类作业是重复性的,每生产一单位产品就需要执行一次,而且各个单位所消耗的资源数量基本相同。这种作业的成本一般与产品的产量成比例地变动,如产品的机器加工、人工操作等。

• 批别作业,即每生产一批产品都要发生的作业。批量作业的发生同产品的生产批次成正比例关系,而与每一批次的产量无关,如生产准备、处理清单、发运货物等。

• 产品别作业,即品种别作业,它是使某种产品的每个单位都受益的作业。这种作业的成本与产品的产量及批次无关,但与产品种类数成比例变动,如产品设计、市场开发等。

• 管理(维持性)作业,即为了支持和管理生产经营活动而进行的作业。它与产量、批次、品种数无关,而取决于组织规模与结构,该类作业在某种水平上有益于整个企业,但并不针对任何具体产品,如工厂管理、工人培训等。

与作业相关联的概念是作业链和价值链。作业成本法认为,企业管理深入到作业层次后,现代企业实质上是一个为最终满足顾客需要而设计的一系列作业的集合体,这个有序的集合体就是作业链。在这条作业链上存在着这样一种关系:"资源—作业—产品",其含义为:作业耗用资源,产品耗用作业。企业每完成一项作业,就会有一定量的资源被消耗,同时又有一定价值量的产出转移到下一项作业,如此逐步结转下去,形成企业的最终产品。最终产品作为企业内部各作业链的最后一环,凝结了各作业链所形成并最终提供给客户的价值,作业耗费与作业产出配比的结果就是企业的盈利,因此,作业链同时表现为价值链。价值链是开发、生产、营销和向顾客交付产品或劳务所需的一系列作业价值的集合,是伴随着作业转移的价值转移过程中全部价值的集合。作业链的形成过程也就是价值链的形成过程。

(3) 作业中心和作业成本库

作业中心是一系列相互联系、能够实现某种特定功能的作业集合。例如,原材料采购作业中,材料采购、材料检验、材料入库、材料仓储保管等都是相互联系的,并且都可以归类于材料处理作业中心。把相关的一系列作业消耗的资源费用归集到作业中心,构成该作业中心的作业成本库。作业成本库是作业中心的货币表现形式。

(4) 成本动因

成本动因又称成本驱动因素,是引起成本发生的那些重要的业务活动或事件的特征。它可以是一个事件、一项活动或作业。如前所述,作业是企业生产经营活动中消耗资源的某种活动。作业是由产品引起的,而作业又引起了资源的耗用。这种资源和作业的耗用是由隐藏其后的某种推动力所引起的,这种隐藏着的推动力就是成本动因。成本动因支配着成本行为,决定着成本的产生,是成本分配的标准。所以要把制造费用分配到各产品中去,必须要了解成本行为,识别恰当的成本动因。根据成本动因在资源流动中所处的位置,通常可将其分为资源动因和作业动因两类。

① 资源动因。资源动因是指资源消耗量与作业量之间的关系,是将一项作业所消耗的资源成本分配给某一作业中心的根本原因。通过对资源动因的实际分析,可以揭示哪些资源需要减少,哪些资源需要重新配置,最终确定如何改进和降低作业成本。

② 作业动因。作业动因是指产品生产与作业量之间的关系,是将某一作业成本分配给最终成本对象的根本原因。通过对作业动因的实际分析,可以揭示哪些作业应该减少,整体成本应该如何改善,如何降低。

(三) 目标成本法

目标成本法是一种以市场为导向的成本管理方法,它是以具有竞争性的市场价格和企业目标利润倒推出目标成本,对有独立的制造过程的产品进行利润计划和成本管理的方法。

目标成本法的目的是在产品生命周期的研发及设计阶段设计好产品的成本,而不是在制造过程中降低成本。目标成本法要达到目的,就要实施三大环节:确定目标,层层分解;实施目标,监控考绩;评定目标,奖惩兑现。

为了更有效地实现供应链管理的目标,使客户需求得到最大限度的满足,成本管理应从战略的高度分析,与战略目标相结合,使成本管理与企业经营管理全过程的资源消耗和资源配置协调起来。因而,产生了适应供应链管理的目标成本法。

目标成本法,是一种全过程、全方位、全员参与的成本管理方法。全过程,是指供应链产品从生产到售后服务的一切活动,包括供应商、制造商、分销商在内的各个环节;全方位,是指从生产过程管理到后勤保障、质量控制、企业战略、员工培训、财务监督等企业内部价值链、供应链管理和知识管理等;全员参与,是指从高层经理人员到中层管理人员、基层服务人员、一线生产员工全部参与其中。

目标成本法,是在作业成本法的基础上来考察作业的效率、人员的业绩、产品的成本,弄清楚每一项资源的来龙去脉,每一项作业对整体目标的贡献。总之,传统成本法局限于事后的成本反映,而没有对成本的形成全过程进行监控;作业成本法局限于对现有作业的成本控制,没有将供应链的作业环节与客户的需求紧密结合;而目标成本法则保证供应链成员企业的产品,以特定的功能、成本及质量生产,然后以特定的价格销售,并获得令人满意的利润。

供应链成员企业间的合作关系不同,所选择的目标成本法也不同。一般来说,目标成本法主要有三种形式,即基于价格的目标成本法,基于价值的目标成本法,基于作业成本管理的目标成本法。

(1) 基于价格的目标成本法

基于价格的目标成本法,最适用于契约型供应链关系,而供应链客户的需求相对稳定,在这种情况下,供应链企业所提供的产品或服务变化较少,也就很少引入新产品。目标成本法的主要任务就是在获取准确的市场信息的基础上,明确产品的市场接受价格和所能得到的利润,并且为供应链成员的利益分配提供较为合理的方案。

在基于价格的目标成本法的实施过程中,供应链成员企业之间达成利益水平和分配时间的一致是最具成效和关键的步骤。应该使所有的供应链成员企业都获得利益,但利益综合不得超过最大许可的产品成本。而且,达成的价格应能充分保障供应链成员企业的长期利益和可持续发展。

(2) 基于价值的目标成本法

通常,市场需求变化较快,需要供应链有相当的柔性和灵活性,特别是在交易型供应链关系的情况下,往往采取基于价值的目标成本法。为了满足客户的需要,要求供应链企业向市场提供具有差异性的高价值的产品,这些产品的生命周期也多半不长,这就增大了供应链运作的风险。因此必须重构供应链,以使其供应链成员企业的核心能力与客户的现实需求完全匹配。有效地实施基于价值的目标成本法,通过对客户需求的快速反应,能够实质性地增强供应链的整体竞争能力。然而,为了实现供应链成员企业间冲突的最小化,以及减少参与供应链合作的阻力,链上成员企业必须始终保持公平的合作关系。

基于价值的目标成本法,以所能实现的价值为导向,进行目标成本管理,即按照供应链上各种作业活动创造价值的比例,来分摊目标成本。这种比例分摊的成本,成为支付给供应链成员企业的价格。一旦确定了供应链作业活动的价格或成本,就可以运用这种目标成本法来识别能够在许可成本水平完成供应链作业活动的成员企业,并由最有能力完成作业活动的成员企业构建供应链,共同运作,直到客户需求发生进一步的变化需要重构供应链为止。

许多供应链成员企业,发现他们始终处于客户需求不断变化的环境中,而变换供应链成员的成本非常高。要使供应链存续与发展,成员企业必须找到满足总在变化的客户需求的方法。在这样的环境条件下,基于价值的目标成本法,仍可按照价值比例分摊法在供应链作业活动间分配成本。但是,供应链成员企业必须共同参与重构活动,以便保证每个成员的价值贡献,正好与许可的目标成本相一致。

(3) 基于作业成本管理的目标成本法

基于作业成本管理的目标成本法,适用于紧密型或一体化供应链关系,要求供应链客户的需求是一致的、稳定的、已知的,通过协同安排实现供应链关系的长期稳定。为有效运用这种方法,要求供应链能够控制和减少总成本,并使得成员企业都能由此而获益。因此,供应链成员企业必须尽最大的努力去建立跨企业的供应链作业成本模型,并通过对整体供应链的作业分析,找出其中不增值的部分,进而从供应链作业成本模型中扣除不增值作业,用以设计联合改善成本管理的作业方案,实现供应链总成本的合理化。

目标成本法的作用在于激发和整合成员企业的努力,以连续提升供应链的成本竞争力。因此,基于作业成本管理的目标成本法实质上是以成本加成定价法的方式运作,供应链成员企业之间的价格由剔除浪费后的完成供应链作业活动的成本加市场利润构成。这种定价方法会促使供应链成员企业剔除基于自身利益的无效作业活动。诚然,供应链成员企业通过"利益共享"获得的利益必须足以使他们致力于供应链关系的完善与发展,而不是被优化局部成本的力量所左右。

(四) 定额成本法

定额成本法是以产品的定额成本为基础,及时揭示生产耗费脱离定额的差异,并根据定额成本、定额差异和定额变动计算产品实际成本的一种方法。定额成本法将产品成本的计划、控制、核算和分析结合在一起,以便随时控制、监督生产耗费的发生,促使企业按定额成本为控制限度,降低成本,节约耗费。因此,定额成本法不仅是一种产品成本的计算方法,更重要的还是一种对产品成本进行直接控制与管理的方法。

(1) 定额成本法的特点

① 事前控制。事前控制是指事前制定产品的消耗定额、费用定额、定额成本等各项定额标准,并以此作为控制成本费用,降低产品成本的目标。

② 事中控制。事中控制是指当期生产费用发生时,对符合定额的费用和发生的各项成本差异分别核算,通过及时反映实际生产费用脱离定额的程度,加强对成本差异的日常管理。

③ 事后分析。事后分析是指期末企业以月初定额成本为基础,加减各种成本差异,计算完工产品与期末成本在产品的实际成本,为成本的考核和分析提供依据。

因此,定额成本法的主要工作程序是:首先,制定定额成本,包括直接材料、直接人工和制造费用三项定额成本,并以此作为计算产品实际成本的基础;其次,计算发生的各项差异,包括脱离定额的差异、材料成本差异和定额变动差异;最后,根据定额成本,脱离定额的差异、材料成本差异和定额变动差异计算产品的实际成本。其计算公式为

产品实际成本＝产品定额成本±脱离定额差异±定额变动差异±材料成本差异

(2) 定额成本法的使用范围

采用定额成本法管理产品成本的主要目的在于:通过对生产费用进行严密的日常核算和监督,对定额变动差异、脱离定额差异和材料成本差异进行核算,及时发现生产差异的原因,使企业经营管理人员和生产人员对生产费用的发生和产品成本的形成做到心中有数,明确成本降低的目标和自己的成本责任,以便在生产过程中主动控制费用,减少损失浪费,保证成本的实际发生数额在定额成本控制的限额之内。

定额成本法必须事先制定定额成本,及时核算各种差异。这种方法适用于已制定一套完整的定额管理制度、产品定型、各项生产费用消耗定额比较稳定、健全、准确,以及财务会计人员的业务水平较高的大批、大量装配式机械制造工业,如生产柴油机、发动机、各种机床、车床、各种车辆等的企业。

(3) 定额成本法的基本要求

应用定额成本法管理成本,在进行成本核算时除了要按照一般成本核算要求外,还应做好以下几项工作:

① 要制定定额成本计算卡,反映生产过程中材料、工时的现行消耗定额和现行成本定额的日常变动;

② 每月或每季都要根据定额成本计算卡片,编制定额成本计算表,在表中按照产品品种反映本期生产产品的定额水平;

③ 必须按照产品品种或类别设立生产费用明细账,核算产品的定额成本、定额变动差异、脱离定额差异和产品实际成本。

(五) 价值工程法

价值工程简称 VE,最初是一种以降低成本为目标的材料代用分析方法,后来

才逐步发展成为新产品开发和改进的"功能—成本"分析技术,并进一步发展成为一种评价经营效果甚至组织系统效率的评价方法。

价值工程的目的在于提高某种产品或服务的价值,其途径为降低成本和改善功能两个方面。但它并没有单纯追求降低成本,也没有片面追求提高功能,而是要求提高它们之间的比值,研究产品功能和成本的最佳匹配。目前,价值工程法已成为一门与质量管理紧密联系的新兴科学管理方法。

(1) 价值工程的特点

价值工程是研究产品或作业如何以最低的寿命周期成本可靠地实现用户要求的必要功能的技术,其特点如下:

① 价值工程着眼于产品寿命周期成本。在产品寿命周期中的每个阶段都要耗费一定的成本,把这些成本加起来就是产品的寿命周期成本,它大致可分为两大部分,即生产成本和使用成本。生产成本包括设计、制造、外部协调等成本,产品出厂以后的成本(如储存费、运转费、维修费以及产品报废后的处理费等)一并计入使用成本。生产成本一般随着功能水平(技术性能)的提高有所增长,但使用成本则往往朝着相反的方向变化。VE 的基本思想就是有效地利用资源,尽量用最少的资源满足消费者对功能的要求,并使得所形成的寿命周期成本最低。有时虽然制造成本提高了一点,但使用成本有所下降,同样也实现了社会资源的节约。

② 功能分析是价值工程法的核心。产品的功能可分为基本功能和辅助功能两种。通过功能分析,可以在改进方案中确定必要的功能,剔除过剩的功能,补充不足的功能,使产品的功能结构更加合理、更加精准,从而达到保证功能、降低成本、满足用户要求、提高产品竞争力的目的。

③ 可靠地实现必要功能。产品设计者首先应当了解用户的要求,剔除产品中混入的不必要的功能,但要充分保证必要功能的可靠实现。

④ 价值工程分析是有组织的活动。价值工程分析不是个别人或个别职能科室可以单独推行的,而是需要有组织、有领导地进行,才能取得应有的成效。

(2) 实施价值工程法的步骤

实施价值工程法是一个发现问题、分析问题和解决问题的过程,它的实施应遵循以下八个步骤。

① 从众多问题中找出关键的少数问题作为价值工程的研究对象。

② 针对选择的对象,从功能和成本两个方面广泛地收集资料。

③ 从用户的需求和产品的性质等方面进行功能分析。

④ 运用一定的方法对功能进行评价。

⑤ 发挥集体智慧进行改革创造,提出改进方案。

⑥ 对提出的各种方案进行评价与选择。

⑦ 通过试制等方式进行证明分析。

⑧ 形成正式的实施方案。

在实际工作中,对每个步骤都应当做出明确的结论,不能任意省略。这样做可使工作扎实,并保证资料的完整性。对于一些比较简单的分析对象,只要能说明问题,也可以灵活处理。

三、战略成本管理

(一) 战略成本管理概述

由于时代的变革导致了企业经营环境的变化,经营环境的变化推动了管理科学的发展,顺应这一发展趋势,战略管理应运而生。战略管理是企业的高层领导为了保证企业持续经营和不断发展,根据对企业内部条件和外部环境的分析,对企业的全部生产经营活动所进行的根本性和长远性的谋划和指导。战略管理致力于对研究与开发、市场营销、生产作业、财务与会计和计算机信息系统等进行整合。它一般从分析企业内部和外部环境入手,明确企业当前所处的竞争地位,进而确定战略目标,决定企业在相当长的时期内的发展道路。战略成本管理是指企业为了获得和保持企业持久的竞争优势,以实施企业战略为目标,融合多学科理论,采用多视角观点,对企业自身的全部经营活动所进行的根本性、长远性的成本方面的规划和管理活动。战略成本管理是在传统成本管理基础上的新突破,有着传统成本管理不具备的优势。例如,传统成本管理没能考虑新环境中成本形态的变化,在实务中"从属"于财务会计,扭曲了产品成本和劳务的真实成本。现代信息技术日新月异,生产日益自动化,管理方法也必须不断革新与之相适应,企业才会有强大的竞争力。这就要求企业站在战略的高度从企业长远发展考虑,将成本管理与企业的发展战略结合起来,实施战略成本管理。

(二) 战略成本管理的特点

(1) 全局性

战略成本管理以企业全局为对象,综合考虑企业内部和外部管理环境,并根据企业的总体发展战略而制定。因此,企业的战略成本管理,作为企业战略管理的组成部分之一,必须服从、服务于企业的总体发展战略,与企业的总体发展战略相一致。如在企业采取成本领先战略时,成本管理就必须尽量压缩不必要的开支,消除不增值的作业,以建立成本优势,战胜竞争对手;在企业采取差异化战略时,成本管理就不能一味地为追求成本最小而削减产品开发、市场营销和人力资源管理等方面的开支。

(2) 长期性

传统成本管理只注意当前成本状况,过分依赖现有社会的成本会计系统。而战略成本管理的目的不仅在于降低成本,更重要的是为了建立和保持企业长期持续的竞争,它并不以成本最小化为追求目标,而更注重持久竞争优势的取得和保持,甚至不惜牺牲短期利益。如果某项成本的增加有助于提高企业的竞争能力则值得鼓励。

(3) 全面性

传统成本管理只重视有形的成本动因,如人工成本、材料成本、费用成本等。战略成本管理不止停留于生产过程中的成本控制,而将重心转向更为广阔的研究领域,着眼于产品的研发、设计、采购、售后服务过程中的成本控制,因而战略成本管理深入到企业的研发、供应、生产、营销及售后服务等部门,关注技术关联、采购关联、生产关联、财务关联、销售关联中的成本,以全面、细致地分析和控制各部门内部及部门之间的成本。

(4) 全程性

战略成本管理不再只局限于企业内部,还超越企业边界进行跨组织的成本管理,将成本管理的触角延伸到供应商、分销商和消费者。在成本管理中不仅关注"生产者成本",而且重视"供应商成本""分销商成本"和"消费者成本",将供应商产品的质量成本、性能成本、生产成本、发货成本,分销商的经营成本以及消费者的产品购买成本、使用成本、维护保养成本和废弃处置成本一并纳入企业的成本管理视野。

(5) 外向性

传统成本管理的对象主要是企业内部的生产过程,很少注意外部环境。战略成本管理不再只是眼睛向内,而是将成本管理与企业赖以生存的市场环境联系起来。它关注整个市场的动向,对企业外部竞争对手进行严密的监视,通过与竞争对手的对比分析来找出自己的成本差距。一旦外部环境发生变化,竞争对手的动向有了转移,就立即作出反应,及时调整企业的目标和行为,重塑企业的成本优势与竞争优势。

(6) 预防性

传统成本管理重在成本节省,力求在工作现场不徒劳耗费无谓的成本和改进工作方式以节约将发生的成本支出,它表现为"成本维持"和"成本改善"两种执行形式。节约能耗、防止事故、招标采购、推行适时制、实现规模经济、进行作业管理、采用综合记分卡等皆属此列。而战略成本管理重在成本避免,它是从成本发生的源头来挖掘降低成本的潜力,立足于预防,是一种前瞻性的成本管理思想。如在进行投资项目的策划时就对投资方向、经营规模、厂址和投资等一系列具有源流特质的成本动因进行全面综合的考虑,从源头上控制成本的发生;在产品的开发和设计阶段,进行价值工程分析,尽力设计出既满足目标成本要求,又具有竞争力的产品。

四、成本控制的方法和步骤

(一) 成本控制的方法

(1) 降低产品的制造成本

提高生产规模是降低成本最有力的方式。在生产设备一定的情况下，扩大生产规模能有效降低单位产品的生产成本。扩大甚至加倍扩大原材料采购量是降低制造成本的有效方法。增加采购量，同时以较低的单位价格采购，不但可以保证供应商的总利润持续增长，还大大降低了企业自身的采购成本。

(2) 降低企业销售成本

企业为了控制销售渠道成本，可以在销售上坚持只与大经销商交易并依靠大经销商的销售方式。同时，企业在给经销商供货时降低供应价，能使产品的销售量大幅度上升，从而使企业产量得到提高，促进产品制造成本的降低。

(3) 降低资金使用成本

如果在企业内部对资金实行统一管理、统一借贷、统一调度的统筹制度及资金有偿占有制度，能有效提高企业自身控制和管理的效率和能力，同时也为降低制造成本和合理筹资创造了有利条件。

(4) 采取目标成本管理

在企业内部模拟市场采用目标成本管理，例如分公司每月须将其财务处编制的资产负债表和损益表向总部汇报，并将分公司内部利润与收入挂钩，能显著提高材料的有效利用率，缩小产品生产周期，增强分厂自主经营能力，无形中降低了企业管理费用。

(5) 科技创新

科技创新是降低成本的有力途径之一。企业科技创新的具体做法是采用新工艺、新技术和新材料。要实现成本大幅度降低，企业必须进行科技创新。

(6) 不断健全企业管理制度

企业要对其管理制度不断进行有效监控，使其不断完善，具体做法有：建立诸如《物价管理条例》这样严格规范的管理制度；民主决策、公开购销、杜绝"暗箱操作"；实行封闭式质量检验测量制度，对于所有的采购物品，企业都要对其进行严格的检验和质量检查，对主要生产原料更要给予特别重视，最好实行"封闭式检验和审查"；要建立健全物价信息网络，并加强信息反馈和沟通；建立企业业务台账，责任具体到个人；对资金收支加强财务监管；对员工实行严格考核，对奖惩措施要严格兑现。

(7) 及时引进先进的管理信息系统

引进现代管理系统，能使企业的财务管理更趋科学化。例如，以"费用对象化"

第八章　企业成本管理

理论为基础的 ERP 管理系统,通过费用的归集和分配,能在成本计算过程中实现同时对多种成本进行业务处理,将事后核算成本转化为事前管理成本和事中对成本进行控制,使成本的管理和分析体系更加科学。此外,JIT、TQC 系统都侧重于事前预防,能极大地减少不必要成本的发生。

(二) 成本控制的步骤

(1) 确定成本标准

成本标准是成本控制的准绳,其中重要内容之一是成本规划中的各项指标。由于这些指标较为综合,不能满足具体控制的要求,因此,必须确定具体的标准。确定具体标准的方法有预算法、定额法、计划指标分解法三种。

① 预算法。预算法是指采用制定预算的方法制定控制标准的方法。一些企业的短期费用开支预算通常是按照季度销售计划核算的,这个短期计划会成为企业成本控制的标准。采用预算法时企业应结合自身的实际情况。

② 定额法。定额法是指建立开支限额和定额费用,并将这两者作为控制指标进行成本控制。在企业里,要尽可能多地建立定额,如工时定额、材料消耗定额等。采用定额控制方法有利于成本控制的经常化和具体化。

③ 计划指标分解法。计划指标分解法是指将大指标分解为若干个小指标。在具体分解时可采用不同的分解方法,即根据单位、部门分解,也可根据不同产品的零部件及不同工艺阶段进行分解,也可根据不同工序对大指标进行更细致的分解。

(2) 监督成本形成

成本监督主要包括对材料费用、工资费用和间接费用的监督控制。其具体操作方法是:根据控制标准,对形成成本的所有项目进行经常性的检查、监督和评比。实施中不仅要对指标本身的执行情况进行检查,还要对影响各个指标的工艺、工具、设备、工作环境、工人技术水平等各项条件进行监督和检查。

(3) 纠正偏差

企业在调查成本差异发生的原因时,应分清轻重缓急,根据不同的情况提出可行的改进措施,并将其贯彻实施。重大差异项目纠正的程序如下:

① 提出项目。从成本超支的不同原因中提出可降低成本的项目。这些项目应是一些各方关心、成本降低潜力大、可实施性强的项目。提出时的内容包括项目的内容、依据、目的和预期达到的经济效益。

② 讨论及决策。选定项目后,就应开始发动相关部门和人员对其展开深入的讨论与研究。对特别重大的项目,一般都要提出多种解决方案和策略,之后对各种方案进行分析对比,最后选出最优方案。

③ 对方案的实施步骤和方法及负责执行的部门和人员进行确定。

④ 对确定的方案进行贯彻执行。在执行过程中及时对该方案继续进行检查和督查。在方案执行完毕后,检验其产生的经济效益是否达到了预期的目标。

成本控制的方法和步骤,可以参照成本管理信息系统的应用流程,如图8-3所示。

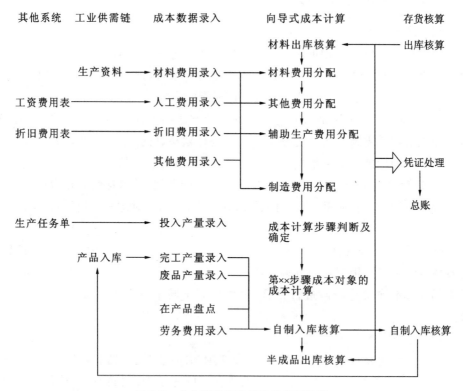

图8-3 成本管理信息系统的应用流程

流程图分五个主要部分,分别是其他系统、工业供需链、成本数据录入、向导式成本计算和存货核算。图中左边箭头的指向最终汇聚到凭证处理与总账。生产任务单指向投入产量录入,此处的录入与产品入库中的四个录入(完工产量录入、废品产量录入、在产品盘点、劳务费用录入)联系在一起,再指向自制入库核算,半成品出库核算,凭证处理和总账。每个箭头的流程都需要进行检查核准。

五、成本控制的观念

成本控制是企业实现经营目标的重要保证,一个企业对成本的控制能力直接形成企业的核心竞争力,因此,成本的管控非常重要。但是要实现对成本的有效控制,必须对成本有正确的认识,有了正确的认识才可能有正确的决策和行动。

(1) 加强员工成本控制的观念

人是生产力中最活跃的要素,企业的经营、管理和生产都是由人来完成的,可以分解为一系列相互影响、相互关联的作业活动,在这一过程中为达到预期成果所发生的耗费和投入就是成本,表现在会计上就是工资、原材料、差旅费等诸如此类的支出。因此,成本和费用产生于团队的作业活动,从这个角度出发,成本管理必须是全过程、全员的管控,企业必须将成本控制的理念深深植入每一个员工的思想中。

要降低成本就必须认真评估每项作业的效率,需要把耗费支出与对应作业相比较,仔细研究每一活动环节。然而传统上我们衡量成本的时候常常使用诸如产品单位量的指标,例如电力行业常用的元/千瓦时单位,实际上得到×××元/千瓦时这个数据的时候,行为已经发生,既定事实无法改变,拿这样的数据来进行对标意义已经不大,只是经由对标得出的差距,可以帮助指导管理和经营工作大体上的下一步发展方向。

每一个员工的活动可以说是有效的,也可以说是无效的,即使是无效的,成本依然发生,只不过这个成本会变成无效成本。比如,甲用时 1 小时,乙用时 2 小时各自完成一件同样的产品,企业雇用甲、乙都要付出同样的计件工资,这个作业过程都耗费了一样多的材料。从传统的会计看,按成本归集最终计算出来的结果,这两个人加工出来的产品成本是一样的。然而从作业的角度来说,乙多耗出了 1 个小时,这多出的 1 个小时是无效的,这 1 个小时的成本也就成为无效的成本,没有为企业创造价值。那么这 1 个小时的成本又应当如何衡量呢?为此,企业经营者需要深入思考常规的成本观念,打破旧观念的束缚,才能真正地解决问题。成本管理要转向关注作业活动和时间耗费,因为人的作业活动驱动了成本。

企业要让每一个员工明白成本是如何发生的,每个人都是控制成本的关键。另外,财务人员要跳出传统书本理论研究作业成本与传统成本核算的关系;企业管理层要建立起这样一种观念,就是员工的行为、心态将决定企业成本何时发生,何地发生,发生了多少。

为此,降低成本的核心办法就是培养员工的工作能力和执行能力,使得他们的想法和观念与经营者、管理者一致,而管理层则需要努力激励员工,同时避免决策失误造成浪费。

(2) 观念的贯彻

企业中常会出现这样一个观念,就是让财务人员承担控制和改善财务绩效指标的责任。实际上,财务人员只是根据会计记录得出指标数值,当看到指标完成情况时,已经是前方一系列工作完成的结果,而财务人员并不清楚前面各环节中成本如何发生,归属何种作业,归谁负责,占多大责任,对后续或其他作业成本会产生何种问题以及影响等诸如此类的情况,只能是单纯地就数字研究数字,在指标数据上单纯对数字进行增减。正确的做法应是财务人员积极配合其他部门如人力资源部、经营部等管理部门进行绩效考核,把其他部门的管理和成本控制有机地结合起来,只有这样才能真正意义上地实现管理上的管控。

在常规的预算控制和指标分析之外,应当设置以人为单位和以作业为单位的成本指标管理体系,找出标准作业程序,制定标准作业程序的标准时间,辨认有效和非有效成本,挤出非有效的作业活动,让员工与财务指标挂钩,建立成本对话机制,探讨每个环节成本为何发生、如何发生、产生何种效益等,通过对指标跟踪检查、分析找到改善作业的办法,从而实现成本的不断降低。

当前,集团公司正在开展的全面责任管理和全员绩效考核工作,是一项企业管理的革命,其做法是通过"工作有标准、管理全覆盖、考核无盲区、奖惩有依据"的全员业绩考核,把责任细化到指标、量化到数字、E化到网络、简化到可操作,达到精确定位、精细管理、精准考核,从而实现企业管理上水平,经营出效益。这一做法也可以结合到企业生产运营的具体作业层面,使得企业在成本管控出效益方面取得长足进步。

本 章 小 结

成本是体现企业生产经营管理水平高低的一个综合指标。成本管理不能仅局限于生产耗费活动,应扩展到产品设计、工艺安排、设备利用、原材料采购、人力分配等产品生产、技术、销售、储备和经营等各个领域。参与成本管理的人员也不能仅仅是专职成本管理人员,应包括各部门的生产和经营管理人员,并要发动广大职工群众,调动全体员工的积极性,实行全面成本管理,只有这样,才能最大限度地挖掘企业降低成本的潜力,提高企业整体成本管理水平。

成本管理的方法有标准成本法、作业成本法、目标成本法、定额成本法、价值工程法;成本控制的方法有降低产品的制造成本、降低企业的销售成本、降低资金的使用成本、采取目标成本管理、科技创新、不断健全企业管理制度、及时引进先进的管理信息系统;成本控制的步骤是首先确定成本标准,然后监督成本形成过程,最后纠正过程的偏差。要让成本管理的正确观念深入每个企业员工,切实提升员工的执行力。

案例分析

供水企业成本控制

随着当前供水企业成本的不断攀升,为了有效控制成本,确保企业经济利益的持续增长,很多的企业采取最大化消减内部成本的做法。这样的传统成本控制方法对于供水企业而言,成效不大,因为该方法所提供的成本降低空间太小,而且不利于供水企业的长期发展。随着制水成本的不断上升,供水企业的经营状况日显紧张,对供水企业成本的控制方法进行深入研究,对供水企业的生存和发展具有非常重要的现实意义。现介绍以下四种成本控制的方法。

（1）实行承包经营责任制

首先要制定合理可行的承包指标。对于企业一年之中所要完成的供售水量、业务收入以及成本预算等经济指标,要以各单位的固定资产原值、生产规模、职工人数等为依据,将其分配到供水管理所和各水厂。

在所有的指标中,测定成本指标是最为关键的一项指标,其中,供水管理所的成本指标主要由管网维修费、营业费用以及其他固定费用三项成本所组成。而水厂的成本指标主要由固定成本和变动成本两项指标组成。其中的固定成本指标主要包括工资、折旧费、大修理费和福利费指标;变动成本指标主要是指原材料和动力电的单价以及单位耗量指标。整个供水企业总体效益目标能否实现,会直接受到承包指标合理与否的影响。为此,在指标的制定过程中,要将特殊因素剔除,并要将生产环境的变化和新增的可预见性因素纳入考虑的范围,并深入分析可估计的成本。其次,承包单位要严格执行承包经营指标。承包指标制定出来后,只有加以执行才能更好地去完成,这就需要加强承包单位对责任成本的可控性。即要做到权责分明,权责结合,由承包单位掌控对成本增减变动造成影响的生产经营决策权,而企业管理部门则负责指导和监督。再次,实行年终承包清算。总结承包经营成果,即对经营实绩与承包指标的差异及其原因进行深入分析,尤其是要认真分析金额较大和特殊成本开支的真实性和合理性,剔除因不可抗力或公司统一分配所造成的成本费用,以确保清算结果的准确性和合理性。最后,按照考核指标对经营业绩进行考核。以考核结果为依据,结算承包单位的工资总额,对于实际成绩与承包指标,相关部门要进行比较,分析存在差异的原因,为下一年承包方案的制定提供数据依据,积累经验,促进基层领导和职工提高成本管理意识,改善企业成本控制。

（2）控制制水原材料的单价

制水原材料和动力电是自来水生产的主要两项变动成本,而会对变动成本造成影响的主要是单价和单位耗量这两大因素。对于动力电单价,供水企业无法控制,但其可以从制水原材料的单价方面着手。在采购制水材料方面,供水企业是买方市场,可选择的价格范围大。为了确保材料质量以及便于统一管理,传统的做法是由关联企业或供销部门负责制水材料的采购,这样的采购方式使得供货渠道较为单一,且关联企业通常是将利润率计入材料成本,而造成材料单价相对市场单价要高很多。为此,可以在市场上以招标的形式来进行采购,或是在对水厂进行承包经营的条件下,给予水厂材料采购权,让水厂依据自身利益来自行选择质优价廉的材料,这样供水企业的制水成本将会得到有效控制。

(3) 改进现有技术,采用新工艺,节能降耗

要改进现有的生产技术,即对现有制水材料的加工工艺积极加以改进,对材料用量搭配进行改善,对供水做出科学合理的调度,通过优化设备配置来提高机组运行效率等。通过改进现有技术,并采用新技术,就能有效地节能降耗,降低变动成本。供水企业要重视这一方面新技术的研究,在确保水质和水量的基础上,减少材料和动力电成本。

(4) 实行全管理和全过程控制

全员管理就是供水企业所有的部门和员工都要参与到成本控制的工作中来,因为成本的有效控制必须依靠每个相关部门的密切配合以及全体员工的共同努力才能得以实现。全过程控制就是要将成本控制贯穿于供水企业的整个生产经营过程中,确保在每一个环节和阶段的耗费都能得到有效的控制,这样总的成本才会降低。在实践中,作业成本管理是实现全员管理和全过程控制的一项有效方法。该方法要求成本控制要确实渗透到作业层次,以降低成本为目的,通过对每一项作业的完成情况,以及所耗费的资源情况进行重点分析,以识别出增值作业与非增值作业,并针对性质不同的作业来实施成本控制,尽量剔除非增值作业,使增值作业所消耗的时间与资源都能有所降低,从而提高作业的增值效率,最终就能达到降低成本的目的。

习 题

1. 什么是成本管理?成本管理有何意义?
2. 成本管理有哪些内容?
3. 哪些费用计入成本?成本与费用之间的关系是什么?
4. 什么是目标成本?目标成本管理的作用是什么?
5. 什么是成本费用计划?编制成本费用计划时应注意哪些问题?
6. 常用的成本管理方法有哪些?各有什么特点?
7. 什么是战略成本管理?
8. 简述成本控制的方法和步骤。

参 考 文 献

[1] 张卿.工业企业管理[M].2版.北京:机械工业出版社,2013.
[2] 姚丽娜.新编现代企业管理[M].北京:北京大学出版社,2013.
[3] 熊银解,王晓梅.现代企业管理[M].2版.武汉:武汉理工大学出版社,2013.
[4] 王其和.现代企业管理[M].武汉:武汉大学出版社,2013.
[5] 丁溪.管理学原理[M].北京:中国商务出版社,2010.
[6] 申文青.现代企业管理[M].重庆:重庆大学出版社,2010.
[7] 林友孚.工业企业管理原理[M].北京:经济科学出版社,1986.
[8] 周三多.管理学[M].北京:高等教育出版社,2000.
[9] 张小红,白瑗峥,黄津孚,等.管理学[M].北京:清华大学出版社,2014.
[10] 韩福荣.现代企业管理教程[M].北京:机械工业出版社,2009.
[11] 冯光明,徐宁.人力资源管理[M].北京:北京理工大学出版社,2008.
[12] 张群.生产管理[M].2版.北京:高等教育出版社,2014.
[13] 王关义.现代生产管理[M].2版.北京:经济管理出版社,2005.
[14] 邱彦彪,冯静.现代企业管理[M].沈阳:东北大学出版社,2008.
[15] 刘广第.质量管理学[M].2版.北京:清华大学出版社,2003.
[16] 韩福荣,阮平南,徐艳梅.现代企业管理教程[M].北京:北京工业大学出版社,2005.
[17] 邱彦彪.现代企业管理理论与应用[M].2版.北京:北京大学出版社,2013.
[18] 孙义敏,杨浩.现代企业管理导论[M].北京:机械工业出版社,2002.
[19] 于翠花,贾志林.现代企业管理[M].北京:中国农业大学出版社,2009.
[20] 杨军,董义才,文彬.现代企业管理[M].北京:北京师范大学出版社,2008.